DAVRANIŞSAL FİNANSIN TEMEL KİTABI

Bookarion

DAVRANIŞSAL FİNANSIN TEMEL KİTABI

Kavramlar, Örnekler ve Hikâyeler

Prof. Dr. Jale SÖZER ORAN - Dr. Tuğberk ÇİTİLCİ

ISBN: 978-625-5765-34-5

e-ISBN: 978-625-5765-35-2

Haziran 2026

doi 10.64734/bookarion.2026.9786255765352

Editör

Dr. Dilek KURBAN

Yayın Koordinatörü

Tuğba ATAMTÜRK

Akademik Danışman

Doç. Dr. Elvan ATAMTÜRK

Kapak & Sayfa Tasarımı

Bookarion Görsel Sanatlar

Bookarion

Seyrantepe Mah. Gökdeniz Sok. No:15/3
34413 – Kâğıthane – İstanbul – Türkiye
www.bookarion.com info@bookarion.com

bookarion bookarion bookarion bookarion bookarion
bookarion bookarion bookarion bookarion bookarion

Bookarion® *ve* **Bookarion Scholar®**, *Smart and Start Akıllı Finansal Çözümler Yönetim Danışmanlığı ve Yayıncılık A.Ş. yayın markalarıdır...*

DAVRANIŞSAL FİNANSIN TEMEL KİTABI

Kavramlar, Örnekler ve Hikâyeler

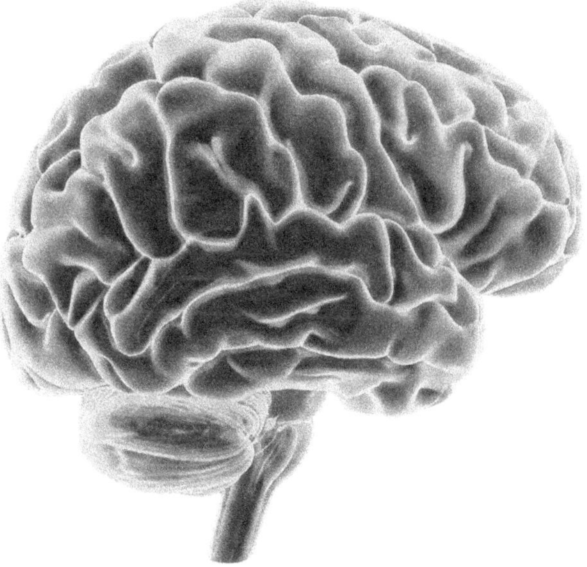

Prof. Dr. Jale SÖZER ORAN
Dr. Tuğberk ÇİTİLCİ

Bookarion

ÖN SÖZ

1998 yılında Türkiye'deki ilk davranışsal finans araştırmasını yayınlamamın üzerinden uzun zaman geçti. "Davranışsal" terimine devamlı itiraz ettiğimi ve "davranışçı" demenin daha doğru olduğunu söylediğimi hatırlayanlarınız vardır. Çünkü davranışsal finans, bu alanı temelinden etkileyen bir ekol oldu ve dünyadaki guruları arasındaki Daniel Kahneman, Robert Shiller ve Richard Thaler'in Nobel ödülü almaları ile de taçlandı. Ancak Türkçe'ye davranışsal finans terimi o kadar yerleşti ki, taviz vererek ben de onu kullanacağım.

İlk çalışmam hava koşullarının finans kararlarına etkisiyle ilgiliydi. Bu alandaki ilk araştırma olarak çok ilgi gördü ve daha sonra birçok yerli ve yabancı araştırmacı tarafından tekrarlandı. Uluslararası grubumuzda bu etki "Weather effect-Hava koşulları etkisi" olarak tanımlandı. Çalışmam, hava koşullarını temsil eden parametrelerle borsa endeksi arasında istatistiksel olarak anlamlı bir ilişki olduğunu kanıtlamıştı. İlk çağlardan beri hava koşullarının insan psikolojisini etkilediği biliniyordu ve bu etki finans kararlarına da yansımıştı.

Davranışsal finans, eğlenceli ve dolayısıyla popüler bir alan olduğundan çok sayıda akademisyenin ve profesyonelin ilgisini çekti. Ancak Türkçe terminolojisi son derece kısıtlıydı ve örneğin "heuristics" terimini "hevristik" olarak çevirenler vardı. 2019 yılında bu sorunun çözümüne mütevazı bir katkı yapmak için İngilizce-Türkçe açıklamalı bir sözlük yayınladım. Şu an elinizdeki bu çalışma, benim aklına, uzmanlığına ve enerjisine çok güvendiğim genç meslektaşım, aynı zamanda piyasanın yakından tanıdığı Dr. Tuğberk Çitilci ile ortaya çıkardığımız yepyeni format ve kapsamdaki bir kitaptır. Her terimin Türkçesinin, açıklamasının ve bir örneğinin bulunduğu, çok sayıda yeni sözcük eklenmiş, ayrıca teknik analiz ve bilişsel psikolojiden ödünç aldığımız terimlerle zenginleştirdiğimiz bu eğlenceli kitapta, gerçek olaylara dayanan hikâyeleri de bulacaksınız.

Bu çalışmanın akademisyenlere ve profesyonellere ulaşması ve faydalı olması en büyük dileğimdir. Kitabın redaksiyonunda çok emek veren Sayın Tuğba Atamtürk'e ve yayıncımız Bookarion'a sonsuz teşekkür ederim. Yazım aşamasında bana her türlü desteği veren kızlarım Ece ve Deniz de en büyük teşekkürü hak ediyorlar.

Prof. Dr. Jale SÖZER ORAN

Moda/Mayıs 2026

ÖN SÖZ

Marmara Üniversitesi'nde doktora tezimi davranışsal finans üzerine yazmaya karar verdiğimde karşılaştığım en büyük sorun literatürde İngilizce terimlerin ortak kabul görmüş Türkçe karşılıklarının bulunmaması olmuştur. Tez danışmanım Prof. Dr. Jale SÖZER ORAN hocamla acaba İngilizce mi yazsak diye düşünürken Türkçe literatürde bu boşluğun doldurulması adına ateşten gömlek giyerek önemli bir başlangıç yaptık. Davranışsal finansta yer alan yanlılıkların (bias) bağlamında kopmamış terminolojiyle daha anlamlı ve anlaşılır hale getirilmesi bu yolculuktaki ilk adım olmuş ve devamı için kapıyı aralamıştır.

Davranışsal finansın akademide daha yaygın hale gelmesiyle gelişen terminoloji ihtiyacını karşılamak adına 2019 yılında Jale hocam "Açıklamalı Davranışçı Finans Sözlüğü" eserini yazmıştır. Sözlük oldukça kapsamlı bir şekilde terminolojiyi Türkçeleştirerek önemli bir kapı aralamıştır. Yıllar sonra Jale hocamla beraber sözlüğün kapsamını farklı bilim alanlarını dahil ederek geliştirme sürecine başladık ve Türkçe terminoloji konusunda yıllar önce yaşadığımız déjà vu ortaya çıkmıştır. Daha öncesinden tecrübeli olduğumuz için süreç akıcı bir şekilde ilerlemiş ve eserimiz okuyucularımızla buluşmuştur.

Dr. Tuğberk ÇİTİLCİ

YAZARLAR HAKKINDA

Prof. Dr. Jale SÖZER ORAN, 1975 yılında ABD Massachusetts Eyaleti'nde Bromfield High School'u bitirdikten sonra Boğaziçi Üniversitesi İdari Bilimler Fakültesi İşletme Bölümü'nden 1979'da lisans, 1980'de lisansüstü dereceleri ile mezun oldu. Marmara Üniversitesi İktisadi ve İdari Bilimler Fakültesi İşletme Bölümü'nde 1986 yılında doktorasını tamamladı. 1987 yılında aynı üniversitenin İngilizce İşletme Bölümü'nde yardımcı doçent, 1998'de doçent ve 2010 yılında profesör unvanını aldı. Bu dönemde bazı özel üniversitelerde de finans alanında dersler verdi. Hâlen yönettiği doktora tezlerinin yanı sıra araştırma ve kitap yazma faaliyetlerine devam etmekte ve gelecek çalışmalarına katılmaktadır. Davranışsal finans, kurumsal finans ve müzayede konularında yazdığı kitaplar, makaleler, yerli ve yabancı konferanslarda sunulan bildirileri vardır.

Dr. Tuğberk ÇİTİLCİ, Doktora eğitimini Marmara Üniversitesi Bankacılık Anabilim Dalı'nda tamamlamıştır. Doktora tezinde davranışsal finans alanında bir ilk olarak piyasa profesyonellerinin aldıkları kararlarda maruz kaldıkları yanlılıkları ölçen bir ölçek geliştirmiştir. Akademik çalışmalarına, davranışsal finans, finansal ekonometri, zaman serileri, şirket değerleme, kurumsal finansman, temel analiz ve teknik analiz gibi konularda devam etmektedir. Kendisinin "Para & Psikoloji" ve "Davranışsal Teknik Analiz, Finansal Piyasalar Üzerine Uygulama" isimli iki kitabı bulunmaktadır.

İÇİNDEKİLER

Aa

Absent-mindedness: *Unutkanlık/dalgınlık hâli.* Bir kişinin unutkan ve dikkatsiz olduğu bir zihinsel durumdur. Bu, farkındalığın tam tersi zihinsel durumdur. Dalgınlık genellikle sıkıntı, uyku hâli, düşünce, dikkat dağılması veya kendi iç monoloğuna takılma gibi şeylerden kaynaklanır.

Action bias: *Harekete geçmeliyim yanılgısı/hatası.* Bir olay esnasında veya portföy yönetirken, hiçbir şey yapmadan durmak doğru değilmiş gibi görünebilir. Ancak bazen beklemek bir olayı çözebilir veya olmadık bir alım-satım portföyün getirisini düşürebilir. Finansçı Charles Munger, hiçbir şey yapmadan, paniğe kapılmadan durabilme disiplininden bahsederken tam da bu yanılgıya işaret etmiştir.

Active investing: *Aktif yatırım yönetimi.* Portföy yönetiminde kısa vadeli işlemler yapmak, sıklıkla arbitraja başvurmak ve her yeni bilgi akışı olduğunda buna göre pozisyon almak olarak tanımlanır.

Aynı zamanda çok miktarda türev enstrümanın kullanılmasını da içerebilir. Değişen piyasa koşullarına hızlı adapte olmayı sağladığı gibi, bilinçsizce yapılırsa hem riskli hem de maliyetlidir.

Adaptation: *Adaptasyon, uyum sağlama.* Tutum ve davranışlara ilişkin bir tanımlama olarak kullanılır.

Adaptive behavior: *Uyum sağlama davranışı.* İnsanın varlığını sürdürmesi için elzemdir. İlişki içinde olduğumuz kişilerin tutum ve davranışlarına benzer davranışlar geliştirmektir. Sosyal yaşamda avantaj sağlar.

Adaptive toolbox: *Alet çantası.* Bir kitabın[1] adında yer alan, daha sonra terim hâline gelen piyasa uygulamalarıdır. Näive (bilgisiz) yatırımcının, sınırlı rasyonellik çerçevesinde, hızlı ve çoğunlukla bulaşıcı/taklit edilen bazı basit yöntemlerle belirsizlik altında karar vermesiyle ilgilidir.

Addiction: *Bağımlılık.* Herhangi bir şeye karşı tekrarlanan, karşı koyulamayan ve akılcı düşünmeyi engelleyen istek ve zihinsel bağımlı olma hâli. Kumar bağımlılığı, riskli yatırımlara girişme, aşırı derecede borsa alım satımı da bağımlılık kapsamına girer. İleri aşamaları patoloji (hastalık) olarak kabul edilir.

Adjustment: *Düzeltme.* Yeni bilgi geldiğinde veya gerçeklerle karşılaşıldığında hemen ve çoğunlukla doğru bir biçimde verilen tepki. Yatırımcılar kendi inançlarıyla çelişen bilgiyle karşılaştığında düzeltme daha uzun zaman alabilir. Burada çıpalama (anchoring), sınırlı çıkarım yetisi (limited heuristics), bilişsel çelişki (cognitive dissonance), alışkanlıklar ve inançlar da rol oynar.

---

1 **Bounded Rationality:** The Adaptive Toolbox, Editörleri: Gigerenzer ve Selten, 2001

Affect heuristic: *Sezgisel sevgi.* Yarı otomatik bu duygusal tepki bir kişiyi sevme, hoşlanma nefret etme ile ilgili olduğu kadar ruh hâli ve kendini mutlu veya mutsuz hissetmekle de ilgilidir. Bazen yanlış bir şekilde içgüdü ile karıştırılabilir; akılcı davranışlara engel olabilir. Bir şirketi sevmediğiniz için kazandırma potansiyeline rağmen hissesini satmanız veya tersi durumda almanız bu duygusal tepkinin yanlış yönlendirmesi ile ilgilidir.

Affect: *Bilinçli sevgi, duygu.* Affect, bireyin kararlarını şekillendiren, haz (zevk) ya da acı temelli duygusal tepkileri ifade eder. İnsanlar çoğu zaman rasyonel analizden ziyade, o an hissettikleri duygulara dayanarak seçim yaparlar. Duygular, risk algısından güven duygusuna kadar birçok süreci doğrudan etkiler. Örneğin saadet zinciri gibi dolandırıcılık sistemlerinde, organizatörlerin güven veren, samimi ve "iyi insan" izlenimi yaratması, bireylerin mantıklı değerlendirme yapmadan karar vermesine yol açabilir. Bu durum, duyguların karar alma üzerindeki güçlü etkisini gösterir.

Affective self-affinity (ASA): *Duygusal yakınlık.* Kişinin herhangi bir şeyle kendi kimliği arasında pozitif bir uyum ve yakınlık algılamasıdır.

Agency theory: *Vekalet teorisi.* Vekil olarak yöneticiler vb. kendi çıkarlarını ön planda tutmaları ve bunun neden olacağı sorunlar ve maliyetler (agency costs) ile ilgili bir yaklaşımdır. Bir tarafın (asil/yetki veren/principal), kendi adına kararlar alması ve işlemler yapması için başka bir tarafı (vekil/yetki alan/agent) yetkilendirmesi durumunda ortaya çıkan ilişkiyi inceler. Bu teorinin temel odağı, asil ile vekil arasındaki çıkar çatışmaları ve bilgi asimetrisi (vekilin daha fazla bilgiye sahip olması) nedeniyle oluşabilecek sorunlardır. Bu teori, vekilin davranışlarını asilin çıkarlarıyla uyumlu hâle getirmek için teşvik mekanizmaları, sözleşmeler ve denetim sistemleri geliştirilmesini açıklamayı hedefler.

Agent: *Vekil, temsilci.* Özellikle işletme yönetiminde profesyonel yöneticiler için kullanılan bir terimdir. Sermayedarları (principal) temsil eder ve onlar adına davranır.

Aggregation bias: *Toplulaştırma yanlılık ve hatası.* Toplu verilerde görülen eğilimlerin hatalı bir şekilde, bireysel veri noktaları için de geçerli olduğu varsayıldığında ortaya çıkmaktadır. Toplu verilerdeki eğilimlerin bireysel veri noktaları için de geçerli olması varsayımı, veriler toplandığında veya birleştirildiğinde bireysel değişkenler arasında meydana gelen eğilimleri gizleyebilmektedir.

Agreeableness: *Anlaşabilme (başkalarıyla) özelliği ve yeteneği.* Kişiliği tanımlamada kullanılan 5 temel özellikten biridir.

Alfa: *Alfa (α).* Yunan alfabesinin ilk harfi olup genel olarak sosyal hiyerarşide özellikle hayvan topluluklarında lideri temsil eder. Finansta getiri başarısını gösterir. Alfa yaratmak, iyi bir portföy başarısı elde ederek piyasanın üstünde getiri sağlamak anlamına gelir.

Algorithmic trading: *Algoritmik işlem yapmak.* Finans piyasalarının verisini işleyip yatırım fırsatlarını değerlendirmek için kullanılan matematiksel yazılım ve buna dayalı yatırım stratejisi. 2016'da Türk piyasasında ortaya çıkan "herif" (dude),[2] bir riskli

2 **Herif (Dude):** 2016 yılında Borsa İstanbul'da yüksek hacimli işlemleriyle dikkat çeken ve kimliği bilinmediği için piyasa katılımcıları tarafından "Herif" (Dude) olarak adlandırılan yatırımcıdır. Bu yatırımcının, karmaşık matematiksel formüllere dayalı algoritmik sistemler aracılığıyla otomatik alım-satım yaptığı belirtilmiştir. Kısa sürelerde yoğun işlem gerçekleştirerek piyasa fiyatları üzerinde belirgin etkiler yaratmıştır. Bu durum, algoritmik işlemlerin piyasa dinamikleri üzerindeki etkisini görünür hâle getiren önemli bir örnek olarak değerlendirilmektedir.

yatırım fonunun (hedge fund) kullandığı algoritma yardımıyla otomatik alım satım yapmasından başka bir şey değildi ve Türkiye piyasasını karıştırdı.

Allais Paradox: *Allais paradoksu.* İnsanların seçimlerinin Beklenen Fayda Teorisi ile her zaman tutarlı olmadığını gösteren paradokstur. Bu paradoksta deneklere iki ayrı karar problemi verilir: Birinci problemde çoğu kişi A seçeneğini, İkinci problemde ise çoğu kişi B seçeneğini seçer. Ancak bu iki tercih birlikte düşünüldüğünde (1A ve 2B), ortaya çıkan sonuç Beklenen Fayda Teorisi ile çelişir. Çünkü teoriye göre bireylerin tutarlı davranması gerekir; yani ya her iki durumda da A'yı (1A ve 2A) ya da her iki durumda da B'yi (1B ve 2B) seçmeleri beklenir. Bu nedenle Allais paradoksu, insanların risk altında her zaman rasyonel ve tutarlı karar vermediğini ortaya koyar.

Alpha: *Alfa (α).* Yunan alfabesinin bir harfi olarak finansta bir standart ölçü veya benchmarka göre fazladan (veya daha az) elde edilen getiri olarak kullanılır. Alfa pozitifse fazladan getiri, negatifse ortalamanın altında kalan getiri söz konusudur.

Alpha (creating): *Alfa yaratmak.* Finans piyasalarında ortalama veya benchmark alınan getiriye göre daha fazla getiri elde etmek. Para yöneticilerinin performansıyla ilgili bir tanımlamadır.

Alpha coefficient: *Alfa sabiti.* Bir standarda göre beklenen getirinin üzerinde veya altında elde edilen getirinin ölçülmesi için kullanılan değer.

Alternation: *Sıralı değişim (trendler için).* Birbirini takip eden yükselme ve alçalmalar. Örnek olarak ekonomik dalgalanmalar verilebilir.

Alternative blindness: *Alternatif körlüğü, alternatifleri görememe.* Biraz paranız var, bankada duruyor. Bir yatırım danışmanına ne yapabileceğinizi sordunuz. "Tahvil al 2 puan daha fazla kazandırır" dedi. Acaba en iyi yatırım bu mudur? Daha iyi getiri sağlayan yatırım araçlarını da dikkate almak doğru olmaz mı? Bu politikacıların da kullandıkları bir yöntemdir. Az eğitimli kalabalıkların çok seçenekle akıllarını karıştırmamak veya kendi önerilerini parlatmak için çok daha zayıf bir alternatifle kıyaslama yaparlar.

Alternative paths: *Alternatif yollar/yatırımlar.* Risk gerçek hayatta doğrudan görülemeyebilir. Siz normal yatırım araçları veya klasik işlerde belli bir kazanç elde ederken, bir başkası daha farklı bir yol deneyebilir. Örneğin, junk bonds diye adlandırılan çöp değerindeki tahvillere yatırım yaparak diğer yatırımcıların getirisine göre çok daha fazla getiri elde edebilir. Ama alternatif yolların risklerini de düşünmek gerekli. Böyle batan çok fazla yatırımcı da var.

Altruism: *Fedakârlık, yardımseverlik, başkalarını düşünme.* Diğer insanları kendinden önce düşünme. Özellikle kamu finansı alanında ilginç davranış boyutları gözlenmektedir. Etik, dürüstlük, filantropi (yardımseverlik) kavramlarıyla birlikte düşünülmektedir. Finans kararlarında etkili olduğu için davranışsal finans çerçevesinde incelenmektedir.

Ambiguity: *Belirsizlik, muğlaklık.* Anlam karmaşası, müphemiyet.

Ambiguity aversion: *Belirsizlikten kaçınma.* Belirsizlik, işe yarar bir tahmin yapmak veya bir karar vermek için güvenilir bilginin olmadığı durumdur. Finansta ölçülebilir olmayan riskli durumu ifade eder. Belirsizlikten kaçınma kendini koruma davranışı olarak nitelenir, ancak finansal kararlarda optimum karar vermeyi engelleyebilir. *Bkz.* Uncertainty aversion.

Ambiguity bias: *Belirsizlikten kaçma eğilimi/yanlılığı.* Bu bağlamda yapılan hatalar.

Ambiguity effect: *Belirsizlikten kaçma etkisi.* Belirsizlikte karar verme, bilgi eksikliğinden veya belirsizlikten etkilenir. Tanı koyma olasılığının bilindiği seçenekleri seçme, olasılığının bilinmediği seçenekleri seçmeme eğiliminde olmak durumudur. Doktor, hasta muayene teşhis sürecinde hasta için grip durumundan şüpheleniyorsunuz fakat tıp dergilerinde ortaya yeni çıkan bilinmeyen virüsler hakkında okuduğunuz makaleleri veya konuşmaları hatırlıyorsunuz. Yeni tip bilinmeyen virüslerin ne kadar yaygın olduğunu gerçekten bilmediğiniz ve bunu doğrulamak için bir testinizde olmaması, teşhis olarak grip tanısının konmasını önermektedir. Benzer bir bilişsel eğilim finansal piyasalarda da görülmektedir. Finansal piyasalarda hisse senedi popülaritesinde son 1 yılda TL veya $ bazında performans olarak geri kalmış hisse senetlerinin listesi, finans medyası ve sosyal medyada hisse senedi dedikoduları bu duruma örnek teşkil edebilir.

Ambivalent object relationship: *Sevgi-nefret ilişkisi.* Bir nesneyle ilgili beynimizde/aklımızda kurduğumuz, sadece kısmen farkında olduğumuz zıtlık ve çelişkilerle dolu sevgi ve nefret içeren ilişki.

Amygdala: *Amigdala.* Beynin limbik sisteminde saldırganlık, kontrolsüz öfke vb. irrasyonel duygularını, özellikle korkuyu düzenlemeyle ilgili bölgesi.

Analysis paralysis: *Aşırı analiz.* Piyasa profesyonelleri ve yatırımcılar yetenek, şans, beceri ve diğer faktörlere bağlı yatırım kararlarını alırken, aşırı analiz sorununa maruz kalınarak kararın alınmamasına, hatalı alınmasına veya alternatif yatırımlara odaklanarak mevcut yatırım odağının kaçırılmasına neden olabilirler. Aşırı analiz durumunda, uzerine düşülen kayıplar/kazançlar, alternatif yatırımlar karar almayı engellemektedir. Bu durum aşırı kalifikasyon, temel analiz veya teknik analiz araçlarını kullanma yetkinliğine bağlı devreye girebilir. Profesyonel olmayan yatırımcılarda ise seçim paradoksu kaynaklı duygusal faktörler devreye girerek "Eyvah kaçırdım" etkisi tetiklenebilir. Piyasa dinamikleri ve zaman baskısı altında irrasyonel hareketler, optimal dengesi bozulmuş sinir sistemi, duygular ve vücut fizyolojisiyle birleşmektedir.

Anchor/Anchoring: *Çıpa, tahmin yapma.* Bir referans noktasından yola çıkarak yapılan tahmin, davranış biçimi. Referans noktası bazen çok ilgisiz de olabilir. Örneğin hissenin fiyatı 10 TL iken 5 TL'ye düştüğünde tam alma fırsatıdır diye düşünmek, ilk fiyatın referans alınmasından kaynaklanmaktadır. Belki o şirket hissesi 5 TL bile olmamalıdır.

Anecdotal fallacy: *Anekdot yanılması.* Herhangi biri argümanı desteklemek için veri veya bilgi seçerken daha geniş bağlamı veya diğer ilgili verileri görmezden geldiğinde ortaya çıkmaktadır. Anekdot yanılması durumu aslında bir nevi cımbızlama etkisi (cherry picking) durumu olarak ortaya çıkarken, sonuç odaklı destekleyici hikâye seçimi etkin olmaktadır. Kişi tartışma veya konuşmada haklı ve bilgi anlamında üstün çıkmak için hangi sonucu desteklemek istiyorsa, bunu destekleyen hikâyeyi seçme eğilimdedir.

Anecdotal Fallacy: *Anektoda dayalı yanılgı.* Herhangi bir kararın ya da çalışmanın sonucunu gerçek kanıtlara veya mantıklı argümanlara değil, tek bir deneyime veya kişisel anıya/hikâyeye dayandırıldığı yanılgıdır.

Anomaly (financial markets): *Piyasa anomalileri.* Finans piyasalarında standart bir paradigmaya göre farklılaşan varlık fiyatı veya menkul kıymet getirisi. Piyasa etkinliği paradigmasına uymayan fiyat veya getiriler piyasa anomalileri olarak adlandırılır. Örneğin takvim etkileri (calendar effects) en çok bilinen piyasa anomalileridir. Bu anomaliler davranışsal finansın temel argümanlarını ilk betimleyen olgulardır.

Anomaly: *Bozulma, anomali.* Normal durumdan farklılaşan hâl.

Anti nudge: *Ters motivasyon/manipülasyon.* Gönüllü değişimin tam tersi yönde, onu etkileyecek, gerçekleştirecek yaklaşımları zararlı gören, hatta küçümseyen bir yaklaşımdır. Şeffaflık, bilinçli karar verme, yanılgıların farkında olmayı önceleyen yaklaşımlardır.

Anticipated regret: *Öngörülen pişmanlık.* Gelecekte seçimden dolayı pişmanlık yaşamamak için eyleme geçmeme, hisse senedi almak yerine farklı teknik analiz araçlarını kullanma, "Bunu alacağıma bunu alırım. Bu daha iyi, daha önce kâr elde etmiştim." ya da "Daha önce zarar etmiştim." hatıralarını geri çağırmakla ortaya çıkar. Pişmanlık süresine göre kısa veya uzun zamanlı olabilmektedir.

Anticipation: *Tahmin, beklenti, sezgi.* İnsani bir özellik olarak finansal kararlarda etkili olur. Piyasada ortaya çıkan fiyatların da piyasanın toplu tahmini olduğunu söylemek mümkündür.

Apophenia: *Apofeni.* kişilerin birbiriyle ilişkisi ve bağlantısı bulunmayan olaylar ve veriler arasında anlamlı nedensellik ve ilişki kurmaya yönelik geliştirdikleri bir bilişsel çelişkidir.

Appeal to novelty:[3] *Yeniliğin çekiciliği.* Bir fikrin ya da önerinin sadece yeni ve modern olduğu için doğru ya da üstün olduğunu iddia eden mantıksal bir yanlıştır. Metaverse ve NFT modasının geçmesi iyi bir örnektir.

---

3 Appeal to modernity, argumentum ad novitatem

Appeal to tradition fallacy: *Gelenek yanılgısı.* Bir şeyin yalnızca uzun zamandır kabul edilmiş veya uygulanmış olması nedeniyle doğru olduğunu savunmayı içerir. Gelenek, kanıt veya analitik akıl yürütme olmaksızın, bir fikrin veya davranışın değerinin yeterli kanıtı olarak kabul edilir.

APT/APM:[4] *Arbitraj fiyatlama teorisi/modeli.* Sermaye varlık fiyatlama modelinin yetersizlikleri nedeniyle yapılan en temel eleştiri, tek faktörlü bir model olmasıdır. Buna karşılık APT, çoklu makroekonomik faktörleri dikkate alan bir teori olarak ortaya çıkmakla birlikte istenen noktaya henüz gelememiştir.

Arbitrage (limited): *Sınırlı arbitraj.* Arbitraj kârının maliyetini karşılayamaması, riskin tamamen yok olmaması, bazen çok sermaye gerektirmesi, arbitraj getirisinin uzun vadede elde edilme olasılığı, arbitrajın her zaman yapılamaması sonucunu doğurur. Ayrıca piyasa profesyonelleri, özellikle zaman faktörü nedeniyle arbitraja pek sıcak bakmazlar.

Arbitrage opportunity: *Arbitraj imkânı.* Piyasaların fiyatlamayı her zaman doğru yaptığı, fiyatların piyasa bilgisini tam olarak yansıttığı, aynı riske sahip varlıkların (menkul kıymetlerin) aynı getiriyi sağlaması gerektiği, diğer bir deyişle alfa yaratmanın mümkün olmadığı piyasa varsayımına dayanan bir bakış açısıdır. Piyasa etkinliği, rassal yürüyüş, sermaye varlık fiyatlama modeli vb. teorilerin de temelidir. Piyasalarda fiyatlar doğru değerlerinden saptığında, onları tekrar dengeye getirmek için arbitraj yapılabileceği ve arbitrajdan kâr elde etmenin mümkün olduğu varsayımına dayanır.

---

4 **APT/APM:** Arbitrage pricing theory/model

Arbitrage: *Arbitraj.* İki ayrı varlığı veya iki ayrı piyasadaki aynı tip varlığı aynı anda alıp satarak kâr etme stratejisi. İdeal durumda riske girmeden ve sermaye bağlamadan yapılan alım satım faaliyetidir. Buna bazen "martingale" adı verilmekle birlikte bu stratejinin bahislerde bazen bahisçinin tüm parasını kaybetmesi durumunu da sağlayabileceği unutulmamalıdır.

Archetype: *Model, ilk örnek, prototip.* Hisseler veya işlemciler için kullanılır. İdeal olanı temsil eder. Aslında çok gerçekçi bir tipleme olmayabilir. Örneğin homo economicus ideal bireyi/yatırımcıyı temsil eden bir model olarak görülebilir.

Aristotle bias: *Aristo yanılgısı (mantığı).* Karmaşık durumları basite indirgeyip yüzde yüz doğru veya yanlış diye kesin yargılarla değerlendirmek.

Artificial Intelligence (AI): *Yapay zekâ.* İnsanların öğrenme, düşünme ve karar verme gibi zihinsel becerilerini gelişmiş bilgisayarlar aracılığıyla taklit eden, makinelerin verilerden öğrenerek kendi başına görev yapabilmesini sağlayan teknolojidir. 1956 yılında ABD'de "Dartmouth Yaz Araştırma Projesi" bilimsel toplantısında John McCarthy tarafından ilk kez resmi olarak dile getirilmiştir.

Ascertaintment bias: *Hatalı veri/dağılım yanlılığı.* Veri toplama yöntemlerinin bazı veri veya bilgileri önceliklendirmesi, yanlı ya da yetersiz sonuçlara yol açması durumudur. Diğer bir deyişle araştırmanın tasarımı veya kullanılan yöntem ile bazı hatalı sonuçların ortaya çıkma olasılığını arttırmasıdır.

Asset Pricing: *Varlık fiyatlaması.* Bkz. Pricing.

Assimilation error: *Benzetme, asimilasyon hatası.* Ulaşan bilgiyi yanlış değerlendirip yapılanların teyit edildiğini zannetme.

Association bias: *İlişkilendirme yanılgısı.* İlişkilendirme yanılgısı, insanların aynı anda ya da art arda gerçekleşen olayları nedensel olarak bağlantılıymış gibi değerlendirme eğilimidir. Oysa bu birliktelik çoğu zaman sadece tesadüfidir. Kişi yeni bir meyve yedikten sonra mide rahatsızlığı yaşadığında, başka olası nedenleri düşünmeden bunu doğrudan o meyveye bağlayabilir. Bu zihinsel kısa yol, özellikle pazarlama ve reklamcılıkta sıkça kullanılır. Ürünler; çekici, mutlu ve karizmatik insanlarla birlikte sunularak, tüketicide ürün ile bu olumlu özellikler arasında bilinçdışı bir bağ kurulması hedeflenir. Bir de Marlboro Man vardı! Marlboro Man reklamlarında sigara, güçlü, özgür ve karizmatik bir kovboy figürüyle birlikte sunulmuştur. Bu sunum, tüketicilerin sigarayı güç ve bağımsızlık gibi olumlu özelliklerle ilişkilendirmesine neden olmuştur. Ancak söz konusu özelliklerin ürünle doğrudan bir bağlantısı bulunmazken, sadece çağrışımsal bir ilişki kurulmuştur.

Asymmetries information: *Simetrik olmayan.* Sosyal bilimlerde istatistiksel dağılımların bir özelliği simetrik olup olmamasıdır. Finans alanında yatırımcıların ve şirket yöneticilerinin bilgi farkını ifade eder. Yatırımcılar eksik bilgiye dayanarak optimum karar veremeyebilirler. Hatta eksik bilgi sahibi olduklarını varsayarak bazı veri veya olguları sinyal olarak varsayıp karar vermede kullanabilirler.

Atomistic fallacy: *Atomistik[5] yanılma.* Araştırma çevresi yanılgısı durumunun tam tersi olarak ortaya çıkmaktadır. Grupla ilgili yargılara varırken sadece bireysel verileri göz önünde bulundurmaktan kaynaklanır. Özellikle siyaset bilimindeki yanılmalar (örneğin uç sağ partilerin başarısı) son yıllarda öne çıkmakla birlikte finans

5 **Atomistik:** Bütünün parçalarından kaynaklanan.

çalışmalarında da önem verilen bir unsurdur. *Bkz.* Ecological fallacy, araştırma çevresi yanılgısı.

Attachment bias: *Sahiplik etkisi. Bkz.* Endowment effect

Attention anomaly bias/disorder: *İlgi/dikkat hatası yanılgısı.* Karar verirken çok önemli bir şeye dikkat etmemek, gözden kaçırmak ve bununla ilgili hata. Algımızdaki kör nokta, zihinsel miyopluk da denen bu hata, bilişsel yoğunluk, önyargı ve yanlış çıpalama veya ilgi eksikliğinden kaynaklanabilir.

Attitude towards money: *Paraya karşı tutum.* Paraya karşı tutum, bireylerin harcamalarını, birikimlerini ve finansal güvenliği nasıl gördüğünü belirleyen, büyük ölçüde çocukluk deneyimleriyle şekillenen/öğrenilen, duygusal ve psikolojik bakış açılarıdır. Temel zihniyet parayı güç/statü, güvenlik, özgürlük veya sevgi olarak görmektir. Olumlu ve bilinçli bir zihniyet geliştirmek, finansal refah ve olgunluk için çok önemlidir.

Attitude: *Tutum.* İnsanların nesneler, fikirler, olaylar ve diğer insanlara ilişkin değerlendirmeleri ve verdikleri değer.

Attribution: *Atfetme.* Kişilerin olaylar veya davranışların nedenlerine ilişkin yaptıkları çıkarımlar. Bu çıkarım bazen kendisiyle ilgili de olabilir. Başarıları kendi zekâ ve kabiliyetine atfetme iyi bir örnektir.

Attributional biases: *Atfetme yanlılığı.* İnsanların kendilerinin ve diğerlerinin davranışlarını anlamlandırıp değişik nedenlere bağlaması ve bununla ilgili olarak sistematik hatalar yapmasıdır.

Auction: *Müzayede, açık arttırma, ihale, mezat.* Türkçede çok sayıda karşılığı olduğu hâlde en az bilinen konulardan biridir. Birden fazla, hatta çok sayıda fiyat teklifi olduğu için en rekabetçi fiyatlama mekanizmasıdır. Fiyat verenlerin (pey sürenlerin) davranışları çerçevesinde iyi bir deneysel davranışsal finans ortamı yaratmaktadır.

Authority bias: *Otorite (-ye uyma) hatası.* Sadece otorite kabul edildikleri için bazı kişilerin dediklerinin sorgulamadan kabul edilmesi hatasıdır. Bazen otoritenin önerdiği doğru olmayabilir, hatta tehlikeye sürükleyebilir. Dobelli, 2008 krizini yeryüzündeki milyona yakın sayıdaki ekonomistten sadece ikisinin (Roubini ve Taleb, belki birkaç tane de diğer ortamlarda olabilir), bildiğini sorgularken bu yanılgıya dikkat çekiyor. Bir süre sonra anapara ve getirisi ödenemeyen menkul kıymetler, başlangıçta en yüksek kredi notuna layık görülmüşlerdi.

Automation bias: *Otomasyon yanlılığı.* Teknoloji odaklı yardımcılara (örnek: yapay zekâya) ve karar destek sistemlerine aşırı bağımlılıktır.

Autopilot bias: *Otomatik pilot yanlılığı.* Bireylerin kararlarını bilinçli analiz yerine alışkanlıklarına veya otomatik davranış kalıplarına dayanarak vermesi durumudur. İnsanlar çoğu zaman karmaşık kararları bile daha önce kullandıkları düşünme yollarını tekrar ederek alırlar. Bu durum yeni bilgilerin veya değişen koşulların göz ardı edilmesine yol açabilir. Sonuç olarak yatırımcılar piyasa koşullarına uyum sağlamakta zorlanabilir.

Availability heuristic: *Mevcudiyet, elde edilebilme ile ilgili kestirme çıkarımlar.* İnsanlar olasılıkları değerlendirirken ilgili olguyu yakın zamanda görme, hatırlama, karşılaşma sıklıklarına göre değerlendirirler. Böylece kısa yoldan sonuca varmakla birlikte optimum karara ulaşamayabilirler. Bir araştırmada deneklerin bir çoğu "Yıldırım çarpması mı yoksa köpekbalığı saldırısı sonucu mu daha çok ölüm olmaktadır?" diye sorulduğunda köpekbalığı seçeneğini tercih etmişlerdir. Gerçekte yıldırım çarpması 17 defa daha fazla ölüme neden olmakla birlikte medyada pek yer almaz. Çarpıcı görüntüler yoktur dolayısıyla köpekbalığı kaynaklı ölümler sanki daha fazlaymış gibi görünür.

JAWS

1975 yılında Jaws beyaz perdeye aktarıldığında, sadece bir gişe rekoru kırmakla kalmadı, kolektif bilincimizde derin, karanlık ve rasyonel olmayan bir korkunun tohumlarını ekti. Steven Spielberg'in kamerasından yansıyan o meşhur müzik ve suyun altındaki belirsiz silüet, insanlarda devasa bir psikolojik bariyer oluşturdu. Bu durum, psikolojideki Availability Heuristic kavramının en çarpıcı örneklerinden biridir. İnsanlar, akıllarına kolayca gelen canlı anıları (filmin dehşet verici sahneleri gibi), gerçek risk oranlarından daha olası görmeye başladılar. Oysa istatistikler bambaşka bir gerçeklik fısıldıyordu: Bir insanın köpekbalığı tarafından ısırılma ihtimali yaklaşık 11,5 milyonda bir, bu saldırı sonucu hayatını kaybetme ihtimali ise 264,1 milyonda birdir. Filmden sonra bu matematiksel gerçek yok sayıldı; milyonlarca insan okyanusu bir "ölüm sahası" olarak kodladı ve bu algı, köpekbalıklarının acımasızca avlandığı küresel bir kıyıma yol açtı.

Bu toplumsal histerinin merkezindeki isim olan kitabın yazarı Peter Benchley, yarattığı canavarın gerçek dünyadaki yıkımını gördüğünde derin bir vicdan azabına sürüklendi. Benchley, kurguladığı "intikamcı katil balık" imajının, aslında doğanın dengesi için kritik olan bu canlıların neredeyse soyunun tükenmesine neden olduğunu fark etti. "Bugün bil-

diklerimi o gün bilseydim, o kitabı asla yazamazdım," diyerek pişmanlığını defalarca dile getirdi. Bu pişmanlık onu pasif bir üzüntüye değil, kararlı bir eyleme itti. Hayatının geri kalanını haksızlığa sebep olduğu bu canlıları korumaya adadı. Benchley, edebi başarısının gölgesinden çıkarak tutkulu bir okyanus aktivisti hâline geldi. Onlarca yıl dünyayı dolaşarak köpekbalıklarının ekosistem için neden vazgeçilmez olduğunu anlattı. Bir zamanlar korkuyu körükleyen kalemi, artık deniz altındaki yaşamı savunma gerektiğini yazıyordu. Kendi yarattığı "canavar" mitini bizzat yıkarak, insanlığın zihnine kazıdığı o karanlık "kestirme çıkarımları" bilimsel gerçeklerle silmeye çalıştı. Benchley, bir korku hikâyesiyle bozduğu doğa dengesini, bir koruma hikâyesiyle onararak hayata gözlerini yumdu.

Aversion: *Kaçınma.* Herhangi bir istenmeyen durum, olgu veya duygudan kaçınmak adına yapılan hataları kapsayacak şekilde tanımlanır. Kaçınmanın alt başlıklarından biri olan pişmanlıktan kaçınma, insani bir durum olmakla birlikte, örneğin kârsız bir projenin vaktinde sonlandırılmayıp zararının büyümesine neden olur. *Bkz.* Regret aversion.

Avoidance-avoidance conflict: *Kaçın-kaçın çelişkisi.* İki farklı istenmeyen alternatif arasında kalındığında yaşanan çelişki. Türkçede "iki ucu pis değnek" olarak adlandırılan durum.

Bb

Backfire effect: *Geri tepme etkisi.* Kanıt olmasına rağmen bireylerin kendi inandığını/doğrusunu kabul etmesi ve kanıta rağmen olması gerekene ikna edilememesi olarak tanımlanabilir.

Backtest program bias: *Geriye dönük program yanlılığı/hatası.* Geriye dönük strateji testlerinde (backtest) kullanılan yazılım ve analiz araçlarından kaynaklanan hataların, elde edilen sonuçları yanıltıcı biçimde etkilemesi durumudur. Bloomberg Terminali, Python, R gibi araçlarla yapılan backtest çalışmaları yaygınlaşmış olsa da, bu araçların hatasız olduğu varsayımı her zaman geçerli değildir. Açıklama: Teknolojinin gelişmesiyle birlikte işlem stratejilerini geçmiş veriler üzerinde test etmek kolaylaşmıştır. Ancak kullanılan programlar dinamik yapıya sahiptir ve içinde fark edilmesi zor yazılım hataları (bug) bulunabilir. Bu hatalar, stratejinin gerçekte olduğundan daha başarılı veya daha zayıf görünmesine neden olabilir. Üstelik bu tür hataları tespit etmek çoğu zaman güçtür; bu nedenle elde edilen sonuçların, kullanılan yazılımın belirli varsayımlar ve sınırlamalar altında çalıştığı göz önünde bulundurularak değerlendirilmesi gerekir.

Baader–Meinhof phenomenon: *Baader–Meinhof Fenomeni.* İnternette yer alan birçok kaynağa göre Baader–Meinhof fenomeni adı, 90'lı yıllarda bir okurun, St. Paul Pioneer Press gazetesine yazdığı mektupta, Almanya'daki Baader–Meinhof grubunun adını Minnesota'daki bu gazetede gördükten sonra kısa bir süre içinde bu isimle defalarca karşılaştığını fark etmesini anlatmasıyla ortaya çıkmıştır. Bu olgu, 2005 yılında dilbilimci Arnold Zwicky tarafından "frequency illusion" (sıklık yanılsaması) olarak kavramsallaştırılmış ve Oxford English Dictionary'e girmiştir. *Bkz.* Frequency illusion, sıklık yanılsaması.

Bandwagon effect: *Bando arabası etkisi.* Bu benzetme, müzik yapan bir bando takımının (veya müzik grubunun) birlikte hareketine, aynı arabada seyahat etmesine gönderme yapmaktadır. İnsanların büyük çoğunluğunun aynı davranışa yönelmesi, bir trend ortaya çıkması olarak düşünülebilir. İş dünyasında belli faaliyet ve sektöre topluca yönelim olması da bu yönde bir eğilimdir.

BAPM:[6] *Davranışsal varlık fiyatlama modeli.* Tamamen orijinal bir model olmayıp, klasik sermaye varlık fiyatlama modelinin davranışsal finansa yönelik olarak bazı yeni yorumlanması olarak tanımlanabilir. Hisse imaj katsayısı, H katsayısı[7] bu anlamda geliştirilen parametrelerdir. *Bkz.* CAPM, Sermaye varlık fiyatlama modeli.

---

6 **BAPM:** Behavioral Asset Pricing Model

7 **H Katsayısı (H coefficient):** Davranışsal Varlık Fiyatlama Modeli'nde, yatırımcı algısı ve duygusal yanlılıkların hisse fiyatlarında yarattığı rasyonel değerden sapmayı ölçen parametredir.

Barn door closing: *Ahır kapısını kapatmak.* Geçmişte başarılı olmuş bir yatırım şeklinin bugün de kârlı olacağını düşünerek aynı biçimde yatırım yapmak.

Barnum effect: *Barnum etkisi.* Phineas Taylor Barnum'un, "Herkese uygun bir şeyimiz var." söylemiyle öne çıkmaktadır. Bilişsel çelişki yanlılığı altında yer alan bu etki, genel geçer ifadeleri kişiselleştirilmiş olarak algılama eğilimi olarak tanımlanabilir. Örneğin, astroloji, burç, fal gibi olaylarda genelleme kişiselleşmiş gibi algılanarak bunlara karşı güçlü inanç oluşturulmaktadır. Toplumun en dip katmanlarından en tepe katmanlarına kadar herkese uygun ifadeler defalarca söylenince başarılı sonuçlar veya mükemmel uyum sağlama durumu olarak yorumlanabilir.

Base rate fallacy: *Baz oran hatası.* Kişiler bir değerlendirme veya tahmin yaparken temel olasılıkları ve değerleri/rakamları göz ardı ederler. Örneğin bir araştırmaya göre ABD'de iyi okulların gözde öğrencileri kendilerini 5 yıl sonra Fortune 500 listesindeki şirketlerin yönetim kurullarında gördüklerini söylemişlerdir. Ancak tüm yönetim kurulları boşalsa bile bu arzın tamamı kullanılamaz. Warren Buffett niye biyoteknoloji şirketlerine yatırım yapmadığını şöyle açıklamıştı: "Bu şirketlerin çoğu küçük ya da orta ölçeklidir ve milyonlarca dolarlık bir finansal yapılanma/özel sermaye yatırımı için uygun değillerdir." Aynı Warren Buffett, Bloomberg'de yayınlanan bir röportajında Charlie Rose'a "Ben 440 milyar dolarlık bir yatırımı yönetiyorum. 1 milyar dolar kâr ettirsem sadece binde 2 ederdi ve bu çok kötü bir performans olurdu" demiştir.

Bayes/Bayesian probabilities: *Bayes olasılıkları.* Bayes olasılıkları şartlı (şarta bağlı) olasılıklar olup daha çok sübjektif veya geçici niteliktelerdir. Yeni bir bilgi geldiğinde ya da yeni bir faktör ortaya çıktığında yeniden düzenlenir veya güncellenirler. Standart olasılıklardan farkları, her ne kadar geçmiş bilgilere göre oluşturulmuş olsalar da geleceğe yönelik ve senaryolara dayanan olasılıklar olmalarıdır.

Bayesian Nash equlibrium: *Bayesyen Nash dengesi.* Oyun teorisindeki denge tanımlarından biridir. Oyun teorisindeki dinamik ve eksik bilgiye dayanan oyunlardaki (ardışık Bayes oyunları) dengedir. Stratejilere ve genellikle olasılık dağılımları ile tanımlanan inançlara dayanır. Oyuncular tutarlı ve ardışık oyunlarda rasyonel olmalıdır.

Bear market: *Ayı piyasası.* Genel olarak fiyatların en az birkaç aydır, hatta bazen yıldır düşme içinde olduğu, ortalama/temsil edici fiyat düzeyinin en az %20 altında olduğu ve trendin geri dönüşüyle ilgili herhangi bir beklentinin görülmediği piyasalardır.

Bear, bearish, bearishness: *Ayı (piyasası), kötümser olma hâli.* Hisse fiyatlarının düşme trendinde olduğu, ayrıca fiyatların geleceği ile ilgili kötümser bir havanın hâkim olduğu piyasalardır.

AYI PİYASASI

Hisse fiyatlarının düşüş eğiliminde olduğu ve piyasa beklentilerinin genel olarak olumsuz seyrettiği durumları ifade eder. "Ayı piyasası" teriminin kökeni modern finans literatüründen önceye, 18. yüzyıl İngiltere'sine dayanmaktadır. İngiliz yazar Daniel Defoe, henüz sahip olmadığı varlığı satmayı planlayan spekülatörleri "ayı derisini ayıyı yakalamadan satanlar" (bearskin jobbers) olarak tanımlamıştır. Bu ifade zamanla finansal piyasalarda düşüş beklentisini temsil eden bir metafora dönüşmüştür. Ayı mecazı, ayının saldırırken pençesini yukarıdan aşağı doğru savurmasına dayandırılmakta ve bu hareket fiyat düşüşünü simgelemektedir. Modern finans literatüründe bir piyasanın ayı piyasası olarak nitelendirilebilmesi için genellikle zirve seviyesinden en az %20 oranında gerileme göstermesi beklenir. Bununla birlikte, bu düşüşün kısa vadeli değil, haftalar veya aylar süren bir trend niteliği taşıması gerekmektedir. Ayrıca düşüşün piyasa geneline yayılması ve yatırımcı beklentilerinin belirgin biçimde bozulması da ayı piyasasının temel göstergeleri arasında yer almaktadır.

Beauty contest: *Güzellik yarışması.* İlk defa Ekonomist John Maynard Keynes'in İstihdam, Faiz ve Paranın Genel Teorisi isimli kült kitabında Uzun Vadeli Beklentiler bölümünde dile getirilmiştir. Keynes'in örneğine göre bir gazete, okuyucularından gazetede yayınlanan 100 fotoğraf arasından en güzel buldukları 6 yüzü seçmelerini istemiş ve doğru tahmin edenin kazanacağını açıklamıştır. Ancak ödül, gerçekten en güzel yüzleri seçene verilmez. Ödül, seçtiği yüzler tüm katılımcıların ortalama seçimine en yakın olan kişiye verilir. Keynes yatırımcı davranışını bu duruma benzetir ve yatırımcıların varlıkların gerçek değerini hesaplamaktan çok, piyasanın ortalama görüşünün ne olacağını tahmin etmeye çalıştığını belirtir.

Because justification: *"Çünkü" mazereti.* Birçok konuda açıklama ya da mazeret belirtmek gerekebilir. Borsa %1 düşmüş veya yükselmiş olduğunda bunun yatırımcıların farklı inançlarla yaptıkları ve beyaz parazit (white noise) dediğimiz nedene dayandığını söylemek pek tatmin edici olmayacaktır. Ama analistlerin "FED filanca kararını açıkladı", "Enflasyon verisi şöyle oldu" gibi ciddi bir açıklama yapmaları beklenir ve genellikle yaparlar. Gündüz ekonomi kanallarını izleyerek bu olguyu gözlemleyebilirsiniz.

Beginner's luck: *Acemi şansı.* Tesadüfi bir başarıyı kendi becerilerine atfetmektir. Acemi şansı inancı gerçekleri maskeleyebilir. Bir dönem çok sayıda yatırımcı ABD'de teknoloji hisselerinin fiyatları çılgınca yükselirken, portföylerinin getirilerine bakarak ne kadar becerikli seçimler yaptıklarını düşünüyorlardı. Ancak daha sonra acemi şansı onlara yardım etmedi ve birçok hisse inanılmaz değer kaybetti. Acemi şansına inanmayın. Geçici bir başarı varsa bu şansınızın hep böyle olacağını göstermez.

Behavior (human): *Davranış, insan davranışı.* Kişilerin o anki durumda veya öngörülebilir gelecekteki durumlarda ne yaptığı veya ne yapmadığıdır. Bir seri aksiyon veya reaksiyondur. Bilinçli veya bilinçsizce olabilir.

Behavioral (financial) analysis: *Davranışsal (finansal) analiz.* Davranışsal finansın bulgularına dayanarak gelecekteki varlık fiyatlarını veya piyasa trendlerini belirlemeye çalışmaktır. Burada her olgu için yeni bir modelleme yapılamaz; daha çok bu olgular piyasa anomalileri olarak tanımlanır. Örneğin takvim etkisi, kollektif bir davranışa dayanan ve rasyonel olmayan fiyat farklılaşmalarıyla ilgilidir ve bunlara ilişkin bir model önermek henüz mümkün olmamıştır. Başka bir örnek ise hisse imaj katsayısıdır. Hisse imaj katsayısı bu anlamda kullanılabilecek bir model önermesi ve fiyat tahmininde kullanılabilir bir parametredir. *Bkz.* Stock image coefficient, hisse imaj katsayısı.

Behavioral asset pricing model: *Bkz.* BAPM

Behavioral biases (in finance, economics): *Davranış kaynaklı hatalar, yanılgılar.* Hatalı kararlara dayanan uygun olmayan işlem, fiil, eylem, reaksiyon veya eylemsizlik hâli. Rasyonel olmayan zihinsel süreçlere bağlı olarak ortaya çıkarlar. Kollektif biçimdeki bu hatalı davranışlar piyasalarda anomali denen sapmalara neden olurlar. Kaynakları bilişsel, duygusal, refleks ve alışkanlıklara dayanan veya kestirme çıkarımlar (heuristics) olabilir.

Behavioral corporate management: *Davranışsal kurumsal yönetim.* Şirketleri yönetenler kişiler olduğu için davranış hataları ve yanılgıları kurumsal yönetime de yansır. Bu alan, şirket yöneticilerinin şirket organizasyonu ve faaliyetleri ile ilgili olarak aldıkları kararlar, izledikleri stratejiler ve kurumsal yönetişim (governance) konularındaki kararları ve politikaları inceler.

Behavioral economics: *Davranışsal ekonomi, iktisat.* Bu alan insanların ve kurumların ekonomik tercihleri nasıl yaptıkları ve uygulamaya geçirdikleri konularını irdeler. Davranışsal iktisat; para, üretim, işgücü, harcama, yatırım, kamu harcamaları vb. konulardaki kararları inceler. Daha çok bireysel ve kollektif bilişsel, duygusal, reflekse dayanan ve ekonomik kararları etkileyen yanılgılara yoğunlaşır. Davranışsal finans ile çok yakın bir alan olup bazı noktalarda kesişir. Örneğin çalışma yaptığım bir alan olan vergi ödeme davranışı, bir yanıyla kişisel psikoloji ve sosyal davranışlarla ilgilidir. Ancak diğer yönü devletin gelir kaynaklarını etkilediğinden daha makro bir bakış açısı gerektirir. Davranışsal yanılgılar, kıt kaynakların tahsisinde hatalara sebep olur.

Behavioral finance: *Davranışsal finans.* Davranışsal ekonomi ve finans, genellikle Türkçeye davranışsal ekonomi ve finans olarak çevrilmektedir. Salt çeviri olarak bakıldığında hatalı görünmeyebilir, ancak anlamına bakıldığında bu alanların davranış bilimlerinin bir alt kolu gibi algılanmasına neden olmaktadır. Aslında her ikisi de ekonomi ve finans alanlarında bir yeni alt disiplini, hatta ekolü temsil ettiklerinden "davranışçı" ekonomi ve finans olarak çevrilmeleri daha doğru olacaksa da bu kitapta da "davranışsal" olarak kullanılmıştır. Davranışsal finans da insanların para ile ilişkilerini ele almakta, yapılan bilişsel, duygusal ve kestirme çıkarım hatalarını ve bunların kişisel malvarlığı ve gelirlerde olduğu kadar, finans piyasalarında, şirketlerde, diğer organizasyonlarda ve hatta ekonomik fiyatlama mekanizmalarında (müzayedeler) ortaya çıkardığı optimumdan uzak dengeleri, zararları ve hataları incelemektedir. Bütün bu hatalarda asla bilinçli bir kendine özel çıkar sağlama, birilerini veya kurumları bilinçli olarak zarara uğratma niyeti yoktur. Hatta bu hataları yapan bireyler, kendi çıkarlarını korumaya, şirketi için en iyi politikayı izlemeye ve genel anlamda en optimum kararları vermeye çalışmaktadır.

Behavioral portfolio theory: *Davranışsal portföy teorisi.* 2000 yılında Shefrin ve Statman tarafından önerilen bu tanımlayıcı (descriptive) teori, yine sonuç olarak getirilerin maksimizasyonu ile ilgilidir. Ancak, sermaye varlık fiyatlama modeli veya arbitraj fiyatlama modelinin öngördüğü kriterler ve parametrelere göre şekillenmez. Daha çok farklı katmanları olan bir piramide benzer. Her katman özel hedeflere yöneliktir. En alttaki, kişiyi finansal felaketlerden korurken, en üstteki zengin olmak için maksimum getiriyi sağlayacak alternatiflere yönelir. Bu yönleriyle Roy'un önce güvenlik kriteri (*Bkz.* Roy's safety-first criterion) ve Lola Lopez'in SP/A teorisine benzemekte, hatta onlara dayanmaktadır.

Behavioralist: *Davranışçı.* Davranışsal finans ve iktisadı çalışan, ilgili argümanları geliştiren, yaptığı araştırmalarda bu alandaki bulgulara katkı yapmaya çalışan araştırmacı, akademisyen ve finans sektörü mensubu. Burada belli bir ideolojiyi takip etmeden ama davranışsal etkileri şüphelerine dâhil ederek sorular soran, çalışmalar yapan kişi(ler) kastedilmektedir. "Behaviorist-Davranışçı" ise davranış bilimleri alanında etki-tepki ilişkisini baz alarak çalışma yapan, bu çerçevede tutucu biçimde sınırlarını pek zorlamayan araştırmacıdır ve davranışsal finans ve ekonomi alanındakilerle karıştırılmamalıdır.

Belief: *İnanç.* Kişisel veya kollektif olarak bir fikri, algıyı veya sunuşu gerçek ve kesin olarak kabul etmek. Buradaki kararın kesin veya büyük ölçüde kesin olduğu düşünülür. İnanç pozitif gerçeklere dayanabilir veya bir yanılsama, akılsal yanlılık veya hatayla ilgili olabilir. İnançlar, belirsizliğin verdiği rahatsızlığı gidermek için bir duygusal tepki de olabilir. İnançlar çoğunlukla tutum, karar ve eylemlere kaynak oluşturur.

Belief bias: *İnanç yanlılığı.* Bir argümanın gücünü makul olabilirliğine göre değerlendirme eğilimini ifade eder. Argümanın geçerliliğini düşünmek yerine, önceki bilgimize ve inançlarımıza dayanıyoruz. Yani, bir argüman inançlarımızla örtüşüyorsa, onu kabul etme eğilimindeyiz.

Belief perseverance: *İnançlarda direnme.* Bir kişinin kendi inançlarına aykırı bulgulara rağmen onları değiştirmemesi. Sorgulamayı öğretmeyen eğitim sisteminde yetişen veya eğitimsiz kişilerde daha fazla görülür. Buradaki eğitim, sadece formal, örgün eğitim anlamında değil, aile ve çevrede elde edilen bilgi ve etkileri de kapsayacak şekilde tanımlanmıştır.

Below-average effect: *Ortalamanın altında olma etkisi. Bkz.* worse-than-average effect.

Benchmarking: *Kıyaslama, karşılaştırma.* Yönetimde iyi bir yaklaşım olarak kabul edilmekle birlikte, bazen sakıncaları vardır. Örneğin nirengi[8] olarak borsa indeksi seçildiğinde mutlak performans ölçütlerinin yerine geçer ve kötü giden bir borsada, kötüyü

8 **Nirengi:** Referans Noktası

örnek alıp iyi hedefleri kaçırma sonucunu yaratabilir. Yanlı ve optimal olmayan sonuçlara götürebilecek olan karşılaştırma, Goodhart kanunu ile de açıklanabilir. Ekonomist Charles Goodhart, bir parametre hedef hâline getirildiğinde iyi bir ölçü olmaktan çıktığını söylemiştir.

Bet: *Bahis/iddia.* Sonucu belirsiz olan bir şeye (spor karşılaşmaları, sosyal olaylar vb.) için paranın riske atılmasıdır. Genellikle kumara ilişkin bir terimdir.

Bet/betting odds: *Bahis, Bahse girmek, Tahminde bulunmak.* Kumarda (örneğin rulette), at yarışında ve yurtdışında bahis oynanan bazı yarışmalarda bahislerin araştırmalara verilen cevaplardan daha iyi tahminler olduğu görülmüştür. Para kazanma söz konusu ise tahmin kalitesi artmaktadır.

Beta: *Beta (β).* Yunan alfabesinin ikinci harfi olarak bir hissenin veya portföyün bir standart ölçüye, (burada betası 1 olan piyasa portföyüne) göre oynaklığını ölçer. Ne kadar yüksekse o hissenin veya portföyün o kadar riskli olduğunu gösterir. Piyasa portföyü de tüm hisselerin dâhil olduğu varsayılan portföy olup piyasanın bütününü temsil eder.

Beta coefficient: *Beta katsayısı.* Belli bir hissenin beklenen getirisinin piyasa genelinin beklenen getirisiyle olan ilişkisini gösterir. Hisse getirilerinin değişkenliğinin piyasanın genelinin getirilerindeki değişkenlik (volatilite) ile arasındaki regresyon analizindeki regresyon doğrusunun eğimidir. Hesaplamada formüle göre hissenin piyasa getirisiyle olan covaryansı piyasa getirisinin varyansına bölünür. Sermaye varlık fiyatlama modelinin temel parametrelerinden biridir ve bu modelin tek değişkene bağlı olduğuna dair eleştirilerin de odak noktasındadır.

Better-than-average belief: *Ortalamanın üstü.* İnsanların kendi niteliklerini ve yeteneklerini diğerlerine kıyasla daha fazla olarak değerlendirmesine ilişkin bilişsel önyargıdır. Bu olgu aynı zamanda ortalamanın üstünde (above-average effect), üstünlük yanlılığı (superiority bias) olarak da adlandırılır.

Bias blind spot: *Önyargı kör noktası.* Bireyler kendilerini diğer insanlara kıyasla daha olumlu tanımlar. Buna diğerlerine kıyasla daha az önyargılı olduklarına dair inançları dâhildir.

Bias: *Yanlılık, taraf tutma.* Yanılgı veya hata. Davranışsal finansta bu terim diğer alanlardaki genel anlamının dışına çıkmıştır. Örneğin ambiguity bias belirsizlikten kaçınma bağlamında yapılan hatalar anlamına gelir. Bu hatalar bilişsel, duygusal hatalar, refleks veya alışkanlıklara bağlı olanlar ve kestirme çıkarımlardır. Bazen de ait olunan grup veya sosyal çevrenin bu hatalarda etkisi olabilir.

Bidder behavior: *Pey sürme (fiyat verme) davranışı.* Müzayedeler, yeterli sayıda objektif katılımcı varsa fiyatın en doğru belirlenme yöntemidir. Borsanın işleyiş yöntemi, hazine ihalelerinde kullanılan yaklaşım da müzayede temelli olup çok ciddi ekonomik etkileri olabilir. Burada her ne kadar katılımcıların objektif kriterlere dayanarak fiyat vermeleri beklenirse de, bu her zaman mümkün olmayabilir. Katılımcıların psikolojilerine yenilerek örneğin çok yüksek (düşük) fiyata çıkarak kazandıkları müzayededen zarar edebilirler. Yukarıda bahsedilen ekonomik etkileri nedeniyle daha fazla araştırma yapılması gereken bir konudur.

Bifurcation: *Çatallaşma, yön değiştirme.* Finans piyasalarında kritik yön değişimleri, örneğin fiyatların yükseliş trendinden düşüşe dönmesi veya beklenmedik kaotik dönüşümlere girmesi olarak açıklanabilir.

Big five: *Beş temel kişilik özelliği.* Kişilerin diğer tüm kişilik özelliklerinin kaynağı olan beş temel kişilik özelliğidir. Bunlar ruhsal bozukluk, dışa dönüklük, deneyimlere açık olma, anlaşabilir olma ve insaflı/vicdanlı olma diye tanımlanmıştır.

Bigger fool: *Daha enayi/aptal.* Bir kişinin kendisinden de fazla ödeme yaparak satın alabilecek birini bulacağı fikriyle ederinden çok daha yüksek fiyat ödeyerek alım yapmasıdır. "Her zaman bir enayi bulunur" bakış açısı, finans piyasalarında özellikle naif bireysel yatırımcılar düşünülerek söylenir. Bunu "küçük yatırımcıların toplam kaybı, büyük yatırımcıların toplam kazancına denktir" ifadesiyle açıklarlar. Sıfır toplamlı bir oyun olarak kabul edilebilecek borsa, bu yorumu bazen haklı çıkaracak anekdotlarla doludur.

Bikeshedding[9]: *Önemsizlik kanunu.* İnsanların küçük ve önemsiz konulara gereğinden fazla zaman ve kaynak harcayarak önemli sorunları ihmal etme eğilimini açıklar. Bu kavram, karmaşık ve büyük projelerin hızlıca onaylanıp, anlaşılması kolay küçük meselelerin uzun süre tartışılması örneğiyle somutlaştırılmıştır.

Binary logic: *İkili mantık.* Doğru-yanlış, iyi-kötü, var-yok gibi iki değere dayanan karar verme. Aristo mantığı da denen bu yaklaşım, sosyal bilimlere pek uygun değildir. Daha uygun olduğu dijital sistemler, elektrik devresinin açık ve kapalı olduğu 0-1 mantığıyla hareket eder ve her sembol 0 ve 1'in bir sıralamasıyla temsil edilir.

Bird-in-the-hand/bird-in-the-bush: *Eldeki kuş, daldaki kuş.* Yatırımcıların eldeki paraya, daha sonra gelecek paraya kıyasla çok daha fazla önem vermeleri, bu nedenle vergilendirme açısından avantajlı olmasa da sermaye kazancı elde etmek yerine nakit kâr

9 Parkinson's law of triviality olarak da bilinir.

payı dağıtılmasını tercih etmeleri ve böylece düzenli kâr payı dağıtan şirket hisselerinin daha değerli olması durumudur. Türkçede "Kim öle kim kala" ifadesiyle de benzer bir durum anlatılır. Ancak daha farklı tercihleri olan yatırımcı grupları da vardır ve bunlar kâr payı dağıtımını hiç önemsemeyebilir. Onların odaklandıkları, kâr payı dağıtma yerine kârlı projelere yatırım yaparak hızlı büyüyen, dolayısıyla sermaye kazancı sağlayan şirketlerdir.

Bizarreness effect: *Tuhaflık etkisi.* Garip şeylerin, argümanların normal olanlara göre daha iyi hatırlanmasıdır. Bu olgunun ortaya çıkabilmesi için ilgili konunun gerçekten ve fark edilebilecek ölçüde tuhaf olmaları gerekir. *Bkz.* Concorde effect, termination bias.

Black swan: *Siyah kuğu.* Nassim Nicholas Taleb'in yazdığı, küçük olasılıkları olan olguların da bir gün gerçekleşebileceğini ifade eden kitabın adıdır. 2008 küresel krizi ile birlikte umulmadık krizler için bir jenerik terim hâline gelmiştir.

Bonanza: *Fiyat çılgınlığı. Bkz.* Bubble crash.

Boom, boom & bust: *Yükseliş & çöküş Bkz.* Bubble crash.

Boredom: *Sıkıntı, can sıkıntısı.* Kişinin hiçbir şeye ilgi duymaması, yapacak bir şey bulamaması, zamanın çok yavaş aktığını hissetmesi ile tanımlanabilecek rahatsız edici bir ruh hâlidir. Pozitif etkileri, sakince düşünme fırsatı yaratarak daha iyi kararların verilmesini sağlaması olabilir. Ancak daha çok negatif etkileri vardır. Motivasyon eksikliği ve dolayısıyla yapılması gerekenleri yapmama veya sıkıntıyla baş etmeye çalışırken gereksiz, dürtüsel davranışlarla rasyonel olmayan seçimlerin yapılması, örneğin gereğinden fazla hisse al-sat yapmak görülebilir.

Bounded rationality: *Sınırlı rasyonellik.* Ekonomist Herbert Simon tarafından ortaya atılan bu terim, kişilerin normal hayatlarında ana hedefleri ve tercihlerine ilişkin olarak amatörce ve optimum olmayan seçimler yapmalarıdır. Zihinsel yanılgılar, sınırlı analiz yeteneği ve psikoloji bu hatalı seçimlere neden olabilir. Aslında finansal açıdan yapılan hatalar, kişinin rasyonel davranmak istemesine rağmen ortaya çıkar. Simon bunu rasyonel davranma niyeti (being intendedly rational) olarak ifade eder.

Brain: *Beyin.* Davranışsal finans çerçevesinde tartışılan birçok unsur doğrudan beyinle ilgilidir. Bilişsel süreçler, duygular, algılama, anlama, karar verme fonksiyonları hep beyinle ilgilidir.

Break-even effect: *Başabaş olma etkisi.* Daha önceki kayıp nedeniyle risk almaktan kaçınmak. Daha önceki kayıpların telafisini beklemek.

Bubble crash (market): *Piyasa balonu.* Piyasa balonunun patlaması, sönmesi. Varlık piyasalarında, özellikle borsalarda fiyatların nadir olarak görülmemiş ölçüde yükselmesiyle balon oluşur. Fiyatların ani olarak hızla düşmesi de balonun patlaması gibi normale dönüş yaratır. Burada hangi fiyat hareketlerinin bu tanıma gireceğini ayırmak kolay olmayabilir. Fiyatların %50 yükselmesi bir boğa piyasasına işaret eder ve piyasa balonu değildir. Ancak 1-2 yılda 2 veya daha fazla fiyat katlanması balon olarak tanımlanır. Örneğin en eski piyasa balonu olan lale çılgınlığında, bazı lale soğanlarının fiyatları birkaç yılda bir ev değerine çıkmıştı.

Buy the Dip (BTD): *Düşüşü satın al.* Hisse senedi veya kripto para gibi varlıkların fiyatları düştükten sonra, düşüşün geçici olduğuna ve ardından bir toparlanma olacağına inanarak satın alınan bir yatırım stratejisidir. Gelecekteki kârı maksimize etmek için düşük fiyatlardan faydalanmayı amaçlar, ancak varlık düşmeye devam ederse risk taşır; bazen buna "düşen bıçak" denir.

B

LALE ÇILGINLIĞI

1630'lu yılların başında Amsterdam kanallarında, akşam güneşinin sulara vurduğu o huzurlu anlarda bile havada asılı duran tuhaf, tekinsiz bir heyecan vardı. Hollandalılar denizleri fethetmiş, gemilerini altınla doldurup limanlarına dönmüşlerdi; ancak bu yeni zenginliğin katı bir kuralı vardı. Püriten inancı gereği ne kadar zengin olursanız olun, bunu gösterişli kıyafetlerle veya abartılı mücevherlerle sergilemeniz günahtı. Bu baskılanmış gösteriş arzusu, sonunda kendine hiç beklenmedik bir sığınak buldu: Toprağın altındaki dilsiz bir bitki soğanı. Sokak aralarına yayılan taze toprak kokusu, yerini çok geçmeden hırsla karışık o ağır ve büyüleyici lale kokusuna bırakmıştı. İstanbul'un saray bahçelerinden Amsterdam'ın nemli topraklarına ulaşan laleler, çok geçmeden sadece bahçeleri değil, bir halkın sağduyusunu da ele geçirecekti.

Bahçelerdeki bu sessiz zarafet yarışı, kısa sürede akıl almaz bir gizeme büründü. Bazı laleler, sanki bir ressamın fırçasından çıkmış gibi ebruli desenlerle, şaşırtıcı renk oyunlarıyla açıyordu. Dönemin insanları, havayı saran o büyüleyici kokunun ardında saklı olan trajik gerçeği bilmiyorlardı: Bu eşsiz güzellik, aslında "mozaik virüsü" denilen bir hastalığın eseriydi. Botanik bilgisinin yetersizliği, hastalıklı bir çiçeği paha biçilemez bir sanat eserine dönüştürmüştü. Bir tüccar için bu desenli laleye sahip olmak, kudretin ta kendisiydi. Çok geçmeden lale, topraktan kopup birahanelerin dumanlı arka odalarında kurulan hırslı masaların en kıymetli parçası hâline geldi.

Çılgınlık öyle bir boyuta ulaştı ki, henüz kış uykusunda olan ve toprağın altında görülmeyen soğanlar için hanların loş odalarında masalar kuruluyor, "gelecek kontratları" üzerine devasa imzalar atılıyordu. Tek bir lale soğanı uğruna Amsterdam'ın en lüks malikaneleri gözden çıkarılıyor, bir zanaatkâr on yıllık alın terini tek bir tohuma yatırıyordu. İşte bu, tarihin ilk büyük "Market Bubble" (Piyasa Balonu) hadisesiydi. Bir varlığın değeri, onun hakikatinden kopup sadece insanların hırsının şişirdiği devasa, şeffaf ve kırılgan bir balona dönüşmüştü.

Ancak her rüya gibi, Amsterdam'ın lale rüyası da ansızın bitti. 1637 yılının buz gibi bir Şubat sabahında, Haarlem'deki bir hanın arka odasında yine müzayede kuruldu. Ancak o gün, havada uğursuz bir sessizlik vardı. Bir lale soğanı için ilk kez kimse elini kaldırmadı. O ilk sessizlik, bir çığ gibi büyüyen panik dalgasını başlattı. Saatler içinde, bir servet değerindeki o soğanlar, sıradan birer sebze kadar değersizleşti. Dokuma tezgâhını satan babalar, evini lale için ipotek eden aileler, ellerinde sadece çürümeye mahkûm birer bitki köküyle kalakaldılar. Günün sonunda Amsterdam kanallarına sinen o büyüleyici lale kokusu dağılmış; yerini, rasyonel olmayan her yükselişin ardından gelen o sert ve soğuk iflas sessizliğine bırakmıştı.

Bu histeri öyle bir girdaptı ki, dönemin en parlak zihinlerini ve yeteneklerini bile içine çekmekten geri durmadı. Ünlü ressam Jan van Goyen, fırçasının tüm getirisini lale soğanlarına yatırmış, balon patladığında hayatının geri kalanını bitmek bilmeyen borçlarını ödemek için binlerce tablo yaparak geçirmek zorunda kalmıştı. Hollanda'nın o mağrur altın çağı, bir sabah ansızın solan ebruli bir çiçeğin enkazı altında kaldı.

Tıpkı Van Goyen gibi, yıllar sonra bir başka dâhi, Isaac Newton da benzer bir finansal deliliğin kurbanı olduğunda tarihe geçecek o itirafı yapacaktı: "Gök cisimlerinin hareketlerini he-

saplayabilirim amu insanların deliliğini asla." Amsterdam'ın hanlarında başlayan bu ilk büyük çılgınlık, bize bir dâhinin zekâsının bile piyasanın iştahı karşısında ne kadar savunmasız kalabileceğini gösterdi.

Budget fallacy: *Bütçeleme yanılgısı. Bkz.* Planning fallacy.

Bull market/Bullish/Bullishness: *Boğa piyasası.* Kavram aynı zamanda bu piyasanın dürtüleri ile davranmak, o ruh hâli içinde olmak anlamında da kullanılmaktadır. Fiyatların %25 veya daha fazla yükselmesi ve aylarca hatta bazen yıllarca yükselme trendinde olup küçük fiyat düzeltmeleri dışında tersine döneceği yönünde herhangi bir sinyal vermediği durumlar boğa piyasası olarak tanımlanır. Bu trendin yoğunlaşması ve artışı piyasa balonuna doğru gider.

BOĞA PİYASASI

Hisse fiyatlarının yükseliş eğiliminde olduğu ve piyasa beklentilerinin genel olarak olumlu seyrettiği durumları ifade eder. "Boğa piyasası" terimi de kökenini modern finans öncesi dönemlerden, özellikle 18. yüzyıl İngilteresi'ndeki piyasa jargonundan almaktadır. Bu dönemde fiyat artışı beklentisiyle hareket eden yatırımcılar "boğa" olarak adlandırılmıştır. Zamanla bu ifade, finansal piyasalarda yükseliş yönlü beklentiyi temsil eden yerleşik bir kavrama dönüşmüştür. Boğa mecazı, boğanın saldırırken boynuzlarını aşağıdan yukarı doğru savurmasına dayanmakta ve bu hareket fiyat artışını simgelemektedir. Modern finans literatüründe bir piyasanın boğa piyasası olarak nitelendirilebilmesi için genellikle dip se-

viyelerden itibaren en az %20 oranında yükseliş göstermesi beklenir. Bununla birlikte bu yükselişin kısa vadeli dalgalanmalardan ziyade haftalar veya aylar süren bir trend niteliği taşıması gerekmektedir. Ayrıca yükselişin piyasa geneline yayılması ve yatırımcı güveninin artması da boğa piyasasının temel göstergeleri arasında kabul edilmektedir. Ampirik çalışmalar, güçlü boğa piyasalarında ana endekslerin yıllık bazda %20–40 aralığında getiri sağlayabildiğini ve işlem hacimlerinde belirgin artışlar gözlendiğini göstermektedir. Bununla birlikte volatilitenin göreli olarak düşme eğilimi gösterdiği ve yatırımcı duyarlılığının anketlerde yüksek iyimserlik seviyelerine ulaştığı da sıklıkla rapor edilmektedir.

Buy and hold: *Al ve tut.* Hisse piyasasında hisselerin alındıktan sonra uzunca bir süre elde tutulması. Warren Buffett stratejisi diye de adlandırılır. Bunun için hem makul fiyatlı hem de piyasada iyi özelliklere sahip olan (kendi alanında lider, aktif ve iyi bir yönetime sahip, potansiyeli olan, istikrarlı ve iyi bir iş planıyla hareket eden) şirketlerin hisselerini almak olarak tanımlanır. Bu tür hisselere değer yaratan hisseler (value stocks) denir.

Buzz: *Gürültü/abartılı ilgi.* Bir konu, şirket veya yatırım aracı hakkında medya ve sosyal ağlarda oluşan yoğun ilgi ve konuşulma durumudur. "Buzz" çoğu zaman gerçek ekonomik temellerden ziyade algı ve beklentiler tarafından beslenir. Bu durum yatırımcı davranışlarını etkileyerek fiyatların hızlı ve bazen irrasyonel şekilde yükselmesine neden olabilir. Finansal balonların oluşumunda önemli rol oynayabilir.

Cc

Calendar effects: *Takvim etkileri.* Borsadaki hisse senedi değerlerinin güne, aya ve belli tarihlere göre istatistiksel olarak anlamlı ölçüde farklılaşmasına denir. Bazı takvim etkileri, Halloween (Cadılar Bayramı), aralık-ocak, pazartesi, salı, hafta sonu, ayın sonu, temmuz, eylül, ekim ayı etkileri ile gün içi, ay içi etkisi, mayısta sat-ve-git, Ocak barometresi, Mark Twain etkisi, ay etkisi, günışığı tasarrufu etkisi ve hava koşulları etkisi olarak sıralanabilir. *Bkz.* Anomaly (financial markets).

Capitulation: *Teslim olma, dibe inme.* Bu terim Türkçede çok farklı bir anlam taşıdığı için finans piyasalarındaki anlamı zayıf kalmaktadır. Bir günde büyük işlem hacmi ile birlikte büyük bir fiyat düşüşüdür. Bir süredir piyasada düzelme bekleyen yatırımcıların tahammülünün kalmaması, büyük oyuncuların da artık dip noktası olduğu düşüncesiyle topluca alıma geçmeleri olarak tanımlanabilir.

CAPM[10]: *Sermaye varlık fiyatlama modeli.* Risk ve getiri ilişkisini açıklayan, riski fiyatlamamızı sağlayan ve hem çok benimsenip kullanılan hem de çok eleştirilen bir modeldir. Bir grup bilim adamına (Sharpe, Moussin, Lintner, Treynor) ayrı ayrı benzer modelleme yapmaları nedeniyle mal edilmektedir. Treynor, bu konudaki manuskriptini Lintner'e yollamış, ancak cevap alamamış dedikodusu nedeniyle ben Treynor'ın da hak sahibi olduğunu düşünüyorum. Modelin mantığı, yatırımcıların risk ve getiri arasındaki ilişkide hem piyasanın genel riskini hem de şirketin kendine has riskini dikkate alarak kabul edilebilir getiriyi buna göre belirledikleri ve dolayısıyla hisse fiyatlamalarında bu genel kabulün rol oynamasıdır. Modelin detayları herhangi bir finans kitabında bulunabilir.

Cascade (information): *Bilgi sağanağı/şelalesi.* Kollektif bir davranış hatasıdır ve göreceli olarak önemsiz bir olayın büyütülmesi, bilgi olarak hızlanarak dağılması olarak tanımlanabilir. Kartopu etkisi olarak da bilinen bu olgu, herhangi bir fiyat değişiminin bazı yatırımcılar tarafından bir sinyal olarak algılanması, kendi kendini güçlendiren (besleyen) bir bilgi dağılımına sebep olmasıdır. Bulaşma ve sürü davranışının bu konuda destekleyici etkisi vardır.

Certainty effect: *Kesinlik etkisi.* Tahmin edilen şeyin yüzde yüz gerçekleşeceği inancı. Bu etki, kişilerin kayba ilişkin olasılığı göz ardı etmeleri ve dolayısıyla riskten kaçınma davranışını gösterememeleridir. Ayrıca kişiler sonucun kesin olduğu durumlara, bir olasılığa bağlı olan durumlara göre olması gerekenden daha fazla ağırlık verirler. Beklenen fayda teorisine aykırı kararlar verebilirler.

---

10 **CAPM:** Capital Asset Pricing Model

Chaos, Chaos theory: *Kaos, kaos teorisi.* Fiyatların fazla dalgalanma göstermesi, doğrusal olmayan ani yükselişler ve açık bir trendin bulunamadığı durumlarda hisse fiyatları kaotik bir görüntü verir. Bu derecede belirsizliğin olduğu piyasalarda ani bir çöküş yaşanabilir. Kaos teorisi bu fiyat hareketlerinde bir gizli düzen, açıklanabilir bir fiyat gelişimi veya örüntü bulmaya çalışır.

Chart, Chartism, Chartist: *Grafikçiler, teknik analizciler.* Hisse fiyatlarında sinyal verecek bazı matematiksel örüntülerin olduğu inancı ve buna dayanan grafik kullanılarak yapılan analizlerdir.

Chauffeur knowledge: *Şoför bilgisi.* Bir konuda derinliği olmayan genel geçer bilgiler. Bir takside şoförün size verebileceği kapsamdaki bilgilerden yola çıkarak verilmiş olan bu isim, bizde argoda geyik muhabbeti terimiyle karşılanabilir. Bu terimin mucidi olan Charles Munger, "Bu bilgiyi gerçek bilgiden ayırmak zordur" demiştir. Ama Dobelli, şoför bilgisine sahip olanların hiç etmeyeceği bir sözü, bir ipucu veriyor. Dobelli'ye göre gerçek bilgi sahibi olanlar bazen utanarak ama çoğu zaman biraz gururla "bilmiyorum" demekten çekinmezler.

Cheating: *Aldatma, kopya çekme, haksız fayda sağlama.* Kendince haklı nedenler bulan (örneğin dezavantajı telafi etme, ortadan kaldırma) kişiler bu davranışlar içinde olabilirler ve zannedildiğinden çok sayıdadırlar. Yakalanıp ceza/zarar görme olasılığını yanlış hesaplamanın negatif sonuçları bazen çok önemli olabilir. Örneğin vergi kaçırma da bu kavramın çerçevesinde düşünülebilir. Gelişmiş ülkelerde bu ciddi biçimde cezalandırılır.

Cheerleader effect: *Grup çekiciliği etkisi.* İnsanların bireyleri grup içindeyken tek başına göründüklerinden %1,5–2 daha çekici algılamasına neden olan bilişsel bir önyargıdır.

Cherry picking: *Kirazları/yıldızları seçmek.* Bir otel, web sitesinde otelinin en iyi manzaralarını gösterir. Bir faaliyet raporunda yıl içindeki başarılar, nasıl hedeflere ulaşıldığı anlatılır. Asla başarısız projelerden, aslında düşük tutulmuş hedeflerden söz edildiğini göremezsiniz. Vitrine en cazip kirazlar dizilmiştir. Örneğin, önemli olan bir hisseyi değerlendirirken faaliyet raporuna baktığınızda kirazların arkasına saklanmış gerçekleri görmenizdir.

Chicken game: *Ödlek oyunu.* Oyun teorisinde iki oyuncunun yer aldığı oyunlardaki çekişmeye örnektir. Bir tarafın kazanması aslında iki taraf için de optimum çözümdür. Diğer oyuncunun ne yapacağı rakibine bağlıdır. Eğer rakibi kazanırsa bir şey yapmamalı, ancak rakibi kazanamayacak gibiyse kazanmak için hamle yapmalıdır. ABD'de iki arabanın sürücüleri birbirlerine doğru arabalarını sürmeye başlarlar. İlk olarak çarpışmaktan korkup yana çekilen kaybeder. Kazanan son ana kadar çekilmeme cesaretini gösterendir. İki çok cesaretli oyuncu varsa çarpışırlar ve ikisi birlikte kaybeder. Kenara çekilen ise ödlektir.

Choice: *Seçim. Bkz.* Decision making.

Choice-supportive bias: *Seçimi destekleyen yanlılık.* Bir seçim yaptıktan sonra onun olumlu yönlerine geriye dönük olarak olumlu özellikler atfetmektir.

Choosing by default: *Sıralı seçim.* İlk akla geleni tercih etmek. Böylece rasyonel bir seçim kriteri kullanılmamış olur.

Choosing by liking: *Sevdiğini seçmek.* Daha çok sempati duyulan opsiyonu seçmek. Her zaman doğru seçim yapıldığının garantisi yoktur.

Classical conditioning: *Klasik şartlama.* Nötr bir uyarana, daha önce koşullandırılan bir başka uyarana verilen tepkinin aynısını vermek. Pavlov şartlanması olarak da bilinir. Örneğin zil çalındığında yemek verilen köpeğin, yemek verilmese de zil çalındığında ağzı sulanır.

Closed-end fund puzzle: *Kapalı uçlu fon muamması.* Kapalı uçlu fonlarda, holding şirketlerde ve gayrimenkul yatırım ortaklıklarında, fonun toplam hisse değeri içindeki varlık değerlerine göre %20-30 daha düşüktür. Bunun nedenine ilişkin henüz fazla ipucu veya araştırma yoktur.

Cluster, clustering: *Kümeleme, toplama, bir araya getirme.* Veriler çok sayıda ve değer olarak birbirine yakınsa dağılımda bir sorun yaratabilir; olasılık kurallarına uymayan bir anomali olarak değerlendirilebilir.

Cluster illusion: *Kümeleme yanılgısı.* Rassal olan bazı verileri, görüntüleri, olayları belli bir örüntüye göre düşünmek, alt gruplara ayırmak. 2. Dünya Savaşı sırasında Londra Almanlar tarafından bombalanırken, Londra halkı bunun belli bir plana göre yapıldığını, dolayısıyla daha güvenli bölgeler olduğunu iddia ediyorlardı. Hâlbuki daha sonra yapılan araştırmalar bombalamanın tamamen rassal olduğunu gösterdi. Süper kupa göstergesi diye bilinen takımların futbol ligi şampiyonluğu ile borsanın o yıl düşme ve yükselmesini bağdaştıran bir iddia veya dünya kupası sırasında tahmin yapan ahtapota[11] inanma bu yanılgının sonuçlarıdır.

11 Dünya Kupası sırasında "tahmin yapan ahtapot" olarak bilinen Paul, 2010 Dünya Kupası'nda yaptığı başarılı tahminlerle medyada geniş yer bulmuştur. Almanya'daki bir akvaryumda yaşayan Paul'a, üzerinde takımların bayrakları bulunan iki ayrı kavanoz sunulmuş ve seçtiği kavanozdaki takımın maçı kazanacağı iddia edilmiştir. Paul, Almanya'nın oynadığı 7 maçın hepsini ve final maçını doğru tahmin ederek oldukça başarılı olmuştur.

Cobweb effect: *Örümcek ağı etkisi.* İlk olarak canlı hayvan ve diğer tarım ürünlerinde görülen bu etki, yetiştirmek zaman aldığı için fiyatlara üreticilerin verdikleri tepki, onları çoğunlukla bir önceki yıl pahalı olduğu için çok ürettikleri ürünün düşen fiyatı ile baş başa bırakır. Bazı tarım ve hayvancılık dışı piyasalarda da görülebilecek bir etkidir.

Cognition: *Biliş, düşünme.* Anlama, problem çözme, karar verme, akılda tutma ve yaratıcılık gibi zihinsel faaliyetlerin tamamı olarak düşünülebilir. Ancak bazen bu yeti yanlış hatta tehlikeli sulara girer. Örneğin parasal kararlarda yapılan bilişsel hatalar, bazen duyguların desteklemesi ile ortaya çıkar. Beynin korteks bölgesi konuları basitleştirme, bazı duygusal dürtüleri filtrelememe gibi işlev hatalarıyla bunlara sebep olabilir.

Cognitive asymmetry: *Bilişsel dengesizlik, asimetri.* Kişiler zekâ açısından eşit değillerdir. Sosyal yönden kişilerin, örneğin yatırımcıların algılama, bilgi ve bunları kullanarak nedensellik ilişkisi kurmada farkları vardır. Bireylerin bilişsel veya duygusal olarak farklılıkları nedeniyle bazı anıları veya tepkileri diğerlerinin önüne geçebilir. Örneğin negatif anılara dayanarak çok kârlı olabilecek bir hisseyi almak istemeyebilir.

Cognitive bias: *Bilişsel yanılgı, hata.* Konuyla ilgili hatalı bir izlenim veya algı yaratan akılsal olgular. İlgi eksikliği veya aşırı bilgi akışı nedeniyle bilginin sorunlu olması, bilginin çeşitli gerekçelerle doğru algılanamaması, hafıza sorunları, sonuçlara ilişkin yanlış değerlendirmeler vb. gerekçelerle bu tür hata ve yanılgılar ortaya çıkabilir.

Cognitive consonance: *Bilişsel uyumluluk, mutabakat.* Gruba uyum sağlama, son derece konforludur ama fazla uyum sağlamanın getirdiği sürü davranışı, grupla birlikte düşünme gibi sakıncaları da vardır.

Cognitive development: *Bilişsel gelişim.* Bir kişinin düşünme ve değerlendirme kapasitesindeki artış.

Cognitive dissonance: *Bilişsel çelişki.* Bir kişinin birbiriyle çelişen veri, olgu, düşünce ve inançlara sahip olduğunda yaşadığı rahatsızlık. Kişiler bundan kurtulmak için birbiriyle çelişen unsurlardan hangisini değiştirebiliyorlarsa onu değiştirirler. Örneğin çevre baskısını alt edemeyen bir kişi, eğer düşünce ve inançları aksi yöndeyse onları değiştirerek bu problemden kurtulma yolunu seçer.

Cognitive image analysis: *Bilişsel görüntü analizi.* Gelişmiş yapay zekâ, özellikle derin öğrenme ve makine öğrenmesi tekniklerinin, görsel verileri insan bilişsel işlevlerini taklit eden şekilde yorumlaması, anlaması ve çıkarım yapmak için uygulanmasını ifade eder. Bu alan, bilgisayar görüşünü bilişsel modelleme ile birleştirerek basit piksel tabanlı işlemin ötesine geçerek bağlamı, içeriği ve görüntülerdeki ilişkileri tanımaya odaklanır.

Cognitive manipulation: *Bilişsel manipülasyon.* Diğer kişilerin yanlış şeylere inanmasını sağlamak, onları yönlendirmek. Bunun için çeşitli bilişsel etkileme teknikleri kullanılabilir. Örneğin suni tesadüfler yaratma, mantık ve dille ilgili tuzaklar hazırlama, yanlış bilgiyi devamlı tekrarlama, görsel yanılsamalar yaratma, gerektiğinde ilgiyi başka alana çekme kullanılabilir. Bazı telemarketing programlarına denk geldiğimde ibret için izliyor ve manipülasyonun nasıl yapılabileceğini tekrar gözlemliyorum.

Cognitive overload: *Bilişsel yükleme, yük, doldurma.* Küçük yatırımcıların karşılaştığı en sıkıntılı durumdur. Boğazına kadar bazen anlaşılması zor bilgiye boğulan kişi, bunlarla baş etmekte zorlanır. Aşırı bürokrasi ve kurallar sanki koruyucu gibi görünür ama her şeyden koruyamaz. Bu durumda kişi eski bilgi ve değerlere bağlı kalmak, en bariz olan unsurlara yönelmek, bazı zayıf görünen sinyalleri ciddiye almamak gibi kolaylaştırıcı yöntemlere başvurur.

Cognitive psychology: *Bilişsel psikoloji.* Psikoloji disiplininin bir ekolüdür. Davranışlarımız ve kararlarımızda bilişsel etkiyi araştıran hem rasyonel hem de yanlı davranış ve kararlarımızın gerekçelerini bulmaya çalışan bir alandır.

Cognitive trap/error: *Bilişsel tuzak/hata. Bkz.* Cognitive bias.

Coincidence: *Tesadüf, rastlantı.* Rastlantılar ne kadar düşük olasılığa sahip olsalar da gerçekleşebilirler. Televizyonda en umulmadık rastlantıların videolarını görürsünüz. Nassim N. Taleb gibi düşünürsek, siyah kuğular çok azdır ama bir gün görme olasılığınız vardır.

Cold regret: *Soğuk pişmanlık.* Kişinin kendi kendisine sorduğu keşke yapmış olsaydım sorusuyla etkin olurken, sıcak pişmanlık ise keşke yapmamış olsaydım sorusuyla devreye girmektedir. Sıcak ve soğuk pişmanlık ayrımında yapılan ve yapılmayan eylemler öne çıkarken soğuk pişmanlık kişiyi daha olumsuz etkilemektedir.

Collective bias: *Kollektif, toplu yanılgı.* Belli bir kritik eşikten sonra hızlı bir bulaşma etkisi ile bireysel olgu bir gruba yaygınlaşır. Daha ötesinde ise bir piyasa anomalisi ortaya çıkar.

Collective hysteria: *Kolektif histeri.* Bir grup içinde hızla yayılan yoğun korku, heyecan veya irrasyonel davranış durumudur. Finansal piyasalarda panik satışları veya aşırı iyimser alımlar bu olgunun örnekleri olabilir. Yatırımcılar birbirlerinin davranışlarını taklit ederek toplu hareket edebilir. Bu da fiyatların kısa sürede aşırı dalgalanmasına yol açar.

C

Color effect: *Renk etkisi.* Renk algılama ve bakış açısı kültürel faktörlere ve ülkelere göre değişiklik gösterebilmektedir. Yaygın olarak kırmızı olumsuz, yeşil olumlu algılansa bile Çin'de durum tam tersine kırmızı olumlu, yeşil olumsuz olarak algılanmaktadır. Çin piyasalarında kırmızı renk yükselişi yeşil renk düşüşü temsil etmektedir. Çin, Tayvan ve Japonya'da kırmızı renk olumlu olarak algılanırken, yeşil ve siyah renk negatif olarak algılanmaktadır. Kore'de ise kırmızı renk pozitif mavi renk negatif olarak algılanmaktadır.

Comfort zone: *Konfor alanı.* Konfor alanı belirli koşullar altında sağlanan optimal yaşam ekosistemi olarak tanımlanabilir. Konfor alanı bireyin tercihine bağlı olarak terk edilebilir veya terk edilmez. Genel olarak zor şartlara bağlı sağlanan konfor alanından çıkmamak ve terk etmemek yaklaşımı daha yaygındır. Davranışsal finans yaklaşımında konfor alanını tercih etme, yakın çevre yanlılığı (home bias), yakınlık yanlılığı (familiarity bias) ve muhafazakârlık yanlılığı (conservatism bias) unsurlarıyla açıklanabilir.

Commitment: *Taahhüt, üstlenme, mükellefiyet.* Kişiler küçük bir şeyi yapmayı kabullendiklerinde veya birinin dediğini yaptıklarında kendilerine veya başkalarına karşı bir taahhüt altına girmiş gibi hissederler.

Commitment effect: *Taahhüt etkisi.* Kişiler bir defa bir şeyi yapmayı kabul ettiklerinde, daha ileriki adımları atmayı da kolayca kabul ederler. Bu alışkanlık yapıcı davranış gitgide tekrarlanmaya başlar ve bir bağımlılığa bile dönüşebilir.

Common belief, paradigm: *Ortak inanç, paradigma.* Karar vermede kullanılan kısa yollar, kolaylaştırıcı ön kabullerdir.

Common good: *Kamunun iyiliği, herkesin iyiliği.* Kişilerin kendi çıkarları için değil, toplumun iyiliğine çalışmaları hâli. Ahlaki düşünceler ve motivasyonla ilgilidir.

Common knowledge: *Ortak bilgi.* Bir grup içindeki herkesin bildiği kabul edilen bilgiyi ifade eder. Finansal piyasalarda ortak bilgi hâline gelen veriler genellikle hızlı şekilde fiyatlara yansır. Ancak yatırımcıların bu bilgiyi farklı yorumlaması fiyat hareketlerine neden olabilir. Ortak bilgi kavramı oyun teorisinde de önemli bir rol oynar.

Common paradigm: *Ortak paradigma.* Bir disiplin veya topluluk içinde kabul edilen düşünme ve analiz çerçevesidir. Finans alanında yatırımcılar genellikle aynı teorik yaklaşımları veya modelleri kullanarak piyasayı yorumlayabilir. Bu durum bazen yeni fikirlerin ortaya çıkmasını zorlaştırabilir. Ortak paradigma sürü davranışını da güçlendirebilir.

Compartmentalization: *Zihinsel bölümlendirme. Bkz.* Mental accounts.

Competence effect: *Yetkinlik etkisi. Bkz.* Illusion of competence.

Competition-Cooperation: *Rekabet–İşbirliği.* Oyun teorisinde kişilerin alternatif oyun stratejilerine göre benimsedikleri davranıştır. Hangi durumlarda hangi davranışa yöneldikleri ciddi biçimde araştırılan konulardan biridir. Burada seçim kriterleri bazen içgüdüsel, bazen de bilinçli olabilir. Etkileyen motivasyon, ahlaki, duygusal veya çıkara bağlı olabilir.

Complacency: *Kendini beğenme, hâlinden hoşnut olma, kayıtsızlık.* Kendini aşırı güven sonucu ortaya çıkan bir davranıştır. Başarı olasılıklarını daha yüksek görme, narsisizm gibi boyutları vardır.

Complex system: *Dinamik karmaşık sistemler.* Devamlı değişen ve aynı zamanda çok sayıda faktörün karşılıklı etkileştiği ve genellikle doğrusal olmayan yönde geliştiği sistemlerdir. En iyi örneği ekonomik sistemdir.

Complexity aversion: *Karmaşıklıktan kaçınma.* Bireylerin daha basit seçeneklere tercih ettiği davranışsal bir önyargıdır. Hatta karmaşık seçeneğin daha yüksek beklenen değeri olsa bile aynı davranışı sürdürür. Maliyetli bilişsel ve karmaşık senaryolarda hata yapma "korkusu" nedeniyle bu kaçınma, "birinci derece" maliyetlere, daha basit kurgulanmış ama yararı tartışılır sözleşmelere, örneğin enflasyona endekslenmemiş fiyatlara yol açar. Karmaşık finansal bilgilere daha az dikkat edilir ve aleyhte sonuçlar görülebilir.

Compulsion/Compulsive: *İçsel dürtü, zorlayıcı baskı.* İçten gelen bu dürtü o derece güçlüdür ki karşı konulamaz ve kişinin kendi çıkarlarına, hedeflerine ve ahlakına aykırı olsa bile engellenemez.

Computer driven trading: *Bilgisayar destekli işlem. Bkz.* Algorithmic trading.

Concept fad: *Kavram modası.* Belirli bir teorinin, modelin veya yatırım yaklaşımının kısa sürede aşırı popüler hâle gelmesi durumudur. Finansal piyasalarda yeni teknolojiler veya yatırım stratejileri zaman zaman moda hâline gelebilir. Ancak bu kavramların uzun vadeli etkinliği her zaman kanıtlanmış değildir. Kavram modası yatırımcı davranışını önemli ölçüde etkileyebilir.

Concorde effect: *Concorde etkisi. Bkz.* Sunk-cost fallacy.

Confidence: *Güven.* Duygular, ruh hâli, başkasıyla ilişkiler, iyimserlik ile ilgili olarak kendine, birine, topluma veya bir olguya duyulan inanç.

Confirmation/Confirmatory bias: *Onaylanma yanılgısı.* Sadece inanmak istediğini teyit eden bilgileri dikkate almak, sadece kendi ön kabullerine uyan bilgiyi değerlendirmek, diğerlerini yok saymak. Yatırımcı davranışlarında da bu hata gözlenebilir. Bilişsel çelişkiye düşmeme veya inançlarının ağır basması nedeniyle bu yanılgı ortaya çıkar.

Conflict: *Çatışma, çelişme, zıtlık.* Birden fazla neden veya isteğin birbiriyle olan uyumsuzluğu.

Conform, conformity: *Uymak, boyun eğmek, tabi olmak.* Kişinin kişisel tutum, inanç ve davranışlarını değiştirip sonuçları ne olursa olsun şuursuzca bir grubun kurallarına uyum sağlaması.

Confusion (mental): *Karışıklık, zihin karışıklığı.* Olay ve olguları yanlış okumak, iyi ve kötüyü karıştırmak, parçaların özelliklerini bütüne atfetmek gibi hatalara neden olur. Bazen de aşırı bilgi yüklemesi sonucu ortaya çıkar. Bir yatırımcı bu durumda hatalı kararlar verebilir ve örneğin fiyatı dalgalanan bir hisseyi büyüme odaklı olarak algılayabilir.

Congestion: *Sıkışma, yığılma.* Hisse fiyatlarının düşük dalgalanma görülen bir piyasada fazla değişim göstermemesi. Yatırımcı ilgisinin azalması olarak değerlendirilir. Tam tersinde ise çok sayıda yatırımcı piyasaya girmek ister, dalgalanma artar ve fiyat trendleri değişir.

Congruence bias: *Benzerlik önyargısı.* İnsanların ilk hipotezlerini (en uyumlu olanı) test etmeye aşırı güvenme eğilimi olurken alternatif hipotezleri test etmeyi ihmal etmesidir.

Conjunction fallacy: *Bağdaştırma/birleştirme hatası.* Kişiler bazı olgu veya faktörleri birleştirerek daha inandırıcı daha akılcı yorum ve sonuçlara varabildiklerini düşünürler. Nobel Ekonomi

Ödülü sahibi bilim insanı D. Kahneman iki farklı gruba içerikleri aynı olan, ilkinde petrol tüketiminin %30 düşeceğini, ikincisinde ise fiyatlar yükseldiği için petrol tüketiminin %30 düşeceğini tahmin ettiğini söylediği birer konuşma yaptı. Ardından yapılan ankette katılımcılardan ikinci grupta yer alanların konuşmayı açık ara daha inandırıcı buldukları belirlendi. Kahneman "Biri sezgisel, diğeri bilişsel olmak üzere iki türlü düşünme vardır. Sezgisel düşünme ve ona bağlı kararlar her zaman diğerinden daha hızlıdır ve onun önüne geçer" demiştir.

Conscientiousness: *İnsaflı/vicdanlı olmak, dürüstlük.* Kişiliğin temel özelliklerini belirleyen 5 faktörden biridir.

Conscious: *Bilinç, şuurlu ve farkında olmak.* Beynin belli bir zamanda farkında olduğu ve ilgi gösterdiği bilgilerin bulunduğu beyin bölgesi.

Consensus: *Görüş birliği.* Bir sosyal olgu olarak bir topluluktaki herkesin aynı görüşü paylaşmasıdır. İyi veya kötü yönleri vardır. Kolaylık ve uyum sağlar ve bu çerçevede sorunları asgariye indirir. Ama gerçek hayatta her zaman böyle olmaz. Kolayca, indirgeyici, kısır, dar ve sadece ortak payda bakış açılarıyla ulaşıldığında en optimum nokta olmayacaktır. Gerçekleşme, ulaşılan görüş birliğinin ne ölçüde optimum olduğunu gösterecektir.

Conservatism bias: *Tutuculuk hatası/yanılgısı.* Klasik yaklaşımlara, yollara daha fazla güvenmek bazen rasyonellik gereği olabilir. Ancak aşırı derecede olursa zarar getirebilir. Konforunu kaybetmeme, alışkanlıkları bozmama, bazı duygusal gerekçeler, kaybetmekten kaçınma ve hatta eldekini satmama/tutma güdüleri etkili olur. Yatırımcıların hiç de kolay kazanmadıkları parayı likit fonlara veya mevduat hesaplarına yatırarak vergiye ve az bir getiriye razı olmaları bir örnektir.

Conspiracy theory: *Komplo teorisi.* Ekonomik konularda son yıllarda çok sayıda komplo teorisi denebilecek senaryo yazıldı ve tartışıldı. Bunların gerçek olgulara dayanıp dayanmadığı ve dolayısıyla gerçekleşme olasılıkları bir soru işaretidir.

Consumer (behavior, choice, preference): *Tüketici davranışı/seçimi/tercihi.* Tüketicilerin davranışlarıyla ilgili çalışmalar bir yönüyle davranışsal finansla da kesişip bazı konularda yol gösterici olabilir. Tüketicinin davranışları ve seçimi, tercihleri ve finansal olanaklarıyla ilgilidir. Bu davranışları tamamen tahmin mümkün değildir. Pazarlamacılar bunu belirleme ve hatta etkileme konusunda çalışmaktadırlar. Devamlı değişen, çevre koşullarıyla ve teknoloji ile ilişkili olan bu davranışları daha iyi analiz edebilmek için tüketiciler gruplara ayrılarak incelenir.

Contagion: *Bulaşma, yayılma.* Özellikle krizlerin bulaşma etkisinden bahsedilir. Bir ülkedeki kriz, komşu veya benzer ekonomik özelliklerdeki ülkelerde de ortaya çıkarak yayılabilir. Uzakdoğu ülkelerinde 1990'lardaki gayrimenkul krizi böyleydi. Muhtemel nedeni piyasa oyuncularının beklentileridir.

Context effects: *Bağlam etkileri.* Seçimi belirleyen unsurların bileşiminin karar alma üzerindeki etkisini ifade eder. Bu etkiler arasında çekim, uzlaşma ve benzerlik etkileri gibi olgular da bulunur. Farklı ortamlar ve gruplar için değişiklik gösterebilir.

Contextual intelligence: *Duruma bağlı zekâ.* Günlük faaliyetleri etkin bir şekilde yürütebilme kabiliyeti.

Continued Influence Effect (CIE): *Sürekli tesir etme etkisi.* Yanlış bilginin düzeltildikten veya çürütüldükten sonra bile insanların düşünce ve karar alma süreçlerini etkilemeye devam etme eğilimini ifade eden psikolojik bir olgudur.

Contrarian nudge: *Karşıt yönlendirme.* Davranış bilimi literatüründe standart, tekil bir terim değildir, ancak kavramsal olarak ters psikoloji, paradoksal çerçeveleme veya karşı-normatif ipuçları kullanarak davranışı etkileyen bir stratejiyi tanımlar. Bu, genellikle "en az direnç yolu" ile uyumlu olan geleneksel yönlendirmeden farklıdır. Bireyi ani karar, varsayılan veya popüler seçime karşı harekete geçmeye kasıtlı olarak teşvik eder.

Contrarian policy, contrarianism: *Akıntıya karşı, terse giden, Non-conformist politika.* Genellikle hisse piyasasındaki bir strateji de bu adla bilinir. Hisse değerlerine odaklanan yatırımcılarla (value investors) ortak yönleri çoktur. Onlar gibi herkesin kötümser olduğu, piyasanın inişe geçtiği dönemlerdeki ihmal edilmiş hisselere yönelmek, ucuz hisse peşinde olmak ve hisse fiyatı yükselince satmak yönleriyle değer odaklıdırlar. Ancak değer odaklı yatırımcılar gibi temel parametrelere bakmazlar, genel fikirlerin tersine bir davranış içindedirler.

Contrast effect: *Zıtlık etkisi.* Herhangi bir şeyin güzel, büyük, ucuz vb. olumlu özelliklerini daha iyi görebilmek için çirkin, küçük, pahalı bir objenin yanında olması gerekir. Zıtlık, herhangi bir özelliği daha belirgin kılar. Bir yatırımcı, diğerlerine göre fiyatı yarı yarıya düşen bir hissenin çok ucuzladığı için bir fırsat olduğunu düşünebilir. Acaba gerçekten o hissenin fiyatı ne olmalıdır diye düşünmez.

Convenience effect: *Kolaylık etkisi.* Bir türev sözleşmeye (örneğin vadeli işlem sözleşmesi gibi) sahip olmak yerine fiziksel bir emtia veya varlığa sahip olmanın parasal olmayan faydasını temsil eder. Esasen, fiziksel envanter sahiplerinin aldığı bir prim veya zımni bir değerdir. Bu da tedarik sıkıntılarında karşı sigorta görevi görür veya anında kullanıma olanak tanır.

Conventional wisdom: *Geleneksel akıl, irfan, feraset.* Herkesin genel olarak paylaştığı gerekçelere dayanan, bir kollektif ancak kestirmeci karar verme olarak tezahür eden akıl yürütmedir. Geleneksellik ve uyma davranışı aklın önüne geçmemelidir.

Corporate behavioral finance: *Davranışsal kurumsal finans.* Bir şirketin yönetiminde operasyonlarında, üst yönetimin kararlarında, takip edilen stratejilerinde insani davranış etkileri ve rasyonelliğin araştırılması ile ilgili alt disiplindir. İnsanlar tarafından yönetildiği için şirketlerde gözlenen örneğin irrasyonalite, insan unsuru ile ilgilidir ve onun olası zayıf ve hatta çıkarcı yönlerinden ama en çok da psikolojisinden etkilenir. Bu konudaki araştırmalar henüz yeterli değildir.

Corporate governance: *Kurumsal yönetişim.* Kurumların ve şirketlerin yönetiminde şirketlerin ve ortaklarının lehine olarak bazı kuralları uygulamayı gerektiren bir yeni yaklaşımdır. Böylece halka açık şirketlerde küçük yatırımcıların hakları daha iyi korunabilir. Bu yönüyle davranışsal kurumsal finansla ortak noktaları bulunmaktadır.

Cost averaging: *Maliyet ortalaması.* Yatırımcıların bir varlığı farklı zamanlarda eşit miktarlarda satın alarak ortalama maliyetlerini dengelemeye çalıştıkları stratejidir. Bu yöntem fiyat dalgalanmalarının etkisini azaltmayı amaçlar. Özellikle uzun vadeli yatırım stratejilerinde yaygın olarak kullanılır. Sistematik yatırım planlarının temelinde bu yaklaşım bulunur.

Crash: *Çökme. Bkz.* Bubble/crash.

Craze: *Çılgınlık, histeri, geçici akım, moda.* Kollektif çılgınlıklar, sürü davranışının uç noktadaki hâlidir. Toplu olarak rasyonellikten uzak aksiyonlar, panik hâlleri bu durumla ilgilidir ve borsadaki bazı dönemler bu biçimde açıklanabilir. En eski örneği ise lale çılgınlığı olarak 1630'larda yaşanmış ve lale soğanlarına verilen fiyatlar bir ev değerine kadar ulaşmıştır.

Critical threshold: *Kritik eşik.* Herhangi bir olguda başka bir evreye geçmeye ilişkin sınır değer. Örneğin borsada hatalı fiyatlamadan piyasa anomalisine geçişteki kritik fiyat ve işlem hacmi. Bu düzeyler aşıldığı zaman anomali olarak nitelenir, daha ilerideki eşiklerde piyasa balonları bile oluşabilir.

Crowd behavior: *Grup davranışı.* Toplulukların aklı (wisdom of crowds) uzun vadede işe yarar. Genellikle sosyal taklitçilik ve kollektif duygular etkilidir ve irrasyonellik aklın önüne geçer. Kollektif hırs ve korku, geçici ilgi ve modalar, hatta balonlar ve balonların sönmesi/patlaması görülür.

Crowd: *Topluluk, grup, kalabalık.* Buradaki önemi kişilerin tek başlarına oldukları duruma göre grup içindeyken daha farklı davranmaları, hissetmeleri ve düşünmeleridir.

Cryptomnesia: *Kriptomnezi.* Birinin istemeden bir şeyi kendi orijinal düşüncesi olarak hatırladığı bir olgudur. Bu, daha önce bu bilgiyle karşılaşmalarına rağmen gerçekleşir. Bu intihal olmayıp kendi hafızasını dış bilgilerle karıştırıp yanlışlıkla fikri kendisinin bulduğuna inandığında ortaya çıkar.

Cue-dependent forgetting: *İpucuna bağımlı unutma.* Hafızayı etkileyen ipuçları olmadan bilgiyi hatırlayamamaktır. Bunlar anlamsal, duruma veya bağlama bağlı ipuçları olabilir.

Cult (companies): *Moda, kült (şirketler).* Uzun bir zaman diliminde başarılı ve yüksek prestije sahip şirketlerdir. Büyüme oranları yüksek ve devamlıdır.

Culture: *Kültür.* Toplumların değerleri, inançları ve davranış kalıplarını ifade eden geniş bir kavramdır. Ekonomik ve finansal kararlar çoğu zaman kültürel faktörlerden etkilenir. Farklı toplumlar risk algısı, tasarruf eğilimi ve yatırım tercihleri açısından farklı davranışlar gösterebilir. Davranışsal finans araştırmaları kültürün yatırım davranışları üzerindeki etkisini incelemektedir.

Cultural bias: *Kültürel yanlılık, önyargı.* Bir olguyu değerlendirirken veya hakkında bir hükme varmaya çalışırken sadece ilgili kişinin kendi kültürünü dikkate almak. Sadece kültüre bağlı karar verme her zaman en optimum seçenek olmayabilir. Piyasanın da kendine has bir kültürü ve folkloru vardır. Kültür hem piyasa işleyişini hem de yatırımcının bazı özelliklerini etkiler. Örneğin riske karşı tutum bazen kültürler arası farklılıklar gösterir.

Cumulative prospect theory: *Kümülatif beklenti teorisi.* Orijinal teoriye kıyasla karar ağırlıklarının ayrılabilir (seperable) olmaktan çok kümülatif olduğunu, kayıp ve kazançların karar fonksiyonlarının farklı olduğunu ifade eder.

Curse of knowledge/expertise: *Bilgi/uzmanlık laneti.* Herkesin bir konuda yanlış bir şekilde bizim olduğumuz kadar bilgili olduğunu varsaydığımız bilişsel bir önyargıdır.

Curve fitting: *Fonksiyon bulma.* Genellikle verilerdeki eğilimleri görselleştirmek, analiz etmek ve tahmin etmek için kullanılan bir dizi veri noktasına en iyi uyan matematiksel fonksiyon oluşturma sürecidir. Bu, model ile gözlemlenen veri arasındaki farkı en aza indiren çizgi (doğrusal) veya eğriyi (doğrusal olmayan) bulmayı içerir. Genellikle en küçük kare regresyonu gibi teknikler kullanılır.

Cycle: *Döngü, devir, dönme.* Ekonomide belli dalgalanmalar periyodik olarak gerçekleşir ve bunlara ekonomik döngü adı verilir. Hisse piyasalarında da benzer devinimler trend olarak adlandırılır.

Dd

Data driven: *Veri odaklı.* Stratejik kararların, eylemlerin ve iş süreçlerinin sezgi, deneyim veya tahmin yerine veri analizi ve yorumlama tarafından yönlendirildiği bir metodolojidir.

Data snooping: *Veri sahtekârlığı.* Veri taraması, veri setinin seçilmesi, ayıklanması, düzeltilmesi ve analiz edilmesinde istatiksel olarak anlamlı olmayan sahte kalıpların bulunması veya oluşması için veri analizinin kötü amaçlı kullanımına denir.

Daylight savings anomaly: *Günışığından tasarruf anomalisi.* Gün ışığından daha fazla yararlanmak için saatlerde değişiklik yapılan hafta sonunu takip eden günlerde finans piyasalarında getirilerin büyük düşüşü.

Debiasing: *Yanılgıyı yok etmek, hatayı düzeltmek.* Kişisel olarak karar sürecimizi bozan bilişsel ve duygusal yanılgılarımızı gözlemeye çalışmak ve bunları engellemek, ortadan kaldırmaya çalışmak.

Kollektif olarak yapılan ve finans piyasalarını etkileyen hataları belirleyebilirsek bunlardan fazladan getiri sağlamak için yararlanmak söz konusu olabilir.

Debt averse/aversion: *Borçtan kaçınma.* Sadece tüketim amaçlı borçlanma değil, aynı zamanda yatırım veya herhangi bir fayda için bile borçlanmaya karşı direnç. Bunun tersi de aşırı borçlanma olarak görülür.

Decacorn: *Decacorn.* Değerlemesi 10 milyar ABD dolarını aşan özel girişim şirketidir. Girişim başarısının seçkin zirvesini temsil eder unicornları geride bırakırlar. Bu şirketler genellikle teknoloji veya yazılım sektörlerinde yer alır ve küresel pazarları etkileme potansiyeline sahiptir.

Decay theory: *Hafıza zayıflama teorisi.* Hafızanın zaman içinde zayıfladığını öne süren bir teoridir. Hafızanın gücü zaman geçtikçe kayba uğrar ve geçmiş bilgilere ve diğer hafıza unsurlarına erişim azalır.

Deception (finans piyasalarında): *Yanıltma, aldatma, dezenformasyon, manipülasyon.* Finansal varlıkların, operasyonların ve programların cezbedici ama aynı ölçüde yanıltıcı sunumu, böylece inananların kaybetmesi, bu aldatmacayı hazırlayanların ise kâr elde etmesi. Her ne kadar iyi organize olmuş ve denetlenen finans piyasalarında seyrek görüldüğü düşünülse bile, insanın olduğu her yerde bunlar da olacaktır. Kullanılan taktikler arasında yatırımcıların beklentilerini yükseltmek veya azaltmak, finansal problemleri saklamak, yanlış izlenimler yaratmak için yalan söylemek, yanıltıcı finansal tablo hesap ve istatistikleri kullanmak, insanların kolay anlayamayacağı karmaşık operasyonlar düzenlemek veya anlatmak görülmektedir.

Decision making: *Karar verme.* Bir konuyla ilgili çok sayıdaki olası seçenek arasından birini seçmek. Biliş (akıl) ve duygular karar vermeyi besler, refleks ve alışkanlıklar da etkili olabilir. Karar verme üç aşamalıdır. İlk aşamada konu ve ilgili bilgi bir araya getirilir, önceki deneyimler ve alternatif yollar belirlenir. İkinci aşamada kıyaslama ve değerlendirme yapılır. Bu arada risk alma veya başka kriterler devreye girer. Son aşamada karar verilir ve uygulamaya geçilir.

Decision fatigue: *Karar (verme) yorgunluğu.* Karar vermek zihnen yorucudur. Hele bir seri veya devamlı karar verme zorunluluğu varsa durum daha da zorlaşır. Günün yoğunluğu içinde müşteri hizmetleri çalışanı size bir hizmeti, çoğunlukla sorunlu bir ifadeyle (hem monotonluktan dolayı hem de çok kalifiye olmadığından) anlatmaya çalışıyorsa, o hizmetin alınma şansı hiç yoktur.

Declinism: *Gerileme.* Belirli bir ülkenin, toplumun veya kurumun önemli ve muhtemelen geri döndürülemez bir düşüş hâlinde olduğuna inanmaktır.

Default: *Ödeyememe, temerrüt.* Finansın en tedirgin edici terimlerinden biridir. Hem borçlunun başına ciddi problem açar hem de borç vereni tedirgin eder. Ödeyememe riski nedeniyle tüm özel sektör borçluları bir faiz farkı öder. Devletlerin bu riski taşımadığı varsayılır. Kendi parası cinsinden borçlandıklarında en kötü olasılıkla para basıp ödeme yaparlar. Ancak bu her zaman doğru değildir. Clinton ve Obama'nın başkanlık dönemlerinde kongre cumhuriyetçi çoğunluğa sahipti ve başkanı köşeye sıkıştırmak için borçlanma tavanını yükseltme kararı almadı. Bu borçlanma senetlerinin ihalesini açamamak anlamına geliyordu. Hatta Obama bazı kamu kurumlarının masraflarını minimize etmek için kapattı ve çalışanlara ücretsiz izin verdi. Her iki durumda da kapalı kapılar arkasındaki pazarlık sonucunda kongre borçlanma tavanını yükseltti ve ABD ödeyememe skandalının kapısından döndü.

Default effect: *Kaybetme/başarısız olma etkisi.* Bize fazla bilgili olmadığımız bir konuda çok sayıda seçenek sunulduğunda genellikle var olan durumun gerisine düşmemek için standart olanı, en basit olanı seçeriz. Veya var olan durumu bazı şikâyetlerimiz olsa da pek değiştirmeyiz. Statüko çoğu zaman en risksiz seçenek olarak görülür. Bir şarap listesi, cep telefonunun menü seçenekleri, alacağımız arabanın renkleri buna iyi birer örnektir. Hatta yapılan araştırmalarda çok seçenek olmasına rağmen insanlar reklamdaki araba renginde karar kılmışlardı. Sigorta önerirken iki seçenek sunmak birçok durumda müşteriyi rahatlatan ve hızlı karar vermesini sağlayan bir stratejidir. Aslında isteğe göre özelleştirme (customization) zannedildiği kadar zor değildir. Çünkü tercihler aslında birkaç seçenek arasından yapılmaktadır.

Defensive attribution bias: *Korunma amaçlı atfetme yanlılığı.* Bir olayın nedenini başkasına atfederek, kendisine yönelik algılanan bir tehdidin en aza indirilmesini sağlar. Örneğin, insanlar bir araba kazasını diğer sürücünün hatasına bağlayabilirler çünkü bu, kazadan kendilerinin sorumlu oldukları algısını azaltır.

Déformation professionnelle: *Mesleki deformasyon.* Herhangi bir konuya sadece uzmanlık alanının araçları ve yöntemleri ile yaklaşmak veya o pencereden bakarak değerlendirme yapmak. Bir cerrah her tıbbi soruna cerrahi yöntemlerle çözüm bulmak isteyebilir. Bir mühendis insanlarla olan ilişkilerinde onları makinalarla eş görebilir. Ben her markete girdiğimde kendimi bilinçsizce raf düzeni, değişik ürünlerin fiyatlaması, promosyonlar vb. satış unsurlarını değerlendirirken buluyorum.

Deification/Demonization: *Yüceltme/kötüleme, günah keçisi ilan etme.* Atfetmenin en uç şekilleridir. İlkinde yarı tanrı gibi görme derecesinde bir hayranlık vardır. İkincisinde ise şeytanlaştırma ve her kötü şeyin ondan geldiğini düşünme vardır. Burada yapay izlenimler, indirgemeci hatalar, yanlış kestirme çıkarımlar söz konusudur.

Delaying: *Erteleme.* Karar veya eylemlerin bilinçli veya bilinçsiz şekilde ileri bir zamana bırakılmasıdır. Yatırımcılar bazen belirsizlik veya bilgi eksikliği nedeniyle karar vermeyi erteleyebilir. Bu durum fırsatların kaçırılmasına veya risklerin büyümesine neden olabilir. Erteleme davranışı genellikle karar verme stresini azaltma amacıyla ortaya çıkar.

Delmore effect: *Delmore etkisi.* Hayatımızın daha düşük öncelikli alanları için daha açık ve net hedefler sunma eğilimimizi tanımlar. Yani, kolay şeylere odaklanarak en önemli şeylere karşı dikkatimizi dağıtmaktayız.

Delusion (self-): *Kendini yanıltma, kandırma.* Yanlış inançlara kapılıp gerçekleri görememe ve bu çerçevede yapılan hatalar.

Delusions: *Yanlış inançlar.* Karşı yönde kuvvetli deliller olmasına rağmen değişmeyen, sıkıca bağlanılmış olan inançlar.

Demonification: *Şeytanlaştırma.* Bir kişi, kurum veya yatırım aracının aşırı olumsuz şekilde değerlendirilmesi durumudur. Bu yaklaşım genellikle güçlü duygular veya ideolojik görüşlerden kaynaklanır. Finansal piyasalarda bazı şirketler veya varlıklar irrasyonel biçimde kötü olarak etiketlenebilir. Bu durum objektif analiz yapılmasını zorlaştırabilir.

Denial: *Yadsıma, reddetme.* Kendi inanç ve bilinçli-bilinçsiz tercihlerine ters gelen olayları ve olguları görmezden gelme, onlara karşı kör olma. Böylece yeni gerçekler doğrultusunda kendi inançlarının yanlış olduğunu görerek rahatsız olmaktan koruyan zihinsel bir korumadır.

Denomination effect: *Büyük küpür etkisi.* Kişiler daha küçük küpürleri ve hatta metal paraları daha kolay harcarlar.

Diffusion: *Yayılma. Bkz.* Dissemination.

Dipping into capital: *Sermayeden yemek.* Hissedarların kâr payı gelirlerini cep harçlığı olarak rahatça harcamaları, ancak hisse satıp elde ettikleri parayı aynı rahatlıkla harcayamamaları, sermayeden yediklerini (anaparalarının azaldığını) düşünerek psikolojik olarak rahatsızlık duymaları.

Disappointment aversion: *Hayal kırıklığından kaçınma.* Pişmanlıktan kaçınmaya benzer ama suçu kendine atfetme yoktur. Hisse seçiminden dolayı para kaybettiğinde eğer kendi seçim yaptıysa hayal kırıklığına uğrar. Bundan kurtulmak için beklentilerini düşük tutar ve böylece çok fazla hayal kırıklığı yaşamaz.

Discipline bias: *Disiplin yanlılığı.* Yatırımcıların belirli kurallara veya stratejilere aşırı bağlı kalması durumudur. Disiplin çoğu zaman faydalı olsa da katı kurallar değişen piyasa koşullarına uyum sağlamayı zorlaştırabilir. Bu durum yatırım fırsatlarının kaçırılmasına neden olabilir. Esneklik eksikliği yatırım performansını olumsuz etkileyebilir.

Disequlibrium: *Dengesizlik hâli.* Dinamik sistemlerde denge genellikle hiçbir zaman tam olarak kararlı değildir. Bazen bu dengesizlik hâline dinamik denge de denir.

Disinformation: *Yanlış bilgilendirme, dezenformasyon.* Manipülasyon ve kandırmanın araçlarından biridir. Yanlış ve en azından yanlış yönlendirecek bilgiyi yaymak veya bilgiyi tam tersi şekilde saklamak olabilir.

Disposition effect: *Hisseyi elden çıkarma/çıkarmama.* Yatırımcıların kazandıran hisseleri hemen satma, buna karşılık kaybettiren hisseleri eski fiyatlarına döner umuduyla ellerinde tutma olgusudur. Kişileri bu biçimde davranmaya yönlendiren nedenler, gurur ve ego (o yatırımın bir hata olduğunu kabul etmeme ve acıyı böylece azaltma), kayıptan kaçınma (Kazananı hemen satayım, ya fiyatı düşerse?) veya satmayıp bekleme ve eski fiyatına yükselmesini ümit etme, pişmanlıktan kaçınma (Satıp zararı realize eden kişi pişmanlık duyar) gibi nedenlere bağlıdır.

Disruption: *Ani değişim, karmaşa, bozulma, ayrışma.* Piyasalarda varlık fiyatlarında ortaya çıkan ani ve önemli değişimler, mutasyon.

Dissemination (of information): *Bilginin yayılması.* Yayılma ne hemen olur ne de mükemmeldir. Bilgi kanalları arttıkça bilgi miktarı da artmaktadır ve dağılımında sorunlar, yavaşlama ve tıkanmalar görülmektedir. Bazen önemi fark edilene kadar son derece yavaştır. Kaybolabilir; bozuk sinyaller (noise) ile birlikte anlaşılması güçleşir. Yığılmalar ve devamlı tekrarlar görülebilir ve tüm alıcılara aynı ölçüde ulaşmaz.

Dissonance theory: *Çelişki teorisi.* İnsanların birbiriyle çelişen tutumları veya düşünceleri varsa bu tutumları değiştireceklerini ifade eden teori. En çok bilineni bilişsel çelişki ile ilgilidir.

Distinction bias: *Ayırt etme yanlılığı.* İki seçenek arasında yapılan karşılaştırmalarda küçük niceliksel farkların görece büyütülmesi ile ortaya çıkan yanlılıktır. Önyargı, teknolojik bir ürün veya mutfak cihazı satın almak gibi küçük farklılıklara çok fazla niteliksel değer veriyor.

Distortion (price, return, market): *Bozulma, normalden uzaklaşma, etkinliğinde azalma olması.* Piyasa bozulması, fiyatların normal düzeyden uzaklaşması bazen çok küçük miktardadır. Daha fark edilir olanlarını piyasa anomalisi (bozukluğu) olarak niteliyoruz. En uç noktada piyasada, fiyatlarda ve getirilerde ortaya çıktığında piyasa balonu, daha sonraki aşamada ise çöküşü olarak nitelenir.

Distortion: *Çarpıtma.* Bilginin algılanması veya yorumlanması sırasında gerçek durumdan sapmasıdır. Yatırımcılar çoğu zaman haberleri veya verileri kendi beklentilerine uygun şekilde yorumlayabilir. Bu durum hatalı yatırım kararlarına yol açabilir. Çarpıtma özellikle güçlü beklentilerin olduğu dönemlerde artar.

Distribution (statistical): *İstatistiki dağılım.* Bir verinin geçmişteki değerlerinin kaç defa ortaya çıktığını gösterir. Olasılıkların belirlenmesinde önemli rol oynar. En yaygın bilineni normal dağılımdır. Dağılımdaki veri sayısına göre değişik biçimlerde gösterilirler. Sürekli dağılım (çan eğrisi, sayılamayacak kadar çok veri olması hâlinde kullanılır), kesikli dağılım (çubuk grafiği), dairesel grafik bazı çok kullanılan gösterimleridir.

Distribution anomaly: *Dağılım anomalisi, bozukluğu.* Normal şartlarda beklenen bir çan eğrisi biçimindeki sürekli dağılımdır. Ancak veriye göre çan eğrisi oluşturulduğunda kalın kuyruk (fat tails, çan eğrisinin X eksenine yaklaşıp asimtotik olduğu kısmın kalın olması), yüksek pikli dağılım (leptokurtic, ortalama değer etrafında yüksek tepe, yanların nispeten daha zayıf olması ve buna rağmen kalın kuyruk görülmesi) asimetrik olması (asymmetric, skewed) ve birden fazla tepe (clustered) oluşturup deve hörgücüne benzeyen bir dağılım görüntüsüne sahip olması örnek gösterilebilir.

Distribution curve anomaly: *Dağılım eğrisi anomalisi.* Finansal getirilerin normal dağılım varsayımından sapması durumunu ifade eder. Gerçek piyasa verilerinde aşırı uç değerler normal dağılıma göre daha sık görülür. Bu durum klasik risk modellerinin riskleri tam olarak açıklayamamasına neden olabilir. Kalın kuyruk dağılımları bu anomalinin önemli bir göstergesidir.

Divesture aversion: *Yoksun/mahrum kalmadan kaçınma.* Bireyin sahip olduğu bir varlığı, imkânı veya avantajı kaybetmekten duyduğu rahatsızlık nedeniyle bu varlıktan vazgeçmekte isteksiz olmasıdır. Bu eğilim, mevcut durumdan ayrılmayı psikolojik olarak maliyetli algılamaya yol açar ve rasyonel alternatifler olsa bile bunlara geçişi engeller. Davranışsal finans bağlamında yatırımcılar, daha iyi fırsatlar ortaya çıksa bile mevcut pozisyonlarını değiştirmekten kaçınma davranışı gösterebilirler. Bu durum, portföy optimizasyonunu olumsuz etkileyerek fırsat maliyetlerinin ve risklerin artmasına neden olabilir.

Divided (emotional) state: *Bölünmüş duygular.* Birbiriyle uyumlu olmayan ve kuvvetle hissedilen inanç ve fikirlerin olduğu uyumsuz bir zihinsel durum olup, bir şeyle olan ilişkimizin önemli bir yönünü bilmemeye, hissetmemeye yönelik olarak gerçeklik algımızı etkiler. Bilinmeyen ve bilinen unsurlar terse dönebilir. Belli bir anda bilinmeyen unsur bilinçsizce tamamen ihmal edilebilir, yok sayılabilir. 2008 krizinde bazı yatırımcıların yaşadığı duygusal durum bu biçimdeydi.

Dividend puzzle: *Kâr payı muamması.* Bunun iki yönü vardır. Daha yaygın bilineni, hissedarların sermaye kazançlarına kıyasla daha yüksek oranda (diğer gelirler kadar) vergilendiği hâlde kâr payı almayı tercih etmeleridir. Kâr payı rahatça harcanan cep harçlığı gibi görülür. Özellikle belli bir yaşın üzerindeki yatırımcılar, harcanacak gelirlerinin bir kısmının kâr payı olmasını tercih ederler. Ayrıca ceplerinde gerçek para görmek veya parayı bir an önce tahsil etme isteği de burada rol oynar. (*Bkz.* Bird-in-the-hand, cepteki kuş) Kâr payı dağıtmayan şirketlerin buna rağmen değerini koruması nasıl açıklanabilir? Hissedarların şirketin kârlı yatırımları olduğu ve şirket yönetiminin paranın değerini hissedarlara göre daha iyi koruyup arttıracağı, şirket değerinin artışının onlara daha fazla fayda sağlayacağı inancı ile açıklanmaktadır. Ayrıca bu iki farklı bakış açısına sahip hissedar grupları yaş, risk alma, harcanabilir gelir bakımından çok farklıdır. *Bkz.* Clientele effect.

Domain dependence: *İlgi (uzmanlık) alanına bağlılık.* Herhangi bir konudaki bilginin diğer bir alana uygulanması, transfer edilmesinde karşılaşılan zorluk. Örneğin çok iyi bir ekonomist, bu bilgisini evin parasal konularını yönetmede kullanamayabilir.

Domain-Specific Risk-Taking (DOSPERT) Scale: Alana özgü risk alma ölçeği: Risk tercihinin genel ve alana özgü boyutlarını değerlendiren psikometrik bir ölçektir.

Dominant mental interest: *Baskın ilgi, düşünce.* Kollektif veya bireysel olabilir. Kollektif düzeyde ekonomik hayatın karmaşıklığı ile baş etmek ve anlamak zor olduğu için zaman zaman bazı faktörleri ön plana çıkarırlar. Toplumun ilgisi belli alan ve faktörlere yönelir. Örneğin faiz oranları, döviz kurları, enflasyon veya diğer yerel hayatla ilgili unsurlar yatırımcıların odaklandığı, bir moda gibi izlediği faktörler olur ve bulaşıcı etki ile çok kişi tarafından paylaşılır. Kişisel düzeyde ise bazen takıntı gibi oldukça kalıcı, bazen de değişime açık odaklanmadır.

Domino effect: *Domino etkisi.* Piyasaların herhangi bir olgu karşısında topluca belli bir yönde hareket etmeleri veya aynı yönde felaketler zincirinin ortaya çıkması. Örneğin Long Term Capital Management adındaki riskli yatırım fonunu (hedge fund) kurtaran Greenspan (o zamanki FED başkanı) kendini "Fonu kurtarmasaydık piyasada domino etkisi ile birçok finansal kurum batardı." diye savunmuştu.

Dot-com bubble/craze: *Teknoloji hisseleri balonu /çılgınlığı.* Şirket isimleri ".com" ekli web adreslerinin çağrıştırması veya doğrudan böyle isim almaları nedeniyle teknoloji alanında çalışan veya o görüntüyü vermeye çalışan şirketlerin hisselerinin 90'lı yılların sonuna doğru baş döndürücü biçimde yükselmesi bu terimle anıldı. Öyle ki bazı hisselerde fiyat/kazanç oranlarının 300'lere yükseldiği görüldü. Ancak her balon gibi bunun da sonu geldi ve fiyatlar bir süre sonra hızla düştü.

Doubt: *Şüphe.* İnancın tam tersidir. Bir belirsizlik durumunda şüphe ve inanç arasında bir yerde dururuz. Bazen inanmaya bazen de şüpheli olmaya daha yakınızdır.

Downing effect: *Downing etkisi.* Bu etki, ortalamanın altında IQ'ya sahip kişilerin IQ'larını daha yüksek, ortalamanın üstünde IQ'ya sahip kişilerin ise IQ'larını daha düşük zannetme eğilimidir. Dunning-Kruger etkisine benzer bir etkidir.

Drive: *Dürtü.* Herhangi bir konuda içten gelen bir isteklilik hâli. Bazen ani olarak ortaya çıkar. Dürtüsel davranışlar (impulsive behavior), çok düşünmeden yapılan aksiyonlardır. Örneğin, alışveriş sırasında bu dürtüsel davranışın ortaya çıkması ile kişi düşünmeden gerekli-gereksiz birçok şeyi alabilir.

Dunning-Krueger effect: *Dunning-Krueger etkisi.* Kişilerin kendi yetersizliklerinin farkında olmaması, kendini bilgili ve becerikli görmesi olgusunu ortaya koyan bu araştırma, bence haksız bir şekilde faydasız, garip, komik araştırmalara verilen, bilinen Nobel ödüllerine paralel olarak açıklanan Ig Nobel ödülü almıştır.

“

IG NOBEL

Bilim dünyasının o çok ciddi, gri koridorlarında her yıl bir kâğıt uçak fırtınası kopar. Harvard'ın Sanders Tiyatrosu'nda düzenlenen Ig Nobel törenlerinde, gerçek Nobel sahipleri kafalarına komik şapkalar takıp sahnede koştururken, insan doğasına dair en sarsıcı gerçekler bir kahkaha tufanı eşliğinde ilan edilir. Burası, önce güldüren, sonra düşündüren araştırmaların mabedidir. 2000 yılında bu podyuma çıkan David Dunning ve Justin Kruger, aslında hepimizin içindeki o sinsi yanılgıyı, "Dunning-Krueger Etkisi"ni dünyaya duyurdular: Bir insan, bir konuda ne kadar az biliyorsa, kendini o konuda devasa bir uzman olarak görmeye o kadar meyillidir.

Bu "cahil cesareti", laboratuvar duvarlarını aşarak hayatın her alanına sızan kolektif bir akıl tutulmasıdır. Dunning ve Kruger'ın çalışması, yetersiz insanın sadece hata yapmakla kalmadığını, aynı zamanda bu hataları teşhis edecek zihinsel araçlardan da mahrum olduğunu gösteriyordu; yani cehalet, sahibini kendi kusurlarına karşı kör eden aşılmaz bir zırha dönüşüyordu. Ig Nobel jürisi bu bilişsel körlüğü onurlandırırken, madalyonun diğer yüzündeki "bilinçli yanıltmaları" da es geçmiyordu. Nitekim Volkswagen, emisyon ölçümlerinde dünyayı kandıran o meşhur yazılım hilesiyle "Kimya Ödülü"ne layık görüldüğünde, ortada trajikomik bir durum vardı: Şirket devasa bir mühendislik kurnazlığı sergilemişti ama yakalanmayacaklarını sanmaları, onları Dunning-Krueger'ın o meşhur "cehalet zirvesine" bir yerden ortak ediyordu. Tabii ki o kürsüye çıkıp bu iğneleyici ödülü sahiplenecek tek bir yetkili bile çıkmadı.

Sahnede ödülünü alanlar ise bambaşka bir dünyadandı; bisküviyi çaya bandırmanın en kusursuz açısını hesaplayan fizikçiler veya akreplerin kabızlık sorunlarını dert edinen biyologlar... Bu insanlar, bilginin en "saçma" görünen hâlinden bile bir anlam çıkarabiliyordu. Günün sonunda Ig Nobel sahnesi, bilginin ne kadar derinleşebileceğini gösterenlerle, kibrinin altında ezilip podyumdan kaçanlar arasındaki o keskin çizgiyi ilan eder. Dunning ve Kruger'ın bizlere kanıtladığı gibi; asıl mesele her şeyi bilmek değil, neyi bilmediğini görebilecek kadar uyanık kalabilmektir.

Duration neglect: *Süre ihmali.* Bir konudaki deneyimlerin genel değerlendirmeleri üzerinde genellikle zirve ve son noktalara kıyasla yalnızca önemsiz bir doğrudan etkisi olan deneyimlerin süresi olarak tanımlanır.

Dynamic system: *Dinamik sistem.* Zaman içinde değişen ve birbirini etkileyen değişkenlerden oluşan sistemleri ifade eder. Finansal piyasalar bilgi, beklenti ve davranışların etkileşimiyle oluşan dinamik sistemlerdir. Bu nedenle piyasa hareketleri sürekli değişir. Dinamik sistemler karmaşık ve öngörülmesi zor yapılar oluşturabilir.

Ee

Ecological fallacy: *Araştırma çevresi yanılgısı.* Ekolojik yanılma, 1939 yılında Edward Thorndike tarafından ortaya atılmıştır. Gruplar için bulunan korelasyonların, onları oluşturan bireylere veya daha küçük gruplara atfedilmesi yanılgısı üzerine çalışmalarda bulunmuştur. Çalışması, bireysel veri noktalarına ilişkin varsayımların toplu verilere dayanarak hatalı şekilde yapıldığı bu tür hataların anlaşılmasının temelini atmıştır. Toplu veriler bir bütün olarak grup hakkında değerli bilgiler sağlasa bile o gruptaki her birey için geçerli olmayabileceği öne çıkmıştır.

Economic behavior: *Ekonomi davranışı, ekonomi tercihleri.* Hem bireylerin hem de kamu otoritesinin para, üretim, iş hayatı, harcamalar, yatırımlarla ilgili aldıkları kararları nasıl aldıkları, bireyler söz konusu ise bireysel mi kollektif olarak mı karar verdikleri, kararlarda nelerin etkili olduğu ve bu kararların ekonomiye olan etkilerini inceleyen davranışsal ekonominin ve kısmen de davranışsal finansın alanıdır.

Economic man/homo economicus: *Süper ekonomik adam.* Normatif ekonomi teorilerinin varsaydığı, rasyonel ve bilgili olup bu özelliklerini finansal kararlarına yansıtabilen, daima kendi çıkarının gerektirdiği şekilde ve doğru stratejileri uygulayan süper kişidir. Söylenmemekle birlikte asla psikolojisinin esiri olmaması beklenir. Bireylerin böyle davranması sonucunda piyasalar etkin işlemeli, anomaliler görülmemeli, piyasanın gizli eli eğer bir dengesizlik varsa hemen düzeltmelidir. Ancak gerçek hayattaki gözlemler bunu yansıtmamaktadır.

Economic sector: *Ekonomik sektör.* Ekonominin belirli faaliyet alanlarına göre sınıflandırılmasıdır. Sanayi, hizmetler, finans ve teknoloji gibi farklı sektörler ekonomik sistem içinde farklı roller oynar. Yatırımcılar portföylerini çeşitlendirmek için farklı sektörlere yatırım yapabilir. Sektör performansı ekonomik döngülerden etkilenebilir.

Economic sentiment indicator (ESI): *Ekonomik duyarlılık göstergesi.* 5 sektörel güven göstergelerinin ağırlıklı ortalamasıdır. Kısa vadede ekonominin durumunu yansıtır. Avrupa komisyonu tarafından aylık olarak yayınlanır.

Efficient market hypothesis (EMH): *Etkin piyasa hipotezi (EPH).* Piyasaların gelen bilgiyi hızlı bir şekilde özümseyerek fiyatlara yansıtması hipotezidir. Eugene Fama tarafından üç kademeli olarak tanımlanmıştır. Zayıf form, yarı-güçlü form ve güçlü form. Piyasa etkinliğinin en yaygın şekli, bilgiye ilişkin etkinliktir (informational efficiency).

Efficient markets: *Etkin piyasalar.* Bu piyasalarda fiyatlar bilinen tüm bilgiyi yansıtır, risk ve getiri arasında doğru bir denge kurar ve dolayısıyla kaynakların doğru tahsisini sağlar ve piyasada sadece yeni bilgi geldiğinde değişen kararlı bir denge oluşturur. Doğal olarak bu kadar ideal piyasa ortamı neredeyse hiç görülmez. Az ya da çok bir etkinlik eksikliği vardır. Ama ideal durumun tanımı, diğer hâlleri nasıl değerlendireceğimizle ilgili bir kıstas oluşturur.

Effort justification: *Çabanın doğrulanması, haklı çıkarılması.* Kişi çok zaman ve çaba harcadığı şeylere, işlere, eserlere daha çok değer verir. Hazır kek karışımları, kek pişiren kişinin onu daha çok önemsemesini sağlar, çünkü bir çaba harcamıştır. MBA programlarına giriş ne kadar zorsa ve dersler ne ölçüde talepkârsa o derece değerli oldukları düşünülür. Mobilyayı alan kişinin monte etmesi IKEA etkisi adıyla anılır ve adı geçen şirketin burada sadece maliyet düşük-fiyat düşük noktasından hareket etmediği de bellidir.

Effort justification effect: *Çaba gerekçelendirme etkisi.* İnsanların ulaşılan hedefe daha yüksek değer vererek gösterdikleri çabayı savunma veya haklı çıkarma eğilimidir. Çabanın sonuca değmediğini söylemek yerine, insanlar genel olarak sistemi ve çabayı haklı çıkarabildiklerinde daha mutlu olurlar.

Ego: *Ego.* Kişiliğin id, süperego ve gerçek dünyanın getirdiği sınırlamalar arasında çelişkiyi yöneten öğesidir. Ne derece kuvvetli olduğuna bağlı olarak bazen gereklidir, hayatın normal akışında kişinin kendini değerli hissetmesi, kendine güvenmesi gibi başarı ve mutluluğu destekleyici bir rolü vardır. Ancak aşırıya kaçtığında narsizm (egomania) olarak ortaya çıkar ve kişiyi kendine ve çevresine zarar veren bir bireye dönüştürebilir.

Ego defensive attitudes: *Ego destekleyici davranış.* Tutumlarımızı verdiğimiz kararları egomuzu destekleyici şekle dönüştürürüz. Bu da kendimize güvenme ve hayatta kalma açılarından gerekli bir davranıştır.

Egocentric bias: *Benmerkezci yanlılık.* İnsanlar olayları ve diğerlerinin inançlarını irdelerken kendi bakış açılarını ön plana alırlar. Bunun nedeni insanların olan bitenin aslında olduğundan daha çok kendine odaklandığını düşünmesidir.

Einstellung effect: *Kurgu etkisi.* Kurgu etkisi, geçmiş deneyimler sayesinde, insanların daha iyi ve basit yöntemler olsa bile, yeni sorunlara tanıdık, optimal olmayan çözümleri inatla uyguladığı bilişsel bir önyargıdır. Bu, "mekanikleştirilmiş" bir zihin hâlini temsil eder. Çoğu zaman yaratıcılığı engeller ve uzmanların daha verimli çözümleri gözden kaçırmasına neden olur.

Elasticity: *Elastikiyet.* Herhangi bir parametrede 1 birimlik değişikliğe karşılık bir diğerinin kaç birim değişeceği ile ilgili bir ölçüdür. En yaygın bilineni talebin fiyat elastikiyetidir ve fiyat değişiminin talebi ne kadar değiştireceğinin ölçüsüdür. Eğer elastikiyet 1'den küçükse düşük, 1'den büyükse yüksek, 1'e eşitse birim yani eşit değişim derecesinde olduğu düşünülür. Finans piyasalarında beta katsayısı da buna benzer bir özelliktedir ve belli bir hissenin getirisindeki değişimin, piyasanın genelindeki (index) değişime kıyasla bir çeşit elastikiyet ölçer. Ayrıca beta da bir elastikiyettir ve karakteristik doğrunun eğimidir.

Ellsberg Paradox: *Ellsberg paradoksu*, insanların belirsizlik altında verdikleri kararların Sübjektif Beklenen Fayda Teorisi ile her zaman uyumlu olmadığını gösterir. Bu paradoksta, içinde üç farklı renkte top bulunan bir torbadan çekiliş yapılır ve belirli renklere göre 100 dolar kazanma ihtimali sunulur. Deneklere iki farklı seçenek arasından tercih yapmaları istenir. Çoğu kişi, olasılıkları net olarak bilinmeyen (belirsiz) seçenekler yerine, olasılıkları daha açık olan seçenekleri tercih eder. Ancak bu tercihler birlikte değerlendirildiğinde, ortaya çıkan seçimler Sübjektif Beklenen

Fayda Teorisi ile çelişir. Bu nedenle Ellsberg paradoksu, insanların belirsizlikten kaçınma eğiliminde olduğunu ve her zaman rasyonel, tutarlı kararlar vermediğini ortaya koyar.

Emotion: *Duygu.* Biyolojik ve davranış değişimleriyle birlikte karmaşık ve subjektif temelli deneyim. Acı veya zevk veren ve aklımızı işgal eden hislerdir. Duygular diğer insanların davranış ve sözlerine tepki olarak da gelişir. Kişinin motivasyonuna katkı yapıp kararlarını pozitif veya negatif yönde etkiler.

Emotional bias: *Duygusal yanılgı.* Duygular durumu yanlış değerlendirme sonucunda irrasyonel kararlara yönlendiriyorsa o zaman yanılgıdan söz edebiliriz. Bilişsel hatalarla bir etkileşimi vardır. Bazen bilişsel hataların nedeni duygusal olarak ilgi göstermememiz olabilir. Hırs, korku gibi son yıllarda piyasaları etkilediği düşünülen bireysel ve kollektif duyguları unutmamak gerekir. Örneğin, piyasaların çöküşü kişilerin topluca duydukları korkudan büyük ölçüde etkilenmektedir.

Emotional finance: *Duygu temelli finans.* İlk olarak Freud, beynin bazı durumlarda bilinçsiz karar verdiğini ortaya attı. Duygu temelli finans, yatırımcıların çok karmaşık, şeffaf olmayan, kolay tahmin edilemeyen ve rekabetçi finans piyasalarında nasıl duyguların ön plana geçtiğini açıklamaya yöneliktir. Yatırımcı, piyasaları tam anlayamamasının getirdiği duygular tarafından gafil avlanır, rasyonel akıl yürütme yerine bilinçsizce kararlar verir. Duygu temelli finans, piyasalara bilinçsizlik penceresinden bakar. Psikoanaliz ile insan aklını anlamaya ve duyguların yatırım (ve diğer finansal kararlarda) nasıl etkili olduğunu anlamaya odaklanır.

Emotional intelligence: *Duygusal zekâ.* Karar verirken duygusal olgular ve faktörlerin farkında olmayı, onları anlama ve hesaba katarak davranmayı sağlar. Bu yönüyle pozitif bir etkisi vardır.

Kişinin hem kararları hem başkalarıyla olan ilişkilerindeki etkisinden dolayı daha başarılı olmasını sağlayabilir. Hatta duygusal zekâyı ölçmek veya bazı kişilerin daha yüksek duygusal zekâya sahip olduklarını söylemek mümkündür. Ancak kişinin kendi duygularından hareket etmesi bazen yanılgılara sebep olabilir.

Empathy: *Empati.* Başkalarının yerine kendini koyabilme ve onların nasıl hissedeceğini tahmin edebilme yeteneğidir. Genetik fayda kavramıyla yakından ilişkilidir. Genetik fayda daha içsel ve kontrol edemediğimiz bir mekanizmadır. Aynı zamanda dürüstlük, başkalarını düşünme (altruizm) ile de yakından ilgilidir.

Empathy gap: *Empati açığı.* Değişken zihinsel durumların kendi davranışlarımız üzerindeki etkisini hafife alma eğilimimizi ve sadece mevcut duygumuzu, hissimizi veya varoluş hâlimizi tatmin eden kararlar alma eğilimimizi tanımlar.

Empty nest: *Boş yuva.* Finansta insan yaşamının evrelerinden biri olarak çocukların büyüyüp kendi hayatlarını kurarak evden ayrılmaları ve evde sadece ebeveynlerin kaldığı durumdur. Yaşlı çiftlerin finansal ihtiyaç, harcama ve yatırımlarına ilişkin değerlendirmelerinde kullanılır. Örneğin portföylerinin daha çok gelir sağlayıcı menkul kıymetlerden oluşması beklenir.

End-of-day-betting effect: *Gün sonu tahmin (iddia) etkisi.* Kumar, at yarışı vb. oyunlarda günün sonunda daha yüksek risk-getiri sağlayacak tahminler yapılması, oyunlara girilmesi ve böylece gün içindeki kayıpların telafi edilmeye çalışılması.

Endowment effect: *Bağışlama (verme, satma) etkisi.* Kişinin elindeki bir değeri, varlığı olduğundan daha değerli kabul etmesi. Kayıptan kaçma ile birlikte düşünüldüğünde satış fiyatının alış fiyatından yüksek olması doğal ve gereklidir. Kişinin elindeki varlıktan vazgeçmesi, satması için isteyeceği miktar, aynı şeyi almak için ödemek isteyeceği fiyattan hayli fazladır. Özellikle o varlık elde uzun süreli tutulmuşsa veya elde etmek için çok çaba harcanmışsa bu etki daha fazladır. Ancak deneysel ortamlarda veya ani kazanç elde edilmesi hâlinde bu etki daha sınırlıdır. Bir özdeyişle ifade etmek gerekirse haydan gelen huya gider, yani kolay ve beklenmedik şekilde elde edileni kaybetmek, harcamak o kadar rahatsız etmez.

Entrepreneur psychology: *Girişimci psikolojisi.* Temel psikolojik özellikleri aktif ve geleneksel olmayan bakış açılarıdır. Bu kişiler genellikle bağımsız düşünürler. İnovasyon ve yaratıcılık temel özellikleridir. Meraklıdırlar ve anlama yetileri yüksektir. Gerekli bilgi ve parayı sağlayabilecek kişilerle verimli diyalog kurabilir ve zorlukları aşmada engel tanımazlar. Diğer yandan kendilerine güvenleri tamdır. Daha fazla risk alırlar ve daha iyimserdirler. Diğer yandan profesyonel özellikleri açısından rakamlarla araları iyidir. Mükemmeliyetçi, kendini adayan ve asla vazgeçmeyen kişilerdir. Tüm bunlar çok olumlu görünse de bazen başlarına dert açabilir (örneğin aşırı iyimserlik).

Entrepreneurship: *Girişimcilik.* Girişimci, kendi işini başlatan, finansını bu amaçla kullanan, ayrıca başka finansörlerden de para bularak işini finanse edip ayağa kaldıran kişidir. Özellikleri ve tipleri o derece değişkendir ki bir sınıflama yapmak pek mümkün değildir. Ancak ne profesyonel yönetici ne de kapitalist iş adamı özelliklerinin çoğunu taşımaz.

Envy: *Kıskançlık, çekememezlik.* Bir başkasının başarısı, parası, güzelliği, popülerliği, statüsü gibi pozitif özelliklerinden dolayı duyulan hisler. Genellikle başarmak için sizi daha fazla çalışmaya özendirmiyorsa hiçbir faydası yoktur. Varlığı sürdürmenin destekleyicisi olarak önemlidir.

Epidemic: *Salgın (bulaşıcı hastalıklarda).* Tıbbi olarak artan oranda çoğalan bir hastalıktır. Bilginin, daha çok da dedikoduların yayılması bazen salgına benzetilir. Finans piyasalarında zincirleme etki yapacak olgular, bazı önemli kişilerin konuşmaları ani ve istenmeyen etkiler yaratabilir. Domino etkisi terimi tam da bunu anlatmaktadır.

Equity curve: *Sermaye eğrisi.* Sermaye eğrisi genel olarak alım satım işlemlerinden oluşan kümüle varlık değerini grafik olarak yansıtmaktadır. Sermaye eğrisi beklenen ve gerçekleşen olarak ikiye ayrılmaktadır. Beklenen sermaye eğrisi sürekli yükselen doğrusal bir eğriye ulaşmaktır. Gerçekleşen sermaye eğrisi ise gerçek piyasa koşulları ve piyasa psikolojisine bağlı doğrusal hareket etmeyen bir hareket tarzının yansıması olarak beklenebilir.

Equity risk premium puzzle: Özkaynak risk primi muamması. Özkaynak risk primi borsada kayıtlı hisselerin ve devlet tahvillerinin arasındaki getiri farkıdır. Nedeni hisse yatırımının daha riskli olduğu için daha yüksek getiriyi hak etmesidir. ABD'de yapılan araştırmalarda, 1920'li ve 1990'lı yıllar arasında yıllık yaklaşık olarak %7'lik bir getiri farkı hesaplanmıştır ve hisse senetleri ile devlet tahvillerinin risklilikleri göz önüne alındığında bu risk primi çok yüksektir. Bunu Thaler ve Benartzi miyopluk olarak nitelemektedir.

Equlibrium: *Denge.* Tüm faktörlerin birbirini dengeleyerek kararlı bir durum oluşturması hâlidir. Durağanlık ve istikrar ile sıkça karıştırılır ki bunlar dinamik sistemlerde görülmez. Dinamik dengeler, değişen bazı unsurlara göre yeni oluşan ve çok da uzun vadeli olmayan dengelerdir. Örnek olarak arz, talep, fiyatlar, para stokları, faizler gösterilebilir.

Escalation of commitment: Bağımlılığın artması. Kişilerin başarısız bir yolu, projeyi veya herhangi bir faaliyet alanını, onun için çok yatırım yaptıkları, örneğin zaman, para enerji, çaba harcadıkları için aynen devam ettirme eğilimleridir.

Ethics: *Etik (değerler).* Başkaları için adil olduğu düşünülen davranış biçimlerine ilişkin prensip ve kurallara denir. Burada kişinin bazı durumlarda kendi çıkarını ikinci plana atması ve toplum veya bir grup insanın iyiliğine çalışması söz konusu olabilir. Genelde bu çok geniş açılımları olan konuda finans çerçevesinde kendi çıkarları için başkalarının zarar görmesine izin vermemek, iş hayatında şirketin toplum ve hissedarların aleyhine icraatta bulunmamak ve finans piyasalarında yanıltıcı ve diğer yatırımcıların zarar görmesine neden olabilecek söylem ve faaliyetten kaçınmak örnek olarak verilebilir.

even (getting-): *Zararı telafi etmek, başa baş gelmek.* Bir zarardan sonra bunu bir şekilde kapatmaya veya telafi etmeye çalışmak insan davranışının bir parçasıdır. Yatırımcılar için düşünüldüğünde fiyatı düşen hisseyi eski fiyatına tekrar ulaşmadan satmamak, bahiste kaybedince daha sonrakilerde koyulan parayı arttırmak, çok gözlenen davranışlardır. Bunlarda kayıptan kaçınma (loss aversion), geçmiş fiyatları çıpa olarak kullanmaya devam etme (anchoring) gibi bilişsel ve duygusal yanılgı ve hatalar söz konusudur.

Evolution: *Değişim.* Bir popülasyonda genlerin frekansının değişimi. Biyolojik gelişim türlerin çeşitlenmesi, kendi içinde gelişimi, genetik miras gibi konuları kapsayan disiplindir. Psikolojik değişim ise zaman içinde insan psikolojisinin de evrimleştiği düşüncesine dayanır. Karşı eleştirisi, bu değişim ve evrimleşmenin test edilmesinin çok zor hatta mümkün olmamasıdır.

Executive behavior: *Bkz.* Behavioral corporate management.

Expectancy (value): *Beklenti, beklenen değer.* Genel anlamda yakın gelecekte ne olacağına ilişkin akılcı çıkarımlarla veya duygularla ve refleksle hareket ederek ortaya çıkan rasyonel olan ve olmayan inançlar olarak tanımlanabilir. Finansal, ekonomik açıdan ise beklenen değer, değişik senaryolara bağlı olarak en muhtemel değerlerin, olasılıkları kullanılarak ağırlıklı ortalamasının alınması yoluyla bulunur.

Expectancy bias: *Beklenti yanılgısı.* Analistlerin ve yatırımcıların bazen bilinçsiz olarak kendi değer beklentilerine göre hissenin temel verilerini değiştirmesi, örneğin büyüme ve iskonto oranlarında daha iyimser/kötümser oranların kullanılması, bazı pozitif/negatif unsurların göz ardı edilmesi ve böylece değerin kendi beklentilerine göre şekillendirilmesidir.

Expectation: *Beklenti.* Bireylerin gelecekteki olaylar hakkında sahip oldukları öngörü veya tahminlerdir. Finansal piyasalarda beklentiler fiyat oluşumunda önemli rol oynar. Yatırımcılar ekonomik veriler veya şirket performansına ilişkin beklentilere göre işlem yapabilir. Beklentiler çoğu zaman piyasa hareketlerinin temel belirleyicisidir.

Expected return: *Beklenen getiri.* Bir yatırım veya varlıktan gelmesini beklediğimiz getiri. Olası getirilerin ilgili olasılıklarla çarpılıp toplanmasıyla bulunan ağırlıklı ortalamadır.

Expected utility: *Beklenen fayda.* Matematiksel olarak yapılan bu hesapta beklenen fayda, olası kazanç ve kayıpların ilgili olasılıklarıyla ağırlıklandırıldığı ortalamadır. *Bkz.* Utility.

Expected utility theorem: *Beklenen fayda teoremi.* Von Neumann-Morgenstern (VNM) beklenen fayda teoremi, rasyonel davranan bir bireyin daima beklenen faydayı maksimize edecek şekilde davranacağını ifade eder. Rasyonellik ölçütü olarak "VNM rasyonelliği" tanımı kullanılır.

Expected value: *Beklenen değer.* Muhtemel tüm değerlerin olasılıkları ile çarpılıp toplandığında elde edilen ağırlıklı ortalamadır. Sosyal bilimlerde en çok kullanılan orta değerdir.

Experiment: *Deney.* Bir araştırma yöntemi olarak değişkenler arasında nedensellik ilişkisi kurma amacıyla yapılan veri toplama yöntemi. Bu yöntemde durumdan haberdar olan veya olmayan bir grup denek vardır. Sosyal bilimlerde bu denekler insanlardır. Onlara sorular sorma, belli durumlar karşısında bırakarak tepkilerini ölçme, belli görevleri yerine getirmelerini isteme, bu sırada davranışlarını gözlemleme, daha sonra kaydedilmiş olan davranışlarına bakılarak ya da benzeri tekniklerle veri toplama ve analizlerin yapılmasıdır.

Experimental finance: *Deneysel finans.* Piyasaların hareketlerini ve dinamiklerini daha iyi anlayabilmek ve analiz etmek için yapılan çalışmalardır. Bu analizlerde özel bir ortamda yapılan deneyler yoluyla deneklerden ya belli sorulara cevap vermeleri ya da belli faaliyetleri yapmaları istenir. Bu yapay ortamlar, parametrelerin araştırmacı tarafından titizlikle dizayn edilmesi nedeniyle daha güvenilir olabilir, ancak denekler doğal ortamdaki davranışlarını sergilemeyebilirler. Diğer yandan sınırlı sayıda da olsa bazı sosyal olaylar bir çeşit laboratuvar işlevi görerek daha güvenilir olacağı düşünülen araştırmalara imkân verebilir. Bunlara doğal deney (natural experiment) denir. Örneğin en yaygın olanlarından biri televizyondaki değişik para veya ayni ödül dağıtan programlardır. Türkiye'de "Var mısın yok musun?" adıyla yayınlanan yarışma programı, dünya üzerinde hakkında en çok araştırma yapılan programlardan biridir.

Experimental group: *Deney grubu.* Bir deneyde veri elde etmek için soru sorulan, görev verilen, gözlemlenen insanlar veya diğer denekler. Örneğin Cornell Üniversitesinde kapuçin maymunları, parasal konularda insanlar gibi davranıp davranmadıklarını analiz etmek için deneylerde kullanıldılar. Ancak sınırlı sayıdaki deneyde hayvanlar denek olarak kullanılır.

Experimental research: *Deneysel araştırma.* Değişik biçimlerde dizayn edilmiş olan deneylerden elde edilen verilerle yapılan araştırmalar. Birçok disiplinde, örneğin finans, ekonomi, davranış bilimleri ve pazarlamada yaygın olarak kullanılan bir yöntemdir.

Experimenter bias: *Araştırmacı yanlılığı.* Araştırmacının kendi beklenti ve tercihleri doğrultusunda araştırma sonuçlarını etkilemesi. Buna engel olmak için bazı testler yapılması (robustness) yararlı olabilir.

Exponential growth: *Üssel (geometrik) büyüme.* Bu büyümenin hesap yapmadan anlaşılması pek kolay değildir. Ayrıca sınırları vardır. Her yıl %10 büyüme demek, her yedi yılda o büyüklüğün ikiye katlanması demektir. (70 kuralı) Eski bir hikâye vardır. Krala satranç tahtasını getirerek oyunu öğreten adama kral nasıl bir iyilik yapabileceğini sorar. Adam satranç tahtasının ilk karesine 1 buğday tanesi, ikincisine 2, üçüncüsüne 4 olarak her seferde sayıyı ikiye katlayıp o kadar buğdayı kendisine vermesini ister. Kral önce küçümser ama hesap yaptıklarında değil ülkedeki, dünyadaki buğdayın bu talebi karşılayamayacağını görürler. Siz en iyisi bu konudaki yorumları dikkatli dinleyin, mutlaka hesap yapmayı öğrenin.

Externality (market): *Dışsallık.* Bazı faaliyetlerin, projelerin diğer faaliyet ve işler üzerindeki etkileri. ABD'de çıkan kaya gazının yarattığı su ve hava kirliliğinin o bölgelerdeki tarımsal faaliyetlere olan zararlı etkisi negatif dışsallıktır. Ama bir otomotive şirketinin Formula 1 yarışlarına takım hazırlama projesi, zarar bile etse, üretilen otomobillerin daha çok ve daha pahalıya satılmasını sağlayacağı için pozitif bir dışsallık yaratır.

Extraversion: *Dışa dönüklük.* Kişiliğin beş temel özelliğinden (big five) biridir. Dış dünya ile çok ilişki kurma, insanlarla etkileşime çok önem verme, çok geniş bir faaliyetler yelpazesine sahip olma gibi özelliklerle tanınır. Bunun tersi de intraversion (içe dönüklük) olur.

Extreme risk: *Uç değer (kuyruk) riski.* Birçok alandaki verinin normal dağılmak yerine uç değerlerde daha fazla yoğunlaştığı (kalın kuyruk-fat tail), diğer bir deyişle daha az rastlanması gereken olayların daha sık görüldüğü, piyasalarda, sürü davranışı ve aşırı reaksiyon sonucunda balonlar ve çöküşlerin daha sık görülmesi gerçeklerine bağlı olarak oluşan riske denir.

Extremes (law of-): *Uç değerler kanunu/kuralı.* Finansal ve ekonomik veriler düzgün dağılım göstermez. Normal dağılım (Gaussian) görmek mümkün değildir ve ortalamaya yaklaşması genellikle söz konusu olmaz. Finans piyasalarında uç değer riskleri daha çok görülmeye başlamış, Siyah Kuğu (Black Swan) kitabında Nassim N. Taleb bunu çok açık bir şekilde vurgulamıştır.

Extrinsic value: *Dışsal değer.* Bir varlığın içsel özelliklerinden ziyade dış faktörlerden kaynaklanan değerini ifade eder. Özellikle opsiyon fiyatlamasında kullanılan bir kavramdır. Zaman değeri ve volatilite gibi faktörler dışsal değer üzerinde etkili olabilir. Bu değer piyasa koşullarına bağlı olarak değişebilir.

Ff

F

Fad: *Geçici moda, popülerlik.* Bir fikir, kişi, uygulama, varlık, endüstri ile ilgili geçici kollektif tercihler olarak tanımlanabilir. Yatırım hem kişi hem de kurumlar için ciddi sonuçlar getiren tercihler olarak moda, popüler sektör olgularından etkilenir. Burada fad daha kısa süreli algılanmalı, bir trend oluşturacak ölçüde kalıcı olduğu düşünülmemelidir.

Fading Affect Bias (FAB): *Azalan etki yanlılığı.* Nahoş bir etki, yakınlık hoş bir etkiye kıyasla daha hızlı azalır. Araştırmalar bunun genelde sağlıklı bir başa çıkma yolu olduğunu göstermektedir. Ancak farklı ilişkilerde ve farklı bireyler için nasıl değiştiği bilinmemektedir.

Fair (price, value): *Makul/adil fiyat, değer.* Ekonominin temel prensipleri ve söz konusu varlığın potansiyeli ve piyasada kabul edilen repütasyonuna bağlı olarak, genel kabul görmüş bir değerleme metoduyla o varlığın hesaplanan değeridir.

Fair/unfair (deal): *Adil/adil olmayan (anlaşma).* Karşılıklı hakların korunduğu ve tarafların gönüllü olarak yaptıkları anlaşma adildir, tersi ise adil değildir.

Fairness: *Adalet, yansız olmak.* Kişiler finansal kararlar verirken sadece kendi çıkarlarını değil, çoğu zaman başkalarına karşı adaletli olmayı, toplum içinde doğru olan davranışı göstermeyi de düşünürler; öyle olmaları da beklenir.

Fallacy: *Yanılma, hata.* Gizli, saklanan bir hata veya yalana dayanan ve davranışlarda veya kararlarda hata yapmaya sebep olan argüman veya nedensel çıkarımdır. Ya yanlış bir mantığa dayanır ya da hatalı bilgi ve gerçek olduğu düşünülen unsurlar etkilidir. Kasıt yoksa yanlış muhakeme (paralogism) diye adlandırılır.

Fallacy of exclusion: *İhmal etme yanılgısı.* Bulguların bilerek ihmal edilmesiyle ortaya çıkan yanılgıdır.

Fallacy of the lonely fact: *Tek gerçeğe dayanma yanılgısı.* Tek örnekten yola çıkılarak yapılan genelleme.

Fallen angel stock: *Gözden düşmüş hisse.* Geçmişte çok popüler olmuş, ancak şu anda bunu kaybetmiş hisselerdir. Geçmişteki fiyatları biraz şişkin olabilir, ancak daha sonra düşük düzeylere iner. Çoğu zaman da imajlarını parlatan faktörler ortadan kalktığı için fiyatları kuruş düzeyine bile inebilir. *Bkz.* Penny stocks.

Falling knife: *Düşen bıçak.* Varlığın fiyatının düşmeye devam etmesi ve zararın artması anlamındaki risktir.

False causality: *Hatalı nedensellik.* Çoğunlukla korelasyon ile karıştırılır. Korelasyon her zaman söz konusu olan nedenselliği getirmez. 5 dönem Fed Başkanlığı yapmış olan Alan Greenspan bir zamanlar ABD'de iş dünyasının idolüydü. Ekonominin iyi gidişi ile onun politikaları arasında nedensellik ilişkisi kuruluyordu. Hâlbuki ABD'nin Çin ile simbiyotik ilişkisi, düşük üretim maliyeti sağlayan ve ABD borçlanma senetlerinin gönüllü yatırımcısı olan Çin'in etkisi arka plandaki esas gerekçeydi.

False consensus effect: *Sahte görüş birliği etkisi.* Bir kişinin fikir ve inançlarının başkaları tarafından paylaşılmasını abartma eğilimi. Genellikle bizim tutum ve görüşlerimize paralel görüşleri olan insan sayısını abartırız.

False memory: *Sahte anı.* Yanlış hatırlanan anılar literatürde sahte anı ya da "false memory" olarak bilinir. Sahte anı, olmamış bir olayı anımsamak ya da olmuş bir olayı olduğundan farklı şekilde hatırlamak olarak tanımlanabilir.

Falsification of history: *Tarihin tahrifi, değiştirilmesi.* Bu değişikliği yapan aslında beynimizdir. Çeşitli gerekçelerle bazı şeyleri, olayları yanlış hatırlarız. Bazı noktalar son derece iyi hatırlansa bile çoğu detay ya yoktur ya da değişmiştir. Bu beynimizin bir korunma mekanizmasıdır (hatalarımızı utanmamak için bilinçsizce örtbas etmek) veya başka bilinmeyen bir nedene dayanır. Ben lise arkadaşlarımın hatırladıkları anıların önemli bir çoğunluğunu hiç hatırlamıyorum. Öyleyse hatıralarımızın sadece %50 doğru olduğunu varsayıp birçok gelecek stratejiyi bunun üzerine oturtmayalım.

Familiarity: *Yakınlık, tanıdık olma.* Yatırımcılar paralarını daha çok yakınlık duydukları hisse veya faaliyetlere yatırmayı tercih ederler. Bu yakınlık coğrafi, zihinsel veya mesleki açıdan olabilir. Ya da devamlı tekrarlanan bir mesaj da gerçek olarak düşünülüp bir yakınlık kurma işlevi görebilir.

Fashion: *Moda. Bkz.* Fad.

Fat tails (distributions): *Kalın kuyruk (dağılımlarda).* Sürekli dağılımda çan eğrisinin iki ucu X eksenine asismtotik olarak yaklaşır. Ancak hiçbir zaman onu kesmez. Normal (Gaussian) dağılımda bu kuyrukların daha ince olması beklenir, diğer bir deyişle az rastlanır ve ortalama değerden epeyce uzaktaki verilerin sayısının beklenenden fazla olma hâlidir. *Bkz.* Distribution anomaly, Dağılım anomalisi, bozukluğu.

Fear (and greed): *Korku (ve hırs, açgözlülük).* Her ikisi de çok rastlanan insani duygulardır. Hemen bütün duygular gibi ya zevk arama ya da acıyı gidermeye yönelik refleks veya tutumlardır. Değişik uyaranlar ve faktörler hem pozitif hem de negatif olabilirler. Örneğin dışsal etkiler, içsel zihinsel süreçler, sosyal bulaşma etkisi gibi nedenlerle duyguları etkiler. Korkuyla ilgili gerçek veya hayali bir risk algılanır. Hırs ve açgözlülük ise ümit ve (kazanma) isteği, iştahıyla ilgilidir. Bazılarına göre ise hırs tamamen rasyonel kaynaklı bir duygudur.

Fear of better options (FoBO): *Daha iyi seçenekler var korkusu.* Yatırımcı aşırı düşünme hatasına düşerek diğer finansal varlıkların olası getirileri veya potansiyel getirilerini aşırı düşünerek yaptığı yatırımdan veya açtığı işlemden pişmanlık duyması olarak belirtilebilir.

Fear of join in (FoJI): *Dâhil olamama korkusu.* Teknik analiz araçlarıyla işlem açamama veya piyasaya dâhil olamama korkusu olarak belirtilebilir.

Fear of missing out (FoMO): *Eyvah kaçırdım.* "Eyvah kaçırdım" kavramı pazarlama alanında ortaya çıkarken, daha sonraki gelişmelerde sosyal medyanın gelişimine bağlı olarak odak noktası sosyal medyada yaşanan olayları kaçırma korkusu olarak devam etmiştir. "Eyvah kaçırdım" durumuna maruz kalan kişilerde, para kaybetme korkusu, kazanç elde etmenin verdiği sevinçten çok daha büyük bir psikolojik etkiye sahiptir. Bu korkuyu yaşamamak için yatırımcılar finansal piyasalarda sürü psikolojisine dâhil olurlar ve kaçırma durumunun pişmanlığını yaşamak istemezler.

Fear of regret: *Pişmanlıktan korkma.* İnsanlar yanlış yapmaktan ve pişman olmaktan korkar ve her zaman uzak durmaya çalışır. Özellikle başkalarından farklı davranıp yanlış yapmak pişmanlığı daha fazladır. Fiyatı düşen bir hisseye sahip iki kişiden, çoktandır hisseyi elinde tutana göre yeni almış olan daha fazla pişmanlık duyar. Hâlbuki burada sonuç aynıdır. İki kişi de alış fiyatına göre zarar etmiştir.

Feature positive effect: *Pozitif özellikler etkisi.* Bir ürün satın aldığınızda bu ürünün içeriğinin trigliseritinizi ne kadar yükselteceği asla söylenmez. Başka besleyici ve lezzetli maddeler etikete konur. Bernie Madoff'un Ponzi skandalı veya ülkemizde yaşanmış Titan skandalı kanunsuzlukları çok göz önünde olmayan dalaverelerdir. Pozitif tanıtımlarla masum insanların aklını çeldiler. Oysa vergi beyannamesinde yanlışlık yapmak, çok kolay anlaşılır.

Feedback (positive, negative): *Geri bildirim, geri veri, geri besleme (pozitif, negatif).* Bir sistemde gelen bir sinyale, harekete, bilgiye, değişim veya olaya karşı gösterilen tepki. Davranışçılar buna stimüli (uyaran) adını verirler. Tepkinin kendisi de reaksiyon yaratır. Bu aynı yönde (pozitif veya negatif) giden bir seri reaksiyona neden olursa buna geri bildirim döngüsü adı verilir.

Feeling: *His, hissetme.* Duygusal bir uyarıcıya bağlı olarak veya bir olaya karşı verilen duygusal tepkiler sonucunda ortaya çıkan psikolojik algıdır. Bunlar keyifli veya acı verici olabilir. Karar vermeyi etkiler, hatta rasyonelliğin önüne bile geçebilirler.

Financial adequacy: *Finansal yeterlilik.* Bir kuruluşun (örneğin bir banka, şirket veya bireyin) yükümlülükleri karşılamak, beklenmedik kayıplara hazırlıklı olmak ve uzun vadeli sürdürülebilirliği sağlamak için yeterli sermaye, varlık veya gelir sağlama kapasitesidir.

Financial attitude: *Finansal tutum.* Bir kişinin para hakkındaki zihniyeti, inançları ve duygularını ifade eder. Bu duygular, tasarruf, harcama ve risk alma gibi finansal davranışlarını doğrudan etkiler. Pozitif ve proaktif bir tutum genellikle bütçeleme ve uzun vadeli planlama gibi daha iyi finansal alışkanlıklara yol açar.

Financial awareness: *Finansal farkındalık.* Bütçeleme, tasarruf, borç yönetimi ve yatırım gibi kişisel finansal kavramların anlaşılmasıdır ve uzun vadeli finansal istikrarı güvence altına alan bilinçli ve kendinden emin kararlar almaktır. Bu, mevcut finansal durumunu (nakit akışı, net servet) bilmek, finansal stresi azaltmak ve kötü, dürtüsel veya bilinçsiz kararlardan kaçınmak için gereklidir.

Financial behaviour: *Finansal tutum/tercih.* Finansal davranış, bireyin parayı nasıl yönettiğini, finansal kararları nasıl verdiğini ve bütçeleme, tasarruf ve yatırım gibi konularla nasıl başa çıktığını ifade eder. Psikoloji, yetiştirilme, kültür ve kişilikten yoğun şekilde etkilenir. Genellikle kayıptan kaçınma gibi önyargıları içerir.

Financial capability: *Finansal kapasite/kabiliyet.* Bilinçli para yönetimi kararları vermek ve kişinin en iyi finansal çıkarları doğrultusunda hareket etmek için gerekli olan bilgi, beceri, tutum ve davranışlara sahip olmasıdır.

Financial communication: *Finansal iletişim.* Bir şirketin finansal sağlığı, performansı ve gelecekteki beklentilerini yatırımcılar, analistler ve düzenleyiciler gibi paydaşlara açıklamasına ilişkin stratejik süreçtir. Doğru finansal verilerin etkileyici anlatılarla harmanlanarak güven oluşturulması, finansmanın güvence altına alınması ve adil bir şirket değerlemesinin sağlanması için kullanılır.

Financial contagion: *Finansal bulaşma.* Pazarlar arasında şokların aktarılması olarak tanımlanır; bu durum, kriz dönemlerinde varlık getirilerinde artan korelasyonlara veya eşik aşımlara (coexceedances) yol açar.

Financial culture: *Finansal kültür.* Yetiştirilme, topluluk normları ve toplumsal tutumlarla şekillenen para, birikim, borç ve yatırım ile ilgili paylaşılan değerler, inançlar ve davranışları ifade eder. Bireylerin ve kuruluşların finansal kararlar alma, risk yönetme ve finansal güvenliği nasıl algıladığını etkiler ve genellikle uzun vadeli ekonomik istikrarın bir itici kaynağı olarak görev yapar.

Financial distress: *Finansal sıkıntı.* Bir şirketin nakit akışlarının mevcut yükümlülüklerini, örneğin ticari borçlar veya faiz maliyetlerini karşılayamadığı durumdur. Mali sıkıntıdaki şirketin, iflas veya tasfiye öncesi finansal durumu bozulur.

Financial education: *Finansal eğitim.* Planlama, yatırım ve borç yönetimini kapsayan, parayı etkili şekilde yönetmek için beceri ve bilgi edinme sürecidir. Daha iyi finansal alışkanlıkları teşvik eder, birikimleri artırır ve bilinçli ve kendinden emin karar alma süreçlerini mümkün kılar.

Financial experience: *Finansal deneyim.* Bütçeleme, yatırım ve finansal planlama dâhil olmak üzere para yönetiminin pratik ve gerçek hayat uygulamasını kapsar. Genellikle muhasebe, bankacılık veya kurumsal finans alanlarında profesyonel geçmişleri olan bireyleri veya finansal kaynakları yönetme, veri analizi ve riskleri azaltma konusundaki kişisel yetkinliği ifade eder.

Financial inclusion: *Finansal kapsayış/kapsayıcılık.* Bireylerin ve işletmelerin ihtiyaçlarını sorumlu bir şekilde karşılayan faydalı, uygun fiyatlı ve sürdürülebilir finansal ürünlere (işlemler, ödemeler, tasarruflar, kredi ve sigorta vb.) erişimini sağlar. Aşırı yoksulluğun azaltılması, ekonomik büyümeyi teşvik etmek ve refahı artırmak için kritik bir araç veya yaklaşım olarak tanımlanabilir.

Financial knowledge (literacy): *Finansal bilgi (okuryazarlık).* Bütçeleme, tasarruf, yatırım ve borç yönetimi dâhil olmak üzere kişisel finansı anlamak ve etkili şekilde yönetmek yeteneğidir. Bireylerin bilinçli, kendinden emin ve çoğu durumda daha iyi finansal kararlar almalarını sağlar.

Financial literacy: *Bkz.* Financial knowledge.

Financial management behaviour: *Finansal yönetim davranışı.* Uzun vadeli hedeflere ulaşmak için bilinçli planlama, bütçeleme, tasarruf ve finansal kaynaklara yatırım ile sağlanır. Finansal okuryazarlık, tutum, öz kontrol ve psikolojik "kontrol noktası" yani sonuçlarla ilgili kişisel sorumluluk taşımaktan yoğun şekilde etkilenir.

Financial planning: *Finansal planlama.* Finansal planlama, bir işletmenin mevcut finansal durumunun değerlendirilerek gelecekteki finansal hedefleri belirlemesi ve bunların nasıl gerçekleştirileceğine ilişkin süreçtir. Finans planının kendisi, bir şirketin finansal büyümesi için bir yol haritasıdır.

Financial risk: *Finansal risk.* Parasal olarak kayıp olasılığını barındıran her olgu veya karar finansal risk yaratır. İşletmede spesifik finansal riski ise, şirketin borçlanmasına bağlı olarak tanımlarız. Şirketin borç oranı ve buna bağlı olarak borç servisi ne kadar yüksekse finansal riski de o ölçüde yüksektir. Bunu ölçmek için borç ve faiz karşılama oranları, finansal kaldıraç gibi parametreler kullanılır.

Financial risk tolarance: *Finansal risk tahammülü.* Yatırımcının psikolojik olarak kısa vadeli piyasa dalgalanmasına ve potansiyel kayıplara daha yüksek uzun vadeli getiri karşılığında katlanma istekliliğidir. Yaş, gelir ve zaman ufku gibi faktörlere dayanarak genellikle agresif, ılımlı veya muhafazakâr olarak sınıflandırılır. Bu, risk kapasitesinden farklıdır; çünkü yaşam tarzını etkilemeden kayıpları karşılama yeteneğidir.

Financial satisfaction: *Finansal tatmin.* Kişinin finansal refahının öznel, kendi beyanına dayanan bir değerlendirmesidir. Genel yaşam memnuniyeti ve ruh sağlığıyla derinden bağlantılıdır. Sadece gelirden ziyade, olumlu finansal davranışlar (örneğin tasarruf, bütçeleme) ve düşük borç tarafından yönlendirilir. Temel faktörler arasında finansal okuryazarlık, dayanıklılık ve dürtüsel harcamaların azaltılması yer alır.

Financial self-efficacy (FSE): *Finansal özyeterlilik.* Bireyin kişisel finansal yönetimi, hedefler belirleme ve finansal zorluklarla başa çıkma yeteneğine olan güvenidir. Finansal davranışın kritik ve öğrenilmiş psikolojik bir itici gücü olarak işlev görür. Tasarrufları, yatırım seçimlerini ve borç yönetimini doğrudan etkiler. Yüksek FSE, daha iyi finansal sonuçlarla, kaygıyı azaltmayla ve genel yaşam memnuniyetini artırmayla bağlantılıdır.

Financial skills: *Finansal beceriler.* Parayı etkili yönetmek için temel becerilerdir. Bütçeleme, yatırım, finansal analiz ve risk değerlendirmesini kapsayarak istikrar ve büyümeyi garanti eder. Temel yetkinlikler arasında finansal tabloları anlamak, nakit akışını yönetmek ve Excel gibi araçlarda yeterlilik yer alır.

Financial socialisation: *Finansal sosyalleşme.* Parayla ilgili değerler, tutum ve davranışların kazanılması için ömür boyu devam eden bir süreçtir. Bu süreç öncelikle aile, arkadaşlar ve kısmen okul ile medya tarafından şekillendirilir. Bireylerin finansal yönetimlerini nasıl yaptıklarını, finansal kararlarını nasıl verdiklerini ve finansal refahı nasıl geliştirdiklerini etkiler. Genellikle uzun vadeli harcama ve birikim alışkanlıkları oluştururlar.

Financial status: *Finansal statü.* Bir bireyin veya kuruluşun belirli bir zamandaki ekonomik durumunun bir anlık görüntüsünü temsil eder. Varlıklar, yükümlülükler, gelir ve giderleri özetler. Net değer (varlıklar eksi borçlar) hesaplanarak ve nakit akışının incelenmesiyle belirlenir. Temel göstergeler arasında tasarruf, borç seviyeleri ve kârlılık bulunur.

Financial trauma: *Finansal travma/sarsıntı.* Para algısında sahiplik etkisi çok fazladır ve para kaybetmenin acısı, nefreti para kazanma aşkından daha fazladır. Yapılan araştırmalarda beynin para kaybetmenin acısını vücuda iğne batırmasıyla oluşan acıyla aynı miktarda yaşadığını belirlenmiştir. Ayrıca fiziki olarak bulunmayan finansal varlıklarda bilişsel çelişki olarak pozisyonun zarar etmesi veya zarar kes seviyesine gelerek pozisyonun kapanması durumunda yaşanan acı hissi tam olarak algılanamazken, zararı geri çıkarma amacıyla tekrar işleme girme yaklaşımından dolayı kısa sürelidir. Daha yıkıcı zararlar durumunda ilgili pozisyonlar finansal travma olarak yatırımcı tarafından kodlanmaktadır.

Financial Vigilance: *Finansal ihtiyatlılık.* Tasarruf, bütçeleme ve varlıkları koruma konusunda proaktif olmak anlamındadır ve genellikle finansal olarak güvensizlik korkusuyla birlikte gelir.

Financial wellbeing: *Finansal refah.* Hem şu anda hem de gelecekte kişinin finansal durumu üzerinde bir güvenlik ve kontrol sahibi olmasıdır. Temel unsurlar arasında günlük harcamaları yönetmek, acil durumlar için bir güvenlik ağı oluşturmak ve emeklilik gibi uzun vadeli hedeflere yönelmek yer alır. Doğrudan ruh sağlığını etkiler ve stresi azaltır.

Five stages of grief: *Yasın 5 evresi.* Kübler – Ross, insanların kayıp sonrası yaşadığı yas sürecini detaylı olarak anlatarak, yasın 5 evresi olduğunu belirtmiştir. Yas Döngüsü olarak tanımlanan bu 5 evre; inkâr, öfke, pazarlık, depresyon ve kabullenme aşamalarından oluşur.

Flaw: *Kusur. Bkz.* Bias, error.

fluctuation: *Dalgalanma.* Herhangi bir varlık veya hisse senedi fiyatlarındaki iniş-çıkışlar. Genellikle menkul kıymetler, emtia ve hisse senetleri için getirinin dalgalanması önemlidir. Bu iniş çıkışların sıklığı ve büyüklüğü, o varlığa yapılan yatırımın da riskliliğini etkiler.

Fluency: *Akıcılık.* Herhangi bir konuda bir objenin ne ölçüde algılandığı, bir sözcüğün ne ölçüde anlaşılır olarak söylendiğidir. Yakınlık ve tanıdık gelme (familiarity) akıcılıkla yakından ilgilidir. Yeterince algılanamayan, anlaşılmayan şeylerin tanıdık gelmesi mümkün değildir.

Flynn effect: *Flynn etkisi.* Endüstrileşmiş ülkelerde insanların IQ testlerindeki performanslarının zaman içinde artması olgusu. Bunun muhtemel nedeni daha çok uyarıcı faktörün hayatımıza girmesi olabilir.

Focalism, focalization: *Odaklanma.* Bir konuyla ilgili anlama ve karar verme aşamasında sadece belli konulara odaklanma.

Focusing effect: *Odaklanma etkisi.* Bir karar aşamasında konuyla ilgili çeşitli unsurlardan sadece birine veya birkaçına odaklanarak esas önemli olanı gözden kaçırma ve bunun sonucunda ortaya çıkan çeşitli yanılgı ve hatalar.

Foot-in-the-door phenomenon: *Ayağını kapıya koyma, ilk adımı atma olgusu.* Anlaşmanın zor olduğu bir konuda ilk adımın atılması, böylece ondan sonraki aşamalarda daha az sorun yaşanması. Eski Amerikan filmlerinde kapıya gelen satıcının davranışı en iyi popüler örnek olabilir. Özellikle politik anlaşmazlıkların veya şirketteki sorunların çözülmesinde ve pazarlıklarda bu gerçeğin bilinmesi fark yaratabilir.

Forecast illusion: *Tahmin yanılsaması.* Her gün belki yüzlerce tahminle karşılaşıyoruz. Hangisi doğru hangisi yanlış bilemiyoruz. Yapılan bir araştırmada analistlerin yaptıkları tahminler, rastgele bilgisayarda bir program aracılığıyla yapılanlardan sadece biraz iyiydi. Üstelik medyada boy gösterip tahmin yapanlar en kötü performansa sahip olanlar arasındaydı.

Forer effect: *Forer etkisi. Bkz.* Barnum effect.

Fractals: *Küçük zigzag benzeri hareketler.* Ana trendi bozmayan onun bir parçası olan küçük hareketler. Borsada endeks hareketleri buna benzetilebilir.

Frame (dependence): *Çerçeveye, şekillendirmeye bağlanma, güvenme.* Çerçeve, herhangi bir sorunun, konunun nasıl sunulduğu, ifade edildiği, kelimelere döküldüğü, sınıflandırıldığı ve resmedildiğidir. Kasıtlı veya kasıtsız olarak bir karara ilişkin karar vericiye sunulan yapıdır. Reklamlardaki kredi tekliflerine bakın! Günde 3 TL, ayda 90 TL veya yılda 1080 TL'den çok küçüktür ve ihmal edilebilir. Sonuçta nerelere 3 TL vermiyoruz ki!

Framing: *Çerçevelemek, şekillendirmek.* Herhangi bir durumu, gerçeği sunarken amaca uygun olarak, karşı taraftan istediğimiz reaksiyonu almak üzere şekillendirmek. Burada Daniel Kahneman ve Amos Tversky'nin The Framing of Decisions and the Psychology of Choice (1981) makalelerinde paylaştıkları, kendi geliştirdikleri Framing Effect ve Prospect Theory çerçevelerinde inceledikleri popüler araştırmaları Asian Disease Problem'dan bahsetmek lazım. Araştırmada deneklere bir salgından etkilenenlere A programı uygulanırsa 600 kişiden 400 kişinin hayatının kurtarılacağı, C programı uygulanırsa aynı gruptan 200 kişinin öleceği söylenmiş ve hangi programın uygulanmasını doğru buldukları sorulmuştur. Deneklere sorulan sorular aynı gerçeği ifade ettiği hâlde sunuş biçimi deneklerin seçimlerini büyük ölçüde etkilemiş, A programı çoğunluk tarafından desteklenmiş, C programını ise pek seçen olmamıştır.

Framing effect: *Çerçeveleme etkisi.* Bir olgu, sorun veya durumun sunulma biçimine bağlı olarak rasyonellikten ayrılmamız. Çerçeveleme etkisinin klasik örneklerinden biri, Levin ve Gaeth'in How Consumers Are Affected by the Framing of Attribute Information Before and After Consuming the Product (1988) isimli çalışmalarında görülür. Aynı ürün, %75 yağsız ya da %25 yağlı şeklinde sunulduğunda, tüketiciler %75 yağsız ifadesini daha olumlu değerlendirmiştir. Benzer şekilde, süt ürünlerinde %2 yağlı yerine %98 yağsız ifadesi kullanılması da algıyı belirgin biçimde değiştirebilmektedir.

Frequency illusion: *Sıklık yanılsaması.* Bir şeyin ilk kez fark edildikten sonra aniden her yerde görünmesiyle ilgili bilişsel bir önyargıdır. Bu etki, beyninizin yeni bilgiye odaklanmasını ve pekiştirmesini sağlayan seçici dikkat ve onay yanlılığından kaynaklanır. Baader–Meinhof phenomenon (Baader–Meinhof Fenomeni) olarak da bilinir. Bu olgunun kaynağı, 90'lı yıllarda bir okurun, St.

Paul Pioneer Press gazetesine yazdığı mektupta, Almanya'daki Baader–Meinhof grubunun adını Minnesota'daki bu gazetede gördükten sonra kısa bir süre içinde bu isimle defalarca karşılaştığını fark etmesini anlatmasıyla ortaya çıkmıştır. Baader–Meinhof Fenomeni, 2005 yılında dilbilimci Arnold Zwicky tarafından "frequency illusion" (sıklık yanılsaması) olarak kavramsallaştırılmış ve Oxford English Dictionary'e girmiştir. Zwicky, "Just between Dr. Language and I" başlıklı blog yazısında bu durumu, bireyin yeni fark ettiği bir unsura seçici olarak daha fazla dikkat kesilmesi ve ardından bu karşılaşmaları doğrulayan örnekleri zihinsel olarak pekiştirmesiyle açıklamaktadır.

Friday the 13 effect: *13. Cuma etkisi.* Batıl inançlı yatırımcıların paylaştığı kötü şans korkusuyla oluşan bir takvim anomalisidir. Bazı kaynaklarda tarihsel olarak tapınak şövalyelerinin 1307 yılında Fransa Kralı Philip tarafından 13 Ekim Cuma günü öldürülmelerine dayanmaktadır. Farklı kaynaklarda ise son akşam yemeğinde 12 havarinin yanında İsa'nın 13. kişi olması ve ertesi gün çarmıha gerildiği günün Cuma olmasıdır. Bugün, varsayılan talihsiz günlerden biri olarak piyasa getirilerinin, diğer cuma günlerinden önemli ölçüde daha düşük olduğu varsayılan gündür.

Fund manager: *Fon yöneticisi.* Küçük yatırımcıların koyduğu paralardan oluşan havuzun veya herhangi bir portföyün yöneticisi. Portföye konacak menkul kıymetleri seçer, bazılarını satarak portföyden çıkarır ve portföy getirisini kurallar çerçevesinde maksimize etmeye çalışır. Fon yöneticisi de bir insan olduğu için bazı yanılgılara sahip olabilir. Örneğin taklit, sürü davranışı, diğer fon yöneticileri ile birlikte davranma gereği hissetmesi gibi. Performansı periyodik olarak değerlendirildiği için kişisel yanılgıların yanı sıra yapmak istediği hâlde yapamadığı işlemler olabilir. Örneğin çok ümit veren bir küçük şirketin hissesini portföye koyduğunda hisse kısa süreli değer kaybederse bunu blue chip şirket hissesinin değer kaybı kadar kolay açıklayamaz. Bu nedenle daha beylik şirketlere yatırım yapmayı seçer.

Fundamental analysis: *Temel analiz.* Şirketin ve genel olarak ekonominin en önemli göstergeleri kullanılarak yapılan analiz. Özellikle kârlılık, büyüme ve finansal ödemelerini yapma gücü açısından değerlendirme en kritik olandır. Şu anki faaliyetleri kadar stratejisi, projeleri, kaynakları, rekabet gücü ve yönetici takımı da değerlendirilir.

Fundamental attribution error (FAE): *Ana atfetme hatası.* İnsanların kişiliğin etkisini abartma ve koşulların etkisini hafife alma eğilimini ifade eden psikolojik bir kavramdır.

Fundamental financial data: *Esas, temel finansal veriler.* Esasında şirketin finansal tablolarıdır. Ancak bir temel analiz veya potansiyelini değerlendirme amaçlı çalışmada pazar payı, rekabet koşulları gibi diğer önemli data da bu çerçevededir.

Fundamental value: *Esas, temel değer, temel unsurlarla değerleme.* Şirketin temel verilerine bakmak ve değerlendirmek, şirketi değerlemek için ilk adımdır. Böylece şirketin potansiyelini değerlendirme ve geleceğine ilişkin projeksiyon yapma ve sonuç olarak bunlara dayanan bir fiyat hesaplamaktır. *Bkz.* Valuation, değerleme.

Funnel effect: *Huni etkisi.* Bir sıvıyı bir kaba aktarırken huniye fazla döküldüğünde sıkışma ve dışarı sızma, taşma görülür. Benzer bir tanımlama hisse piyasalarında, çok sayıda insanın satma ve alma isteğinde olması ancak ona satacak veya ondan alacak karşı tarafın yeterli olmadığı durumda görülür. Bir çeşit likidite sıkışması sonucunda sonunda istikrarlı bir denge oluşana kadar fiyatlar ya hızla düşer ya da çıkar. Bu duruma huni etkisi denir.

Fuzzy logic: *Bulanık mantık.* Olayları yalnızca doğru–yanlış, var–yok gibi kesin ikiliklerle değil, farklı derecelerde değerlendiren düşünme ve karar verme yaklaşımıdır. Birçok önerme ne tamamen doğrudur ne de yanlıştır. Bizim basite indirgediğimiz şeyleri önlemeye çalışır. Her şeyde değişkenlik ve yaklaşık bir ölçüde (approximate) bir gerçeklik vardır; dolayısıyla çok yüksek, yüksek, orta veya düşük düzeyde bir gerçeklikten söz edilebilir. Olasılıklara bir alternatif, belirsizlik için bir ölçü oluşturur. Zihinsel nosyonlar kadar maddi unsurları ve gelecek beklentilerini dikkate alır, ancak siyah beyaz, doğru-yanlış gibi hızlı ve kesin bir sonuca götürmez.

Gg

Gamble, gambler: *Kumar, kumarbaz.* Kumar dar anlamıyla sadece bir oyun olarak algılanabilir. Daha geniş bir bakış açısıyla kumar, risk ve getiriyi kendi bilgisi ve sezgisine göre değerlendirip taahhütte bulunma veya ödeme yoluyla paralı oynanan bir oyuna katılmaktır. Sadece kumar değil, finans piyasalarında bazı spekülatif işlemler de rahatlıkla bu kategoriye sokulabilir. Bilinçli olarak bir oyun gibi keyif verir. Ancak bilinçsizce bir bağımlılığa dönüşebilir.

Gambler's fallacy: *Kumar yanılgısı, kumarbazın yanılgısı.* Rassal olarak gerçekleşen örneğin yazı-tura, rulette kırmızı-siyah gelmesi gibi olaylar ve durumlarda, hep tura veya hep siyah gelmeyeceği inancı. Monte Carlo'da bir defasında 26 defa arka arkaya siyah gelmiş, artık daha fazla gelmeyeceği inancıyla kırmızıya para yatıranlar milyonlar kaybetmişti. Doğanın böyle dengeleyici bir gücü veya tarafı yoktur. Rassal olan bir süreç, rassaldır.

Game playing: *Oyun oynama.* Ekonomi ve finansta rekabet ve meydan okuma işlemleri bir oyun gibi düşünülebilir. Hem para kazanma hem de iyi vakit geçirme piyasadaki işlemlerin motivasyonu olabilir. Ancak bu oyunun kumarla karıştırılmaması gerekir.

Game theory: *Oyun teorisi.* Başka oyuncuların (karar vericilerin) da var olduğu ortamda onların da olası karar ve stratejilerini dikkate alarak optimum karar vermeyle ilgili araştırma alanıdır. Uygulama alanları işletme yönetiminden politikaya, savaş alanından pazarlıklara kadar çok geniştir. Bir köydeki meranın kullanımı bile oyun teorisi ile optimize edilebilir. Oyunlar negatif, sıfır ve pozitif toplamlı olarak sınıflanabilir. Örneğin oyuncuların işbirliği yapıp ortak kaynaktan daha fazla pay almaya çalışması pozitif toplamlı bir oyundur. Borsa sıfır toplamlı, kazananın laneti (çok fazla fiyat yükseltilmiş bir açık arttırmayı kazananın durumu) negatif toplamlı olabilir.

Gender stereotypes: *Cinsiyetçi önyargılar.* Özellikle kadına yönelik olarak onun daha az yetenek ve kapasiteye sahip olduğu yönündeki genel toplumsal bakış açısıdır. Bu görüşler finans alanında da örneğin para yönetiminde kadına genellikle rol verilmemesi şeklinde görülür. Yatırımcılar, erkekler tarafından yönetilen fonlara yatırım yapmayı tercih ederler.

Gender, gender differences: *Cinsiyet, cinsiyet farkları.* Feminen (kadınca) ve maskülen (erkekçe) olma ve davranışlar açısından öğrenilmiş farklılık, farkındalık. Cinsiyet eşitsizliği gelişmiş ülkelerde bile sorun olduğu için bu alanda çok sayıda araştırma yapılmakta ve programlar yürütülmektedir. Kadın ve erkek, birçok başka alanda olduğu gibi, finans kararlarında da farklılık gösterir. Örneğin kadın erkeğe kıyasla daha az risk aldığı için seçtiği yatırım alanları, menkul kıymetler, toplum içindeki davranışları gibi birçok alanda erkekten farklı davranır.

General purpose heuristics: *Genel kestirme çıkarım hataları.* Gilovich, Griffin ve Kahneman tarafından 2002'de yapılan sınıflamada bu gruba giren hatalar; bilinçli sevgi (affect), elde edebilme, mevcudiyet (availability), nedensellik (causality), akıcılık, anlaşılabilirlik (fluency), benzerlik (similarity) ve sürpriz olarak belirlenmiştir.

G

Generalization: *Genelleme.* Herhangi bir konuda daha kolay sonuca ulaşmak, karar vermek için durumu basitleştirmek ve parametreleri azaltma adına yapılan genel kabuller. Bir çeşit kestirme çıkarım (heuristics) ve bazen de önyargılar (stereotype) yaratmaktır.

Generation effect/self made effect: *Ben buldum/ürettim etkisi.* İnsanların kendi ürettikleri bilgileri pasif olarak okunan bilgilere kıyasla daha iyi hatırlama olgusudur.

Genes: *Genler.* Canlılarda DNA'nın genetik mirasını taşıyan bölümleri.

Genetic algorithm (computing): *Genetik algoritma, hesaplama.* İnsan beyninin nasıl öğrendiği ve karar verdiğini taklit etmeye çalışan analiz, yazılım, simülasyon. Bir yönüyle insan beyninin biyolojik gelişimini takip etmeye çalışır ve onun bir benzerini oluşturur. Algoritma yaklaşık değerler yakalamaya çalışır, test eder, deneme yanılma yoluyla en optimum sonuca ulaşmayı hedefler.

Get even bias: *Başa baş çabası hatası. Bkz.* Even (getting-), get eventis.

Glamour stocks: *Popüler, yıldızlaşmış, geleceği parlak hisseler.* Birçok yatırımcı onlara kalite ve büyümeyle ilgili olağanüstü özellikler atfeder. Bu bir çeşit moda olan hisselerin fiyatları hızlı yükselir, yatırımcılar gelecekte fiyatlarının daha da yükseleceğine inanır. Geçmiş ekonomik başarılarının olması bu ünlerini daha da destekler. Bunlar arasında gerçek yıldızlaşmış hisseler olabilir, bazılarının ise ünü sunidir.

Golem effect: *Android etkisi.* Finans ve örgütsel davranış alanlarında kullanılan bir terimdir ve bireylere atfedilen düşük beklentilerin (üstler meslektaşlar veya yatırımcılar tarafından) daha düşük performansa yol açtığı ve nihayetinde kendini gerçekleştiren bir kehanet yarattığı psikolojik bir olgudur. Bu, yüksek beklentilerin üstün performansı sağladığı Pygmalion Etkisi'nin tersidir.

Good story: *İyi hikâye.* Yatırımcıların bir şirket veya yatırım hakkında ikna edici bir anlatıya dayanarak karar vermesi durumudur. Hikâyeler çoğu zaman karmaşık verilerden daha etkili olabilir. Ancak güçlü bir hikâye ekonomik gerçekleri gölgeleyebilir. Bu nedenle yatırımcılar bazen anlatıya dayalı kararlar alabilir.

Goodhart's law: *Goodhart yasası.* Bir özellik veya ölçü hedef olarak belirlenmişse o artık iyi bir ölçü değildir. İngiliz ekonomist Charles Goodhart tarafından önerilen bu kural veya ilke, ekonomide veya bir şirkette kötüye kullanılma potansiyeli olan parametrelerin manipüle edilme olasılığından çekiniyordu. Örneğin özkaynak kârlılığı yöneticilerin performans ölçüsü olarak alınmışsa, yönetici onu arttırmak için şirket açısından yararlı olmayan yollara sapabilir, fazla borçlanma ile kaldıraç etkisiyle özkaynak kârlılığını arttırır ama risk de artar.

Google effect: *Google etkisi.* İnsanlar bilgi kaynağı olarak kendi hafızalarına güvenmek yerine internet kaynaklarını tercih ederler. İnternet erişimi sayesinde insanlar soruları kendileri yanıtlamaya daha az istekli olabilir ve arama motorlarını tercih eder. Bu tercih Google etkisi olarak adlandırılır.

Greater fool delusion: *Daha aptal vardır yanılsaması. Bkz.* Bigger fool.

Greed: *Açgözlülük, hırs.* Birçok duygu gibi bunlar da zevk arayışı ve acıdan/pişmanlıktan kaçışla ilgili refleks ve tutumlardır. Ortaya çıkma nedenleri bir dış uyaran, bir zihinsel süreç veya bulaşma etkisidir. Harekete geçmek için insanlara böyle bir itici güç gereklidir, ancak abartılı olduğunda kişiye zarar verebilir, finans alanında da piyasaları olumsuz etkiler. Örneğin 2008 krizinde piyasa oyuncuları özellikle finans kurumlarındaki karar vericiler finansal mühendisliğin bir harikası(!) olarak yüksek riskli (düşük kaliteli ipotekli satış kontratları) enstrümanları birleştirip oluşturdukları menkul kıymetin AAA kalitesinde olmadığını gayet iyi biliyorlardı. Kendilerini zarara karşı sigorta poliçeleri alarak korurken, yatırımcıları batırdılar. Bu nedenle onlara ilişkin en yaygın değerlendirme hırslarının akıllarının önüne geçtiğiydi.

G

Greeks: *Yunan alfabesinin harfleri.* Çeşitli alanlarda parametreleri temsil etmek için bazı harfler kullanılır, bunların çoğu Yunan harfleridir. Örneğin finansta alfa (α) ortalamanın üstündeki getiriyi, beta (β) bir hissenin piyasanın geneline kıyasla dalgalanma derecesini, büyük sigma ($\sum$) hesaplanan her sayının toplanması gereğini, küçük sigma (σ) standart sapmayı gösterir.

Gross bet: *Brüt bahis tutarı.* Bahse katılanlar tarafından toplam riske atılan paraya denir.

Group behavior: *Grup davranışı.* Grup bireyleri sadece ortak düşünceleri değil aynı zamanda ortak davranışları da paylaşırlar. Birbirlerini taklit ederler. Gruba uyum esastır. Ortak düşünce ve davranışlar bir çeşit kenetlenmedir ve dış dünyaya karşı da korur.

Group cohesiveness: *Gruba aşırı bağlılık.* Grup üyelerinin birbirlerine ve gruba olan teveccüh, sevgi ve bağlılıklarının çok fazla olması.

Group polarization: *Grubun kutuplaşması.* Gruptaki tartışmalar sonrasında bir görüşün baskın hâle gelmesi.

Group: *Grup.* İki veya daha fazla kişiden oluşan ve kişilerin birbiriyle etkileştiği veya birbirine dayanıp güvendiği sosyal birim.

Groupfeel: *Grubun hissiyatı.* Bir gruba dâhil olan insanların gruptan farklı olmamak ve onların hissettiklerini hissetmek adına düşünce ve davranışlarını tamamen bilinçsizce gruba uydurması.

Groupthink: *Grubun (ortak) düşüncesi.* Daha çok iç çekişmelere engel olmak için grubun yanlış analiz ve kararlara yönelmesi. Normal şartlarda grubun ortak aklının daha iyiye götürmesi beklenirken, kişisel duygular hâkim olabilir ve üyeler arası etkileşim de böyle yanlış yöne götürebilir.

Growth investing (stocks): *Büyüme odaklı hisseler.* Bu hisselere özellikle yatırım yapma stratejisi. Büyüme odaklı hisseler geçmişte iyi büyüme performansı gösteren, gelecekte de büyüme beklentileri yüksek olan hisselerdir. Hissenin şu anda sağladığı gelire odaklanan değer odaklı hisselerin tam tersi özelliktedirler. Hem iş alanının özellikleri hem de şirketin performansı birlikte değerlendirilmelidir.

Gullibility: *Ahmaklık, akılsızlık.* İnsanlar bazı şeylere herhangi bir neden olmaksızın veya fazla incelemeden inanırlar. Kişiler kuvvetli duygular içindeyken (hırs, ümit, açgözlülük) bu tür boş inançlar görülebilir.

Gunning: *Bir yöne sürme, avlama.* Finans piyasalarında bir yöne doğru yönelmenin bir şeklidir ve teknik analiz ve stop loss emirlerinden kaynaklanır. Yatırımcılar aynı yöntemlerle yazılımlarla sığ bir piyasada abartılı fiyat hareketleriyle dengeye gelebilir.

Guru: *Guru, mürşit, rehber.* Grup (sürü) davranışı veya kalabalığın ortak aklı ile peşine takılınan bir veya daha fazla karizmatik lider. Genellikle Hintli filozoflar ilk akla gelen kişilerdir. Bu kişiler grupta veya tek tek müritler üzerinde kuvvetli bir etkiye sahiptirler ve müritlerde körü körüne inanç, bir çeşit hayranlıkla karışık sevgi ve kısmen korku görülür.

Hh

H

H coefficient, exponent: *H katsayısı. Bkz.* Hurst coefficient, exponent.

Habit: *Alışkanlık.* Aynı davranış veya hareketi devamlı tekrarlamak, zihinsel anlamda ise aynı kriterlere bağlı olarak düşünmektir. Alışkanlıklar genellikle otomatik davranışlar olup herhangi bir yanılgı gibi değillerdir. Bazen fazla çaba gerektirmedikleri için faydalı olabilirler, ancak finansal kararlarda bunlara dayanmak optimum kararlara götürmez.

Halloween effect: *Cadılar bayramı etkisi.* Borsada getirilerin en yüksek olduğu dönem 31 Ekim - 1 Mayıs arasıdır. Bunu bilen yatırımcılar portföylerini Mayıs'ta boşalttıktan sonra tekrar Cadılar Bayramı'na denk gelen Ekim ayı sonunda hisse almaya başlarlar. Borsa da bu tarihte yükselir. Toplumsal alışkanlıklarla ortaya çıkan bir piyasa anomalisidir ve dönem çakışması dışında Cadılar Bayramı ile kavramsal hiçbir ilişkisi yoktur.

Halo effect: *Hare etkisi.* Bir konuda tek bir kritere dayanarak pozitif veya negatif bir izlenim edinmek ve bu izlenimin diğer tüm özellikleri gölgelemesidir. Bilimsel çalışmalar güzel veya yakışıklı insanların sahip oldukları özelliklerin abartıldığını, sadece daha güzel veya yakışıklı oldukları için meslek hayatlarında olmaları gerekenden daha başarılı olduklarını kanıtlıyor.

Hard-easy effect: *Zor-kolay etkisi.* Bir tahmin yanlılığıdır. Bu, zor görevleri tamamlama yeteneğimize aşırı güvendiğimizi ve kolay görevlerde başarılı olma yeteneğimize az güvendiğimizi ifade eder.

Hasty generalization: *Aceleci genelleme.* Çok az kanıta dayanarak veya tüm değişkenleri dikkate almadan yapılan genellemenin sonucudur. İstatistiksel olarak küçük bir örneklemden genel sonuçlara varmak örnek olarak verilebilir.

Heavy tail: *Kalın kuyruk. Bkz.* Fat tail.

Hedge fund: *Serbest fon/Riskli yatırım fonu.* İsmi finans piyasalarında daha çok risk yönetme anlamı taşımasına rağmen, özel ortaklık olarak kurulan, küçük yatırımcının katılmadığı bir para havuzunun, riski iyi bilen katılımcıların yönlendirmesiyle daha yüksek getiri adına riskli yatırımlara yönlendirildiği bir fon türüdür. En bilinen örneği Long Term Capital Management (LTCM)'tır.

Hedonic adaptation: *Haz adaptasyonu. Bkz.* Hedonic trademill

Hedonic editing: *Zevki ayarlama, düzenleme, biçimlendirme.* İnsanlar risk toleransları bakımından aynı değillerdir ve duruma göre de daha fazla veya daha az risk alırlar. Kayıplarla ilgili rahatsızlıklarını azaltmak için farklı çerçevelerden olaya bakarlar. Örneğin, kâr paylarını sermaye kazançlarından farklı bir çerçeveye oturtup, cep harçlığı olarak harcayabilirler. Fakat hisse satıp harcama fikri onlara rahatsızlık verir.

Hedonic treadmill: *Hazza uyum, sevinç, zevk veya acının normale dönmesi.* İnsanlar yaşamlarındaki büyük duygusal farklılıklar yaratan olaylardan sonra yeni durumlarına alışıp eski eşiklerine geri dönerler. Örneğin piyango çıkan kişi bir süre çok mutlu oluyor, ancak sonra mutluluğu normale, eski düzeyine iniyor. Eğer daha öncesinde çok para sıkıntısı çekmemişse eski durumundan daha mutlu olmuyor. Bir acı veya kayıp yaşayan kişi de acısının/mutsuzluğunun bir süre sonra azaldığını görüyor.

Hemline theory: *Etek boyu teorisi.* Ekonominin iyi zamanlarında optimizm ve yüksek hisse fiyatlarıyla mini eteklerin görülme sıklığı arasında ve ekonominin daha kötü olduğunda da hisse fiyatları ile daha uzun olan etek boyları arasında ilişki olduğu teorisidir. Çok fazla destekleyici bulgu yoktur.

Herd behavior, herding: *Sürü davranışı, grubu takip etme, diğerleri gibi davranma.* İnsanlara sosyal hayvan benzetmesi yapılır. Burada kişiler çoğunlukla bir birey olarak davranırlar. Ancak bazen, duygusal, bilişsel veya refleks olarak kendi içinde bulundukları grubun genel davranışına uyarlar. Buna taklit, benzeme, bulaşma etkisi gibi tanımlar yapılır. Grup üyeleri aynı anda, yavaş yavaş dozu artan şekilde sürü davranışı içine girerler.

Heuristic: *Kestirme çıkarım.* Durumu analiz, sonuçları tahmin ve karar verme gibi işlerle ilgili olarak bilinçli veya bilinçsizce kullanılan, işimizi kolaylaştıran zihinsel kısayollardır. Sık tekrarlanan veya sonuçları çok da önemli olmayan durumlarda işimizi kolaylaştırır. Ancak kritik konularda, nadir olaylarda, yeni yaklaşımların gerektiği, eski yöntemlerin artık işe yaramadığı durumlarda, çok önemli verilerin dikkate alınmayıp tamamen yanlış yöne gitme ihtimali olduğunda zararlı bile olabilir. Diğer yandan yaratıcılığı da sınırlar.

HEURISTICS (KESTİRME ÇIKARIM)

Sözcüğe İliştirilmiş Efsane

Vaktiyle, heybetli bir krallığın kalbinde, zekâsı keskin ama kalbi kilitli bir kral yaşarmış. Kralın, güzelliği dilden dile dolaşan kızıyla evlenmek isteyen her talip, krallığın merkezindeki o karanlık ve karmaşık labirente girmek zorundaymış. Ancak bu labirent, sadece duvarlardan ibaret değilmiş; insanın zihnini bulandıran, yolların birbirini yuttuğu bir kördüğüm gibiymiş. Yıllarca en soylu şövalyeler, en eğitimli bilgeler o kapıdan içeri adım atmış; fakat hiçbiri gün ışığına tekrar kavuşamamış. Hepsi, ayrıntıların içinde boğulmuş, her dönemeçte mantığın labirentine hapsolmuşlar.

Bir gün, elinde asasıyla dağlardan inen yalınayak bir çoban kralın huzuruna çıkmış. Muhafızlar adını sorduğunda, eski dilde "keşfeden" ve "bulan" anlamına gelen o ismi fısıldamış: Heuristic. Ne bir haritası varmış ne de pusulası. "Ben bu labirenti aşarım," demiş sakin bir sesle. Saraydakiler gülüşürken, çoban neden bu kadar emin olduğunu şu sözlerle açıklamış: "Ben yıllardır sürümü otlatırken o yüksek yamaçlardan aşağıyı izledim. Kimin hangi taşta takıldığını, hangi sapakta zihninin karıştığını, onların nereye kadar düşünebildiklerini yukarıdan gördüm. Sizin içeriden çözmeye çalıştığınız o devasa düğüm, yukarıdan bakınca sadece basit bir çizgiden ibaret.»

Hakikaten dediğini yapmış; labirente girdiğinde diğerleri gibi her bir koridoru tek tek analiz etmekle vakit kaybetmemiş. Zihninde tepeden gördüğü o ana rotayı, yani en karmaşık görünen sorunun en kestirme çözümünü canlandırmış. Labirentten sağ çıkıp kralın kızıyla evlenen bu genç çoban, aslında bize en büyük hayat dersini bırakmıştır: Bazen en doğru karar, en derin analizlerde değil, zihnin kuş bakışı bakabildiği o zarif ve kestirme çıkarımlarda gizlidir.

"Moral of the story" diye adlandırılan bu temrin, bugün istihbarat servislerindeki eğitimin ve stratejik dehanın temel bir parçasıdır. Yaratıcı faaliyetin nasıl ortaya çıktığını anlamanın yoludur. İşte bu, modern dünyada "Heuristics" ya da Türkçe karşılığıyla "Kestirme Çıkarım" dediğimiz o büyüleyici zihinsel yetenektir. Veri yığınları arasında kaybolmak yerine, tecrübenin ve gözlemin ışığında o içsel yüksekliğe ulaşıp kaosu basit bir karara indirgeyebilme sanatıdır. Keşke biz de hayatın kendi labirentlerinde, her detayı bir engel sanmak yerine, hayata Heuris'in o yüksek tepesinden bakabilsek ve kestirme çıkarımlar yaparak hakikate giden en doğru yolları bulabilsek.

Hierarchy of needs theory: *İhtiyaçlar hiyerarşisi teorisi.* 1943'te Abraham Maslow tarafından önerilen teori, insanların ihtiyaçlarının kademeler hâlinde olduğunu, ancak bir önceki ihtiyaç karşılandığında bir sonraki kademedekine dikkat edildiğini söylemiştir. Bu sıralamaya göre en altta fizyolojik biyolojik ihtiyaçlar vardır. Daha sonra sırasıyla güvenlik, sevgi/ait olma, kendine saygı ve kendini gerçekleştirme gelmektedir.

Hindsight bias: *Ben zaten biliyordum hatası/yanılgısı.* Kişilerin geçmişte kalan bazı olayları vaktinde tahmin etmekte, bazı olguların nedenini bilmekte başarılı olduğunu düşünmeleri, sıklıkla düştükleri bir yanılgıdır. Kendine aşırı güvenden kaynaklanabilecek bu yanılgıdan kurtulmak kolay değildir. Aslında geleceği tahmin etmek zannedildiğinden zordur, ancak bu yeteneğe sahip olduğunu düşünmek rahatlatıcıdır. Örneğin 2008 krizini öngörenler

%1-2'yi geçmez ve çok ciddi getiri sağlamışlardır. Krizi zaten görmüş olduğunu iddia edenlere sorulacak soru "Krizi önceden bildiyseniz ne yaptınız, hangi stratejiyle ne kadar kazandınız, hangi mecralarda bu konuda ne yazdınız?" olabilir.

Historical market risk premium: *Tarihsel piyasa risk primi.* Bir yatırımcının piyasa portföyü için geçmiş dönem getirisi ile risksiz getiri oranı arasındaki farktır.

Holiday effect: *Tatil etkisi.* Tatil etkisi veya tatil öncesi etki, hisse senedi getirilerinin genellikle tatil etrafında tutarlı kalıplar sergilediği ve büyük tatillerden önceki günlerde sistematik olarak yüksek getiriler gösterdiğini ifade eder. Etki başlangıçta ABD bağlamında incelenmiştir.

Hollow feeling: *Hollow hissi.* Daha derin bir varoluşsal kaygıyı temsil eder. İsimsiz bir şeye olan özlem ya da başka yerlerde neler olup bittiğinin "gizemi" olarak tanımlanır. Sosyal medyadan yeterince bilgi alamamak, benzer bir duyguya neden olabilir.

Holy day effect: *Kutsal gün etkisi.* Özellikle Ramazan Bayramı öncesi hisse senedi getirilerinde görülen artış etkisidir. Ancak farklı ülkelerdeki bulgular aynı sonucu göstermemektedir.

Home bias: *Yakın çevre yanılgısı.* Kişilerin kendi kasaba, şehir veya bölgelerindeki şirketlere yatırım yapmaları ya da her gün ismini gördükleri için onlara tanıdık gelen şirketleri seçmeleridir. Bilinmedik bölgeler belki riskli olabilir, ancak diğer taraftan o bölgede toplanmış sektör şirketlerine yatırım iyi bir risk dağıtması yaratmaz, daha iyi yatırım fırsatları sırf o bölgede olmadığı için kaçırılabilir.

Hope & fear: *Umut ve korku. Bkz.* Optimism.

Horizon (investment): *Yatırım dönemi.* Yatırımcının parasını hangi vadede bağlamak istediği ile ilgilidir. Vade sınıflaması çok farklı şekilde yapılsa bile çok kısa dönem birkaç saat, kısa dönem bir yıldan kısa, orta vade 3-5 yıl, uzun vade 5-10 yıl, çok uzun vade ise 10 yıldan uzun dönem için kullanılabilir. Genellikle en kesin ayrım kısa vade (1 yıldan az) ve orta/uzun vade (1 yıldan uzun) olarak yapılır. Doğal olarak vadeye bağlı olarak getiriler de değişir ve yatırım kararını etkiler. Normal şartlar altında vade ne kadar uzarsa getiri de o derece cezbedici olmalıdır.

Hormones: *Hormonlar.* Canlıların vücudundaki bezlerden salgılanan, dolaşım sistemi yoluyla organlara taşınıp onları ve davranışları düzenleyen kimyasallardır. Doğal olarak davranışsal finans alanında her ne kadar bazen fikir alma amacıyla veya merak güdüsüyle hayvanların hormonları ve davranışları arasında ilişkiye bakan araştırmalar olsa da esas odak insanlardır. Bu konuda Türkiye'deki öncü çalışma, tarafımızdan yapılmış ve hormonlar ve risk alma davranışı arasındaki bağlantı araştırılmıştır. Benzer çalışmalar yurt dışında ağırlıklı olarak testosteron hormonu ile risk alma davranışıyla ilgili yapılmış ve istatistiksel olarak anlamlı bir ilişki bulunmuştur.

Horn effect: *Horn (boynuz) etkisi.* Halo etkisinin tam tersi olarak ortaya çıkan horn etkisinde birey veya olayda ortaya çıkan negatif sonuç veya özelliğin, genel algıyı bir bütün şeklinde negatif olarak algılanmasına neden olan bir bilişsel çelişki türüdür. Beyin tarafında hızlı karar alma mekanizmasında sürüngen beyini temsil eden refleks odaklı sistem 1 devreye girerek kestirme çıkarım yapılma sürecidir. Horn etkisine maruz kalan kişiler tek bir negatif kataliste bağlı kalarak tüm süreci negatif olarak yargılamaktadır. Kişi bunun bir bilişsel çelişki olduğunu ve hata yaptığının farkında olmasına rağmen irrasyonel şekilde bu yanlı hareketini devam ettirmektedir.

Hot hand fallacy: *Sıcak eller yanılgısı.* Bir kişinin herhangi bir konudaki başarısının aynı konuda daha sonra da devam edeceğine dair inançtır. Özellikle basketbolda başarılı atışlarla maça başlayan oyuncunun devamında da aynı başarıyı göstereceği varsayılır. Yapılan bilimsel araştırmaların çoğunda bunun doğru olmadığı görülmüştür. Aksine bazı sonuçlar görülse de genel kabul, rassal bir durumun, her ne kadar oyuncunun becerisi etkili olsa da bu biçimde yorumlanamayacağıdır.

Hot regret: *Sıcak pişmanlık.* Kişinin kendi kendine sorduğu keşke yapmamış olsaydım sorusuyla devreye girmektedir. *Bkz.* Cold regret.

House money effect: *Kasadaki para etkisi.* Daha önceki kazanç nedeniyle daha fazla risk almak. Richard Thaler tarafından tanımlanan bu davranış, kişilerin kendi emekleri ile ter dökerek kazandıkları paraları riski düşük alanlarda değerlendirdikleri, ancak havadan gelen, kolay kazanılan veya emek harcanmamış parayı yatırırken daha çok risk aldıklarını göstermektedir. Miras kalan, bir voli sonucu kazanılan, kumardan gelen para kolay paraya örnek verilebilir.

Hubris: *Aşırı kibir, gurur.* Burada narsisizme varan aşırı kendini beğenme ve güven vardır. Dolayısıyla kişilerin abartılı davranışları ve kararları bazen negatif sonuçlar yaratabilir. Bu tür bir ruh hâli içinde olan kişi, yanlış yatırımlar yapabilir; aşırı derecede risk alabilir. Kurumsal finansta yöneticilerde de görülen benzer bir ruh hâli, şirketin çok büyük ama bazen kârsız projelere yatırım yapması veya çok sayıda şirketi bazen aşırı yüksek fiyatlarla alması biçimlerinde tezahür eder. Buna aynı zamanda "imparatorluklar kurma-empire building" denmesinin nedeni de budur.

Humor effect: *Mizah etkisi.* Komik olaylar, bilgiler ve diğer malzemelerin daha kolay algılanmasını sağlayan bilişsel bir yanlılıktır. Mizah etkisi birçok başka olumlu özelliğe de sahiptir.

Hurst coefficient, exponent: *H üssü. Bağımlılık endeksi.* Zaman serilerinde uzun vadeli hafızayı ölçmekte kullanılır. İstatistiksel olarak bir olgunun (örneğin piyasa trendlerinin) sürekliliğini, istikrarını ölçer. Eğer 0,5'ten fazlaysa bir uzun vadeli hafıza söz konusudur. Eğer 0,5'in altındaysa bir trend yoktur. Harold E. Hurst tarafından geliştirildiği için onun ismiyle bilinir.

Hype: *Heyecanlandırmak, yanıltmak.* Borsadaki bireysel yatırımcıları umutlandırarak ve heyecanlandırarak manipüle etme amacıyla yapılan hareketler, verilen bilgilerdir. Bazen de bilgiler saklanır. Böylece bilgisiz yatırımcıların istenen yöne sevk edilmesi ve buna bağlı olarak, bu tür yanıltmaları yapanların haksız kazanç elde etmeleri söz konusu olur.

Hyperactivity: *Aşırı hareketlilik.* Borsada olması gerekenden fazla işlem yapılması. *Bkz.* Overtrading.

Hysteresis: *Gecikme.* Bir olaya yavaş veya yetersiz tepki verme, atalet, eylemsizlik. Kişisel düzeyde bilginin yavaş dağılması, öneminin gecikmeyle anlaşılması veya bazı yanılgılara bağlı olarak geç ve yetersiz tepki verilmesi gibi nedenler vardır. Piyasalarda ise fiyatın sıkışması veya belli bir noktada takılması olabilir.

Hysteria (mass, crowd, collective-): *Histeri (toplu, topluluklar, kollektif).* Sürü davranışının aşırı düzeyde, uç noktada olmasıdır. Bu kollektif bir panik veya hırs, kazanma isteği olabilir. Bunların sonucunda piyasa balonları ve çöküşleri yaşanabilir.

Ii

Identifiable victim effect: *Mağdur empatisi.* Bireylerin özdeşleşebilecekleri mağdurlara, kim oldukları belirsiz veya soyut kişilere kıyasla daha fazla yardım sunma eğilimini ifade eder.

Idiosyncaric risk: *Sistematik olmayan risk.* Belirli bir yatırım, şirket veya menkul kıymetle ilgili, o yatırılan varlığın özel koşullarından dolayı ortaya çıkan ve genel ekonomik sistemden kaynaklanmayan risktir.

IKEA effect: *IKEA etkisi.* İnsanların bir nesneyi kendileri yaptıklarında (veya monte ettiklerinde) nasıl daha çok değer verdiklerini anlatır. İsveç mobilya devi IKEA ürünlerini demonte satar ve basit bir şekilde kendinizin monte etmesini önerir. Daha geniş anlamda IKEA etkisi, bir şeyleri yaratmak için çaba harcadığımızda daha çok sevdiğimizi gösteriyor.

Illusion of asymmetric insight: *Asimetrik içgörü yanılsaması.* İnsanların başkaları hakkındaki bilgilerinin diğerlerinin bilgisinin ötesine geçtiğini algıladığı bilişsel bir önyargıdır.

Illusion of competence: *Yeterlilik yanılsaması*. Bireylerin gerçek yeteneklerini olduğundan daha yüksek değerlendirmesi durumudur. Yatırımcılar bazen başarılarını becerilerine bağlayarak aşırı özgüven geliştirebilir. Bu durum riskli kararların artmasına yol açabilir. Finansal piyasalarda sık görülen bir davranışsal önyargıdır.

Illusion of transparency: *Şeffaflık yanılsaması*. Diğer insanların kişisel düşüncelerimizi, duygularımızı ve zihinsel durumlarımızı yüksek derecede algılayabilme kapasitesi olduğuna inandığımızda ortaya çıkar. Bu bilişsel önyargıyı yaşayan bireyler, içsel deneyimlerinin başkalarına gerçekte olduğundan daha görünür olduğuna inanma eğilimindedir.

Illusion of validity: *Geçerlilik yanılsaması*. Özellikle belirli bir veri setiyle ilgili yorumlarımız ve tahminlerimizde yargılarımızın doğruluğuna aşırı güvenme eğilimimizi tanımlayan bilişsel bir önyargıdır.

Illusory correlation fallacy: *Aldatıcı korelasyon yanılgısı*. Birbiriyle anlamlı düzeyde ilişkisi olmayan parametreler arasında anlamlı bir ilişki olduğunu kabul eden bir bilişsel çelişki türüdür. Psikoloji alanında yaygın olarak kullanılan aldatıcı korelasyon yanılgısı, hızlı karar vermek, kestirme çıkarım yapmak ve halo etkisi durumlarının yansıması olarak ortaya çıkmaktadır. Ufak bir genellemenin anlamlandırılarak genele yayılarak kanaat geliştirmesi durumudur. 1967 yılında Chapman, yaptığı çalışmada iki olay sınıfının ilişkilendirilmesinde korelasyonun sistematik bir hatayı tetiklediğini belirtmiştir.

Illusory superiority: *Hayali üstünlük*. Bireylerin yeteneklerini, becerilerini veya niteliklerini diğerlerine kıyasla abartma eğiliminde olduğu bilişsel bir önyargıyı ifade eder. İnsanların, gerçek kanıtlar veya nesnel ölçütler ne olursa olsun, çeşitli alanlarda ortalamanın üzerinde olduklarına inanma eğilimi yaygın bir eğilimdir.

Illusory truth effect: *Hayali gerçeklik etkisi.* İnsanların yanlış bilgiye tekrar tekrar maruz kaldıktan sonra neden yanlış bilgiye inanmaya eğilimli olduğunu açıklayan bir ilkedir. Bu başlangıçta bilgiyi yanlış olarak tanımlayabilseler bile değişmez.

Impact bias: *Etki yanlılığı.* Gelecekteki durumlara karşı duygusal tepkilerimizin yoğunluğunu ve süresini fazla tahmin etme eğilimimizi ifade eder.

Implicit associations: *İçsel bağlantılar.* Günlük hayatımızı etkileyen otomatik bağlantılardır. Genellikle hemen algılanamazlar, bilinçaltımız tarafından yönlendirilirler ve düşüncelerimizi, davranışlarımızı ve seçimlerimizi şekillendirirler.

Implicit stereotypes: *Örtülü önyargılar.* Bireylerin sahip olduğu bilinçdışı çağrışımlar, bilinçli olarak onaylanan inançlara çelişseler bile davranışları etkileyebilir. Bu etki özellikle şöhretle ilgili kanıları ve işe alım süreçleri gibi gerçek dünya bağlamlarında gözlemlenebilir.

Inaction inertia: *Eylemsizlik ataleti.* Bu kavram, muhafazakârlığı sürdürme isteği olarak tanımlanabilecekken, seçim kaçırma pişmanlığı, kayıtsızlık, durma ve donma olarak da ifade edilebilir. Genel olarak tüketicinin karşısına çıkan önemli bir fırsatı kaçırması sonrasında yeni oluşabilecek daha az cazip olan fırsatları değerlendirme ve eyleme geçme konusunda isteksiz eylemsiz oldukları durum olarak ortaya çıkmaktadır. Eylemsizlik ataleti tam bir pişmanlık veya değere karşı kayıtsızlık durumu değildir. Tüketici almak istediği mal ve hizmeti almak veya almamak noktasında daha iyi bir fırsat için vazgeçmiş olabilir. Süreç esnasında çeşitli tereddütler devreye girebilmektedir. Daha iyi bir anlaşmanın mümkün olduğunu bilmek, mevcut bir teklife göre hareket etmemek için bir sebep olabilir.

Ingroup bias: *Grup içi yanlılık.* Kişinin kendi grubunu diğer gruplara göre kayırma eğilimidir.

Insensitivity to sample size: *Örneklem büyüklüğüne duyarsızlık.* Bireylerin istatistiksel bilgileri yorumlarken örneklem büyüklüğünün önemini hafife aldığı bilişsel bir çelişkidir ve bu genellikle yanlış sonuç ve tahminlere yol açar.

Intransitivity: *Geçişsizlik.* Tercihler arasında tutarlı bir sıralamanın bulunmaması durumudur. Örneğin bir kişi A'yı B'ye, B'yi C'ye tercih ederken C'yi A'ya tercih edebilir. Bu durum rasyonel seçim teorisiyle çelişir. Davranışsal ekonomi çalışmalarında önemli bir konudur.

Introspection illusion: *İçsel sorgulama yanılsaması.* Kişilerin kendi zihinsel durumlarının kökenine dair doğrudan bir içgörüye sahip oldukları, buna karşılık başkalarının içgörülerini güvenilmez olduğu yönündeki bilişsel yanlış inançlarıdır. Bu yanılsama, psikolojik deneylerde incelenmiş ve insanların kendilerini başkalarıyla kıyaslarken sahip oldukları önyargılara temel oluşturmuştur.

Investment preference: *Yatırım tercihi.* Yatırımcıların belirli varlık türlerine yönelme eğilimini ifade eder. Risk toleransı, bilgi düzeyi ve beklentiler bu tercihleri etkileyebilir. Bazı yatırımcılar hisse senetlerini tercih ederken bazıları tahvil veya altın gibi varlıklara yönelebilir. Bu tercihler portföy yapısını belirler.

Investment span: *Yatırım süresi.* Bir yatırımın planlanan veya gerçekleşen zaman aralığını ifade eder. Kısa, orta ve uzun vadeli yatırım stratejileri farklı yatırım sürelerine dayanır. Yatırım süresi risk ve getiri beklentisini etkileyebilir. Uzun vadeli yatırımlar genellikle daha düşük volatiliteye sahiptir.

Investment time horizon: *Yatırım zaman ufku.* Yatırımcıların bir yatırım için planladıkları zaman dilimini ifade eder. Bu kavram portföy yönetiminde önemli bir rol oynar. Uzun zaman ufkuna sahip yatırımcılar genellikle daha yüksek risk alabilir. Kısa zaman ufkuna sahip yatırımcılar ise daha güvenli varlıkları tercih eder.

Investor fear index: *Yatırımcı korku endeksi.* Korku ve Açgözlülük (greed) Endeksi, hisse senedi piyasa hareketlerini ve hisse senetlerinin adil fiyatlandırılıp fiyatlandırılmadığını ölçmenin bir yoludur. Teori, aşırı korkunun hisse fiyatlarını düşürme eğiliminde, aşırı açgözlülüğün ise tam tersi bir etki yarattığı mantığına dayanır.

Investor inattention: *Yatırımcıların ilgisizliği.* Piyasa katılımcılarının tüm mevcut bilgileri işleme kapasitesinin sınırlı olduğu bir durumu tanımlar. Bazı çalışmalar, bunun piyasada kazanç haberlerine yetersiz tepki verdiğini, bunun ise kazanç sonrası duyurularda anlamın sapmasına, kaymasına yol açtığını öne sürmektedir. Ancak bu çalışmalar genellikle yatırımcı ilgisini doğrudan ölçemez.

Investor: *Yatırımcı.* Finansal varlıklara sermaye yatırarak getiri elde etmeyi amaçlayan kişi veya kurumlardır. Yatırımcılar hisse senetleri, tahviller veya diğer finansal araçlara yatırım yapabilir. Davranışsal finans yatırımcıların karar alma süreçlerini inceler. Yatırımcı davranışları piyasa dinamiklerini önemli ölçüde etkiler.

Involvement behaviour: *Katılım davranışı.* Finansal alanda katılım davranışı, bireylerin ve profesyonellerin finansal kararlarını nasıl verdiğini etkileyen psikolojik faktörler, duygular ve bilişsel önyargıları ifade eder. Piyasa katılımcılarının her zaman geleneksel ekonomik modellerin varsaydığı gibi rasyonel hareket etmediğini, bunun yerine önyargılar, duygular (korku, açgözlülük vb.) ve sosyal etkiler tarafından yönlendirildiklerini, bunun da piyasa verimsizliğine yol açabileceğini savunur.

Irrational escalation: *Mantıksız arttırma.* Kişilerin herhangi bir durum için olumlu sonuç alamayacakları açıkça görülse bile daha fazla kaynak yatırmaya devam ettikleri durumdur.

Ignorance: *İhmal, umursamamak.* Bilgiyi rasyonel nedenlerle dikkate almamak, bazen aşırı bilgi yüklemesine karşı bir önlemdir. Böylece yeterince değerli olmayan bilgi dikkate alınmaz ve karar verme sadeleştirilmiş bilgi ile optimuma yaklaşır. Ancak ihmal edilen bilgi önemli bir unsur ise o zaman kararın kalitesi düşer. Karmaşık ve devamlı değişen çevrede bilgilerin önem derecesini kestirmek o kadar da kolay değildir.

Illiquidity: *Yetersiz likidite.* Genellikle ekonomi veya bankalar için kullanılan bu terim, finans piyasalarında korkulan ve bir banka için söz konusu olduğunda bankanın batmasına bile sebep olabilecek bir durumdur. Finans piyasalarında yeterince likidite yoksa, bir finansal işlem için karşı tarafın olmaması anlamına gelir. Diğer bir deyişle satıcılar için alıcı, alıcılar için satıcı bulunmamasıdır. Fiyatlar üzerinde de kötü etkileri vardır.

Illusion of competence/knowledge: *Uzmanlık/bilgi yanılgısı.* Kişinin bir veya daha fazla konuda her şeyi bildiğini düşünmesi. Bu konuda yapılan araştırmalar bildiğimizi zannettiğimizden çok daha azını bildiğimizi gösteriyor. Kruger-Dunning effect (etkisi) kişinin ne kadar az bilirse o kadar bilgi düzeyini abarttığını göstermiştir. Cahil cesareti de denebilir.

Illusion of control: *Kontrol yanılgısı.* Kişinin olaylar üzerinde sahip olduğundan fazla kontrol etme gücü olduğuna inanması hâlidir. Örnek olarak kişinin lotoda kendi seçtiği rakamların daha büyük olasılıkla gelebileceğini düşünmesi, borsada hisseleri satması gereken zamanı doğru tahmin edeceğini düşünmesi verilebilir. Bunu bilen akıllı otel yöneticileri odalara aslında ısıyı hiç değiştirmediği hâlde o izlenimi yaratan düğmeler koyarlar.

Illusion of experience: *Deneyim yanılgısı.* Kişinin deneyimini abartması olarak tanımlanır.

Illusion of external agency: *Dış etmenler yanılsaması.* İyi ve olumlu şeylerin kişisel çabadan ziyade dış etkiler sayesinde gerçekleştiğine dair yanlış inançtır. Örneğin, okulda iyi notlar alan biri bunu birçok dış etmene bağlıyordur.

Illusion: *İllüzyon, yanılsama.* İllüzyon eğlence amaçlı yapılan sihirbazlık veya şaşırtıcı göz yanılsamaları yaratma amacıyla kullanılır. Duyularımıza hitabeden bir etkinin (stimülüs) yanlış algılanması ve yorumlanmasıdır. Sonucunda yanlış inançlara kadar gidebilir. İllüzyon bireysel veya kollektif, kişinin kendisi veya dış çevresiyle ilgili, bilişsel veya duygusal olabilir; kendi yaratımı veya manipüle edilme nedeniyle oluşabilir.

Image: *Görüntü, imaj.* Beynimizin ne gördüğü, gördüğünü zannettiği veya görmeyi istediği şey. Bir nesne, bir olgu veya bir başka kişiyle ilgili olabilir. İmaj bazen repütasyon olarak da anlaşılmaktadır. *Bkz.* Stock image.

Imitation: *Taklit, benzeme.* Kişilerin guruların, grup arkadaşlarının, meslektaşlarının, akraba ve komşularının davranışlarını aynen tekrarlama eğilimleri. Bunu yaparken onların inançlarına tutumlarına ve faaliyetlerine uyumlu oldukları gözlenir. Bir bebeğin yaptığı veya yeni bir dil öğrenirken taklit gayet yararlı ve kaçınılmazdır. Bir yandan bilişsel açıdan bakıldığında bir kestirme yoldur ve başkalarının deneyimlerini elde etmektir. Ancak şuursuzca yapılan taklit her zaman yararlı olmayabilir.

Inaction: *İşlevsiz olma hâli.* Kararsızlık, statükoyu değiştirmeme isteği, kararı geciktirme nedeniyle olabilir.

Incentive: *Teşvik, özendirme, cezalandırma.* Davranışı düzenleyen en önemli faktörlerdir ve ödül-ceza sistemi olarak da düşünülebilir. Örneğin performansı arttırmak için şirketlerde verilen parasal özendirmeler vardır. Tersi durumda maaşı düşürme veya belli teşvik primlerini ödememe görülebilir. Ancak bunların yöneticilerin gözünde şirket amaçlarının önüne geçmemesi (vekalet teorisindeki maliyetlerin ortaya çıkmaması) gerekir. Enron'un son zamanlarında şirketin çalışanları teşvik amaçlı komitesi bir yıl içinde yönetim kurulundan daha sık toplanmıştı!

Incentive super-response tendency: *Teşviki kötüye kullanmak.* Kişiler çeşitli ödül ve teşviklere kendi çıkarları için iyi olanı yaparak tepki verirler. Hanoi-Vietnam'da bir zamanlar Fransızlar fare istilasının önünü almak için ölü fare getirenlere fare başına ödül veriyorlardı. Bazı Hanoi'liler fare yetiştirmeye başladılar! Şirketlerin hedeflerine ulaşıp ulaşmamasına bağlı olarak yöneticiler ödüllendiriliyor veya cezalandırılıyorsa, yöneticiler, hedefleri düşük tutmak için, her şeyden, örneğin şirketin büyümesinden daha fazla enerji harcarlar.

Indecision: *Kararsızlık. Bkz.* Inaction.

Independent: *Bağımsız.* Çok çeşitli tanımlarda kullanılabilecek bu terim, (bağımsız değişken, bağımsız denetçi, bağımsız yönetim kurulu üyesi, dağılımın bağımsızlığı vb.) diğer değişkenlere kıyasla birlikte hareket etmeyen, onlara uyum sağlamayan değişken, kişi veya veri olabilir.

Index of dependence: *Bağımlılık endeksi. Bkz.* Hurst coefficient

Individual (näive) investor: *Bireysel (bilgisiz) yatırımcı.* Borsada işlem yaparken tüm gerekli bilgilerin önemli bir kısmından yoksun olup sınırlı birkaç faktöre dayanarak işlem yapan yatırımcılardır. Türkiye'de çoğu tüyo denen, içerden öğrenildiği varsayılan bilgi (insider information) ile işlem yapar.

Induction: *Sonuç çıkarma, tüme varım.* Kişisel gözlemlere dayanarak evrensel doğrulara ulaştığını düşünmek. Bir hisse birkaç ay boyunca sürekli kazandırırken, bunun bulunmaz bir yatırım fırsatı olduğunu düşünen bir yatırımcı, fiyatı düşmeye başladığında nasıl yanıldığını anlayacaktır. Nassim N. Taleb, bununla ilgili şöyle esprili bir_örnek veriyor: 50.000 kişilik yatırımcı grubunun yarısına borsanın yükseleceği, diğer yarısına da düşeceği yönünde tahminlerinizi bildiren e-posta yazın. Bir hafta sonra duruma göre doğru tahmin yolladığınız 25.000 kişinin yarısına borsanın yükseleceği, diğer yarısına da düşeceği konusunda mesaj yollayın. Bunu 10 hafta boyunca tekrarlayın. Sonuçta size gözü kapalı inanan yaklaşık 100 kişi olacaktır. Müritlerinizin paralarını alın ve ortadan kaybolup yeni bir hayata başlayın. (Lütfen evde denemeyin!) Taleb, 2025 yılının Mart ayında kişisel internet sitesinde yaptığı açıklamada tümevarım problemini Büyük Dil Modelleri'ne (LLM'lere) uyguladığını ve çok büyük bir örneklem olduğunda, tümevarımın "neredeyse tümdengelimden ayırt edilemez" hâle gelebileceğini ve bunun yanıltıcı bir doğruluk hissi yarattığını savundu. LLM'lerin, olayların altında yatan üretici mekanizmayı anlamakta başarısız olan, klasik tümevarım hatalarına benzer şekilde çalışan "kör olasılıksal eşleştirmeler" olduğunu belirtti.

Inefficiency, inefficient (market): *Etkin olmayan piyasa.* Var olan bilgiden hareketle rasyonel olarak beklenen getiri ve risk arasında doğru bir dengenin olmadığı piyasalara denir. Etkinlikten bahsedildiğinde ilk akla gelen bilgiye dayalı etkinliktir (Informational efficiency). Piyasalardaki fiyatlar gereğinden yüksekse (overpriced) getirilerde şişme vardır veya tersi durumda getiri yetersizdir.

Bu durum geçici/kısa süreli olabilir ve piyasada fiyat düzeltmesi olur. Ancak uzun, kalıcı süreli durumlar piyasa anomalisi olarak adlandırılır. Piyasada etkinliğin azalmasına yetersiz likidite, piyasa oyuncularının çok farklı özelliklerde veya bilgi düzeyinde olması, bilgi eksikliği ve bilişsel, duygusal hatalar sebep olur.

Inertia: *Eylemsizlik, atalet dengesi.* Histerinin tam tersidir.

Information anomaly: *Bilgi/veri anomalisi.* Bilgi kaynaklarının gerçek ve tam bilgiyi sağlamaması durumunda ortaya çıkar. Bazen kasıtsız bilgi deformasyonu, bazen de manipülasyon (birilerinin kasıtlı olarak yanlış, eksik bilgi verilerek yönlendirilmesi) söz konusudur.

Information avoidance: *Bilgiden kaçınma.* Bilgiyi serbestçe erişilebilir ve potansiyel olarak faydalı olsa bile, kasıtlı olarak dışlama, geciktirme veya görmezden gelme halidir. Duyguları yönetme (örneğin, kaygıyı azaltmak, pişmanlıktan kaçınmak) veya iyimser inançları sürdürmek isteğiyle hareket eden bireyler, sağlık, finans veya kişisel ilişkilerle ilgili hoş olmayan gerçeklerden kaçınmak için "kafalarını kuma gömerler."

Information assymetry: *Bilgi/veri yetersizliği/dengesizliği, asimetrisi.* Bu terim genellikle bir şirketle ilgili içeridekiler (insiders) yani yöneticiler ve çalışanlar ile dışarıdakiler (outsiders) yani hissedarlar, analistler, hissedar adayları arasındaki bilgi eşitsizliğini ifade eder. Dışarıdakiler, yetersiz bilgiyi dengelemek için yönetimin kararlarını şirketin durumuyla ilgili sinyal olarak kullanırlar. Örneğin borç alan şirketin hisse fiyatının yeterince yüksek olmadığı (underpriced) ve bu nedenle borca başvurduğuna inanabilirler.

Information bias: Bilgi/veri yanılgısı. Çok miktarda bilginin toplanması, bilgi bolluğunda boğulmak ve sorunu algılamakta zorlanmaktır. Bunun için bir limit konmalı ve karar vermeyi geciktirmek için ek veri toplanmadığından emin olunmalıdır. Kararı iyileştirmek için çok fazla veri tam tersine karar kalitesini düşürecektir.

Information: *Bilgi/veri.* Türkçe'ye hem "information" hem de "knowledge" kelimeleri aynı biçimde, "bilgi" olarak çevrilmektedir. Ancak "information" daha çok veri gibi var olan, ancak henüz içselleştirilmemiş olan bilgidir. "Knowledge" ise kişinin artık kendisine mal ettiği bilgidir. Bu nedenle ayrım yapabilmek için bilgi/veri olarak kullanılmıştır. Örneğin piyasadaki fiyatlar information, bu fiyatları kullanarak yapılan yorum veya işlem knowledge kaynaklıdır.

Information cascade: *Bilgi sağanağı. Bkz.* Cascade.

Information dissemination: *Bilgi/verinin yayılması, dağılması, ulaşması.* Karar vermede çok önemlidir. Etkin piyasa tanımının da temelinde bilginin hızlı bir biçimde yatırımcılara ulaşıp fiyatları etkilemesi vardır. Ancak bu dağılımda genellikle sorunlar, dolayısıyla bunun sonucunda verilecek yatırım kararlarında da rasyonellikten uzaklaşma görülebilir. Bilgi kanalları artmakta, ancak iletilecek bilgi daha hızlı artmakta ve bilgi yığılması ortaya çıkmaktadır. Bilgi, çok yavaş akabilir; böylece bozucu etmenler ile kaybolabilir, gözden kaçabilir ya da her oyuncuya eşit ulaşmayabilir. Böylece bilginin yayılmasında hem kalite hem de hız önemlidir.

Information overload: *Aşırı bilgi yüklemesi. Bkz.* Cognitive overload.

Information processing (mental): *Zihinsel bilgi/veri işleme, proses etme.* Beynin içsel fonksiyonlarının gelen bilgiyi, veriyi nasıl işleyip sonuca ulaştığını ve karar verdiğini gösterir. Burada zihinsel kapasiteyle birlikte bazı yanılgılar da devreye girebilir. Örneğin mantık ile birlikte bellek, temsililik, görünürlük gibi bilişsel veya duygusal yanılgılar sonuç ve kararları etkiler.

Insider information: *Dâhili bilgi/veri.* Bir şirkette sadece içeride olanların, yani yönetici ve çalışanların sahip olduğu bilgi.

Insider trading: *İçeriden öğrenenlerin ticareti.* Dâhili bilgiyi, veriyi diğer yatırımcılardan önce elde edip kendi çıkarına ve diğer yatırımcıların aleyhine kullanıp işlem yapmaktır. Dünyadaki herhâlde tüm doğru düzgün işleyen borsaların mevzuatına göre suçtur.

Instinct: *İçgüdü, içsel dürtü.* Daha çok hayvanlarda bulunan kararları ve davranışları etkileyen içsel güçtür. İnsanlarda da bilinçli veya bilinçsizce zihnimizdeki karmaşık iç sistemde bir araya getirilen ve işlenen verilerle ortaya çıkan karar ve davranışlardır. İnsanlardakinin hayvanlara kıyasla çok daha düşük düzeyde olması beklenir. Daha çok bebeklikteki bazı davranışlar, hayatta kalma, beslenme, korunma ihtiyacına yönelik içgüdüsel davranışlardır.

Institutional investor: *Kurumsal yatırımcı.* Büyük para havuzlarının profesyoneller tarafından yönetilmesi nedeniyle bu isim verilir. Bu havuzlar yatırım ve emeklilik fonları, sigorta portföyleri, risk sermayesi vb. amaçlarla bir araya getirilmiş olan paralardır. Bireysel yatırımcıya kıyasla bilgi ve profesyonellikle, psikoloji ve davranıştan arınmış bir yansızlıkla parayı yönettikleri varsayılır.

Intention: *Amaç, maksat, gaye, niyet, hedef.* Kişiler sadece dışarıdan gelen uyarıcılara reaksiyon olarak hareket etmezler, kendilerinin yarattığı niyetlere göre de davranırlar. Bu içsel niyetler açık seçik organize bir şekle geldiğinde belirli hedeflere dönüşür. Bu niyetler başkaları tarafından da aynı biçimde değerlendiriliyorsa o zaman kişilerin birbirine benzer şekilde davrandıkları görülebilir.

Intraday effect: *Gün içi etkisi.* Borsadaki hisse fiyatlarının herhangi bir kabul edilebilir, rasyonel nedene dayanmaksızın günün farklı saatlerinde tahmin edilebilen bir seyir izlemesidir. Örneğin pazartesi sabahları genelde fiyatların düştüğü, diğer bütün hafta içi günlerde ise sabahları genelde fiyatların yükseldiği görülmüştür. Bu takvim etkileri (anomalileri) denen gruptaki etkilerden biridir.

Intramonth effect: *Ay içi etkisi.* Herhangi bir kabul edilebilir, rasyonel neden olmaksızın ayın ilk yarısında daha yüksek getirilerin görülmesi. Bu trendin bir önceki ayın son günü başlaması nedeniyle ay sonu etkisi (turn-of-the-month effect) de denir. Takvim etkileri (anomalileri) grubundaki etkilerden biridir.

Intrinsic value: *İçsel, temel değer.* Fundamental fiyat. Borsadaki hisse fiyatlarıyla ilgili olarak yapılan bu tanım, ekonomik gerçekler, şirket potansiyeli ve gelecek beklentilerine dayanarak bulunan hisse fiyatına denir. Genellikle indirgenmiş gelecekte beklenen nakit akışları kullanılır. Adil fiyat, cari fiyat gibi tanımlamalar da yapılır.

Intuition: *Sezgi, önsezi, içe doğma.* Bir çeşit ani ortaya çıkan hayal, içgörü ile bilinçli veya bilinçsizce bir sonuca gitme, çözüm bulmayı sağlayan iç güçtür. Piyasada burnu iyi koku almak terimiyle tam da bu yeti kastedilmektedir.

GEORGE SOROS'UN "SIRT AĞRISI" SİNYALİ

Finans dünyasının rasyonel koridorlarında, kararların sadece soğuk rakamlar ve karmaşık algoritmalarla alındığına dair genel bir inanış vardır. Ancak modern finans tarihinin en büyük spekülatörü ve "Piyasaları Sarsan Adam" olarak bilinen George Soros, bu soğuk mantığı insan doğasının en ilkel tepkileriyle birleştirerek devrim yaratmıştır. Soros'un yatırım dünyasındaki önemi, sadece yönettiği devasa fonlardan değil, piyasaların her zaman rasyonel olmadığını savunan Refleksivite Teorisi'ni bizzat kanıtlamış olmasından gelir. O, bir kâğıt parçasına bakarken sadece bir hisse senedi değil, kitlelerin psikolojik dalgalanmalarını ve bu dalgaların yarattığı fırsat pencerelerini gören bir satranç ustasıdır.

Bu büyük dehanın stratejisinde, ekonomi kitaplarında rastlayamayacağınız kadar tuhaf ama bir o kadar da etkili bir rehber mevcuttur: Şiddetli bir sırt ağrısı. Davranışsal finanstaki sezgi (intuition) kavramı, genellikle uzun yıllara dayanan tecrübenin zihinde hızla işlenip bir "yargı" olarak ortaya çıkmasıdır. Soros'ta bu sezgisel süreç, bilişsel bir seviyeden çıkıp biyolojik bir tepkiye dönüşür. Zihni henüz yaklaşan fırtınayı analiz edip raporlaştıramadan, omurgası kasılmaya başlar ve ona bir şeylerin yanlış gittiğini fısıldar. Bu fiziksel spazm, Soros için verilerin en saf hâlidir; mantığın süzgecinden henüz geçemeyen gizli riskler, onun bedeninde somut bir sızıya dönüşerek ona "dur" ya da "işlem değiştir" talimatı verir.

Oğlu Robert Soros, babasının bu fenomenini, "Piyasada bir sorun olduğunda sırtında akut bir spazm oluşur; bu onun biyolojik alarm sistemidir" diyerek özetler. Soros'un bu yeteneği, yatırımcıyı sadece bir hesap makinesi olmaktan çıkarıp, sezgisel zekâ (intuitive intelligence) ve rasyonel analizi harmanlayan bir denge ustasına dönüştürür. Onun hikâyesi, yatırım dünyasında başarının sadece ekranlardaki grafiklerde değil, bazen insanın kendi doğasında, binlerce yıllık tecrübenin bedene kazınmış o anlık sinyallerinde gizli olduğunun kanıtıdır. Sırtındaki o keskin ağrı dindiğinde, Soros genellikle piyasanın bir sonraki hamlesini çoktan yapmış ve kaostan zaferle çıkmış olur.

Investor psychology: *Yatırımcı psikolojisi.* Yatırım kararları genellikle aynı bilgi, veri setine dayanmakla birlikte yatırımcıların çeşitli özellik ve hedeflerine bağlı olarak farklılaşır. Bu farklar, yatırımcının psikolojisinden kaynaklanabilir. Örneğin risk toleransı düşük olan bir yatırımcı, riskten kaçınırken rasyonellikten uzaklaşabilir. Optimizm ve pesimizm, kendine aşırı güven gibi psikolojik unsurlar yatırım kararlarında etkili olduğu için bu alan özel ilgi görmektedir.

Irrational exuberance: *Akıldışı piyasa balonu.* Bu terimin en popüler olduğu dönem ABD'de teknoloji ve internet hisselerinin inanılmaz yüksek fiyatlarla işlem gördüğü 90'lı yılların sonuydu. Aynı isimli kitabın yazarı, 2016 Nobel Ekonomi Ödülü'nün de sahibi olan Robert Shiller'dır. İlk tanım ise bir dönem FED Başkanı olan Alan Greenspan'e[12] aittir.

AKILDIŞI PİYASA BALONU

Ekonomi tarihinin tozlu sayfalarında, bazen tek bir cümle piyasaların tüm kimyasını değiştirmeye yeter. 1996 yılının aralık ayında, dönemin Federal Rezerv Başkanı Alan Greenspan, Washington'daki bir akşam yemeğinde kürsüye çıktığında sadece teknik bir sunum yapmıyordu; aslında yaklaşan bir fırtınanın ilk işaret fişeğini ateşliyordu. Greenspan, teknoloji hisselerindeki baş döndürücü yükselişi izlerken, yatırımcıların gerçeklikten kopuşunu betimlemek için o meşhur "Akıldı-

12 5 Aralık 1996'da Greenspan, AEI kürsüsünden "Akıldışı piyasa balonunun varlık fiyatlarını ne zaman aşırı seviyelere çıkardığını nasıl tespit edebiliriz?" diye sordu.https://www.c-span.org/clip/public-affairs-event/user-clip-alan-greenspan-on-irrational-exuberance/4673470

şı piyasa balonu" (Irrational Exuberance) terimini literatüre kazandıran ilk isim oldu. Bu kavram, varlık fiyatlarının ekonomik temellerden bağımsız olarak, sadece kolektif bir iyimserlik ve kontrolsüz bir heyecanla şişmesini anlatan en ikonik tanımlardan biri hâline geldi.

Greenspan bu uyarıyı yaptığında, Dot-com balonu henüz yolun başındaydı. "Varlık değerlerinin, beklenmedik ve uzun süreli daralmalara maruz kalacak şekilde aşırı yükseldiğini nasıl anlarız?" sorusunu sorarak piyasadaki kör noktaya ışık tutmaya çalışmıştı. Ancak davranışsal finansın en temel kurallarından biri o gece bir kez daha kanıtlandı: Coşku bir kez rasyonelliğin önüne geçtiğinde, en yetkili ağızdan gelen uyarılar bile piyasa tarafından yalnızca geçici bir sarsıntı olarak algılanır. Küresel piyasalar bu konuşmanın ardından anlık bir düşüş yaşasa da yatırımcılar bu ikazı hızla görmezden gelmeyi seçti. S&P 500 endeksi, Greenspan'in uyarısından sonraki üç yıl içinde değerini ikiye katlayarak akıldışı piyasa balonunun sınırlarını zorlamaya devam etti.

Bu hikâye, piyasa psikolojisinin ne kadar dirençli ve bazen ne kadar kör olabileceğinin en dramatik örneğidir. Greenspan'in uyarısı, 2000 yılında balon nihayet patladığında gecikmiş bir kehanete dönüştü. Bugün akıldışı piyasa balonu, sadece bir Merkez Bankası başkanının kullandığı teknik bir terim değil; yatırımcıların toplu bir histeriyle mantığı devre dışı bırakıp uçuruma doğru koştukları anları hatırlatan bir ibret vesikasıdır.

Ayrıca şunu da ekleyelim. Greenspan, diğer havalı finansçı ve ekonomistler, Fransızca ve Latince terimler kullanmayı pek severler. Exuberance, Fransızca balon anlamına gelir.

Irrational herding: *Akıldışı sürü davranışı.* Sürü davranışı bazen şartlar gereği, bazen de zorunlu yatırım kararlarına bağlı olarak görülebilir. Örneğin, performansları her üç ayda bir denetlenen para yöneticileri, çok isteseler de bazı hisseleri yönettikleri portföylere koyamazlar, çünkü hisse kısa vadede kaybettirirse açıklamaları yoktur. Ama akıldışı sürü davranışı bundan tamamen ayrı olup, daha çok bilgisiz yatırımcıların körü körüne yaptıkları yatırım tercihleri için söylenir. Burada manipülasyon da etkili olabilir.

Irrational, irrationality: *Mantık/akıl dışı olan, irrasyonel.* Ekonomik kurallara göre veya başka kriterlere ve mantığa uymayan davranış ve kararlar. İnsanoğlunun sınırlı rasyonel (boundedly rational) olduğu yönetim bilimci Herbert Simon tarafından belirtilmiştir.

Isolation effect: *İzolasyon Etkisi. Bkz.* Von Restorff effect.

It'll-get-worse-before-it-gets-better fallacy: *Önce kötüye gider, sonra iyileşir inancı/yanılgısı.* Böyle bir iddia varsa, alarm zilleri çalmalı. Hiçbir ilaç, hiçbir ekonomik politika, hiçbir yeni strateji uygulandığında bu kadar uzun süre her şey kötüye gitmeye devam edemez. İyileşme belirtileri görmüyorsanız, yeni çözümü öneren kişiden veya çareden bir an önce kurtulmalısınız.

Jj

J

January barometer: *Ocak ayı barometresi.* ABD'deki S&P 500 endeksinin Ocak ayındaki hareketinin, senenin tamamındaki endeks hareketini de belirlediği iddia edilmektedir. Diğer bir deyişle, eğer Ocak ayında piyasanın seyri yükselme yönündeyse, bu sene boyunca da devam edecektir. 1985 yılına kadar bu trend devam etmiş, daha sonra zayıflamıştır.

January effect: *Ocak etkisi.* Aralık-Ocak etkisi de denir. Ocak ayında hisse fiyatlarının mevsimsel olarak yükselmesidir. Bu durum yatırımcıların daha çok hisse alımına bağlanmaktadır. Aralık ayında genel olarak fiyat düşüşü olur ve ABD ve benzeri ülkelerin bunu vergiden düşme amaçlı sermaye zararlarının realize edilmesi olarak açıklama eğilimi vardır. Ancak çok sayıda borsada yapılan araştırmalar, mali yılı aralık ayında bitmeyen ülkelerde de aynı etkinin görüldüğünü ispatlamıştır. Bunun açıklaması, yatırımcıların yeni yıla başlarken temiz bir sayfa açmak için portföylerini aralıkta temizleyip ocakta tekrar alıma geçmeleri şeklinde olabilir.

Jensen's alpha: *Jensen'ın Alfası. Bkz.* Alfa.

Jinx numbers: *Uğursuz, lanetli sayılar.* 13 sayısı en klasik örneğidir. Hatta bazı binalarda 13 numaralı daire yoktur. Tüm bu inanışa rağmen borsada yapılan araştırmalar ayların 13. günleri için böyle bir etkinin olmadığını göstermiştir.

JoMO (Joy of missing out): *Kaçırmanın sevinci.* Sürekli dijital bağlantıdan, sosyal medyadan ve FoMO'dan (Fear of Missing Out) kopup mevcut anı kucaklama olarak tanımlanabilecek bilinçli ve neşeli bir seçimdir. Kişisel iyiliği ve yalnızlığı takip etme baskısından ziyade önceliklendirmeye odaklanır. Bu da ruh sağlığının iyileşmesine ve stresin azalmasına yol açar. Açılmamış bir işleme ilişkin pişmanlık duymamak, tam tersine mutlu olma durumudur.

Judgmental errors: *Yargılama hataları.* Bir konuda karar verirken herhangi bir nedenle yargısal hata yapmak. Psikolojik bir nedene dayanabilir.

Jump Markovian, quantum: *Kuantum (Markov) yükselişi, zıplaması.* Zaman serileri verilerinde gözlenen ani ve önemli istatistiksel değişimlerdir. Bunlar aynı zamanda trendin terse dönmesi veya sistemdeki çok temel bir değişimden kaynaklanabilir.

Kk

Knowledge acquisition: *Bilgi edinimi.* Bireylerin yeni bilgi öğrenme ve mevcut bilgilerini geliştirme sürecidir. Yatırımcılar piyasa hakkında bilgi edinerek daha bilinçli kararlar alabilir. Ancak bilgi edinimi zaman ve kaynak gerektirir. Finansal okuryazarlık bu sürecin önemli bir parçasıdır.

Knowledge asymmetry: *Bilgi asimetrisi. Bkz.* Asymmetric information.

Knowledge, knowledge acquisition: Bilgi, bilginin alınması, kendine maledilmesi. *Bkz.* Learning.

Kurtosis: *Basıklık.* Verinin normal (Gauss) dağılımdan ne kadar farklı olduğunu gösteren matematiksel indikatör. Orta değere göre verinin nasıl dağıldığına ilişkin bir fikir verir. Basık veya sivri, simetrik veya bir yana yaslanmış, normal veya bölümlenmiş olup olmadığını belirtir. Örneğin leptokutosis terimi, verinin ortalama değer etrafında yoğunlaştığını ve kalın kuyrukların var olduğunu gösterir.

Ll

Lag/latency (hysteresis): *Gecikme, geride kalma.* Bir olay veya olguya yavaş tepki verilmesi veya tepkinin yetersiz olması. Buna bilginin yavaş yayılması veya anlaşılmasının zaman alması, bazı bireysel/kollektif yanılgılar nedeniyle yetersiz tepki verilmesi neden olur.

LakeWobegone effect: *LakeWobegone etkisi.* Çoğu insanın zekâ, mizah anlayışı, dalış yeteneği ve benzeri özelliklerde ortalamanın üzerinde olduğuna inanma eğilimidir. Terimin kaynağı hayali bir kasabanın adı olup, orada yaşayan insanların tamamı üstün niteliklere sahiptir. Hem TV programı hem de romanı aynı adı taşır.

Law of large numbers: *Büyük sayılar kuralı.* Aynı deneyin çok kereler tekrarlanarak beklenen değere yakın sonuçlar vermesi ve böylece sonuçların bazı rassal olguların uzun vadeli sonuçlarını garanti etmesidir.

Law of small numbers: *Küçük sayılar kuralı.* Küçük sayılarla tekrarlanan deneyler, genellenebilecek sonuçlar vermez. Eğer bu sonuçlara dayanarak bir karara varılırsa o zaman yargısal yanılgı ortaya çıkar.

Lazy thinking: *Tembel düşünme.* Bireylerin karmaşık analizler yerine hızlı ve yüzeysel düşünme yollarını tercih etmesi durumudur. Bu yaklaşım karar verme sürecini hızlandırabilir. Ancak önemli bilgilerin göz ardı edilmesine yol açabilir. Davranışsal ekonomide sistem 1 düşünme ile ilişkilidir.

Lead, lag: *Gecikme, Bkz.* Lag/latency.

Learning (social): *Sosyal öğrenme.* Bazı davranışlar içseldir. Diğerleri sosyal ilişki ve etkileşimle ve taklit yoluyla öğrenilir. Bu toplum içinde yaşamanın yolu ve kuralıdır. Aynı zamanda kişiye pek yararlı olmayacak yanlış inanışlar, yanılgılar dar bakış açısı gibi dezavantajlar da getirir.

Learning curve: *Öğrenme eğrisi.* Öğrenme süreci ve buna bağlı oluşan öğrenme eğrisinin sonsuz olduğu varsayılmaktadır. İnsanoğlu ölene kadar hiçbir zaman maksimum bilgi setine ulaşamayacaktır. Varsayımsal olarak öğrenme eğrisinin doğrusal olduğu kabul edilirken, pratikte işleyiş tam bu şekilde olmamaktadır.

Learning model: *Öğrenme modeli.* Psikolojik rahatsızlıkların anormal davranışların kuvvetlenmesi ile ortaya çıktığını iddia eder.

Learning: *Öğrenme.* Deneyimlemeden kaynaklanan kendine mal edilmiş bilginin ve davranışların değişmesi.

Leniency: *Hoşgörü, müsamaha, affedilme talebi.* Daha çok hukuki bir terimdir ve suçlunun affedilme talebidir.

Leptokurtic distribution, leptokurtosis: *Leptokurtik dağılım. Bkz.* Kurtosis.

Less-is-better effect: *Az daha iyidir etkisi.* İnsanların bazen iki seçeneğin en kötüsünü tercih ettiğini, bunun ancak seçenekler ayrı ayrı sunulduğunda ortaya çıktığını anlatır. İnsanlar her iki seçeneği birlikte düşündüklerinde, tercihleri tersine dönüyor ve bu etki ortadan kayboluyor.

Leveling and sharpening: *Eşitlemek ve keskinleştirme.* Otomatik olarak hafıza içinde var olan iki işlevdir. Keskinleştirme genellikle insanların küçük detayları hatırlama yöntemidir.

Levels of processing effect: *Bilgi işleme düzeyleri etkisi.* Bilginin kodlanma şeklinin hatırlanma düzeyini etkilediği yönündeki fikre dayanır.

Life cycle (financial): *Hayat evresi.* Kişilerin finansal ihtiyaçlarını modellemek için onların hayat evreleri tanımlanır. Örneğin çocukların evlenip veya büyüyüp kendi düzenlerini kurmak için evden ayrıldıkları ve sadece karı-kocanın kaldığı evreye boş yuva (empty nest) denir.

Limbic system: *Limbik sistem.* Duygusal deneyimler ve hafıza ile ilgili olan ön beynin bir kısmı.

Liquidation: *Paraya çevirme, likide etme.* Bir varlığı paraya çevirmedir. Aynı zamanda şirketin kapatılması sırasında varlıklarının paraya çevrilmesi de aynı terimle ifade edilir.

Liquidity: *Nakit, nakit ödeme kabiliyeti, likidite.* Daha çok varlıklar, bankalar, şirketler ve ekonomideki likiditeden bahsedilir. Bir varlık normal veya normale yakın bir değerden paraya çevrilebiliyorsa likittir. Bankalar için likidite, güvene dayalı kurumlar oldukları için çok önemlidir. Bankada likidite sorununa ilişkin bir dedikodu bile onu zor duruma düşürür. Bir şirket ödemelerini vaktinde ve sorunsuz bir şekilde yapıyorsa likiditesi yeterlidir. Bir ekonomide para sıkışıklığının olmaması, likiditenin yeterli olmasıdır ve mal ve hizmetlere ilişkin ödemelerde sorun yaşanmaz.

Liquidity (flight to-): *Likiditeye kaçış.* Piyasada nakit sıkışıklığıdır. Diğer bir deyişle varlıkların alıcısı kalmamışsa, satacak taraf karşı tarafı bulamamış demektir ve bu durumda daha çok psikolojik nedenlerle likiditeye kaçış başlar. Tüm satıcılar/yatırımcılar aynı zamanda satmaya çalışır. Bu durumda çoğu alıcı hemen almamayı, alacaksa da çok düşük fiyatlardan almayı tercih eder.

Liquidity crisis: *Likidite krizi.* Özellikle bankaların nakit sıkışıklığı içine girdikleri durumlarda bunun kritik ekonomik etkileri olur. Para ekonominin ciğerlerindeki hava gibidir. Yokluğu ölümcül olabilir. Bu sıkışıklık varlık piyasalarına da sıçrarsa, tüm ekonomik sistem krize girer.

Liquidity premium: *Likidite primi.* Bir varlığın piyasada yeterince alım-satımı yapılmıyorsa, getirisinin biraz daha yüksek olması beklenir. Varlık likitse, faizi likidite primini taşımaz. Örneğin devletin borçlanma araçları genellikle son derece likit olduklarından faizinde likidite primi ilavesi yoktur. Ancak kurumsal tahviller daha az likit olduklarından likidite primleri de vardır.

Liquidity squeeze: *Nakit sıkışıklığı. Bkz.* Flight to liquidity.

Liquidity trap: *Likidite tuzağı.* Ekonomide kişilerin paralarını daha çok elde tutmayı tercih etmeleri, tüketim veya yatırımdan kaçınmaları ile ortaya çıkar. Likidite boldur ve faizler de düşüktür. Ekonomi depresyonda ve stagnasyondadır.

List length effect (LLE): *Liste uzunluğu etkisi.* Hafızadan doğru çağrılan öğelerin oranının hedeflenen sayı arttıkça azaldığı, ancak aynı zamanda geri çağrılan öğelerin toplam sayısının hedef sayı ile birlikte artmaya devam ettiği bulgusunu ifade eder.

Literacy (financial): *Finansal okuryazarlık.* Kişilerin hayatını devam ettirirken kredi alma, kredi kartı kullanma, diğer bankacılık işlemleri, alışveriş paranın planlaması ve bütçe vb. parasal konulara tam hâkim olması finansal olarak bilgili yani okuryazar olduğu anlamına gelir.

Lobster trap: *Istakoz tuzağı.* Küçük ıstakozları kaçırıp büyüklerini yakalayan büyük delikli tuzaklardan ismini almış olan düşmanca ele geçirmeye (hostile take-over) engel olma stratejisi. Şirket sözleşmesinde %10'un üzerinde hissesi olanların dönüştürülebilir menkul kıymetleri (convertible securities) oy verme hakkı olan hisseye döndürmelerine engel olan şart konarak yapılır.

Locus of control: *Kontrol odağı.* Kişilerin kendi hayatlarıyla ilgili olay ve olguları kendilerinin yönettiğine dair inançları. İçsel odağa sahip kişiler, olayların kendi başarı veya diğer kişisel faktörlerle şekillendiğini, dışsal odağa sahip kişiler ise başkalarının bunları kontrol ettiğini/etkilediğine inanırlar. Örneğin, ilk gruptaki bir öğrenci, sınavın tamamen kendi başarı ya da başarısızlığının bir sonucu olduğunu düşünür. Ancak ikinci gruptaki öğrenci bu konuda öğretmeninin ve sınavı hazırlayanların bu sonuca sebep olduğuna inanır.

Logical fallacy: *Mantıksal yanılgı. Bkz.* Cognitive bias.

Long bias, longshot bias: *Uzun vade yanılgısı.* Uzun vadede müthiş performans ümit edip, kısa vadedeki gelişmeleri ihmal etme, göz önüne almamadır. Bu bir piyasa anomalisi yaratır. Fiyatların düşük veya şişmiş olması, bir pozitif geribildirim nedeniyle aynı durumda uzun süre devam eder. Kişilerde aynı davranış görüldüğünde onların hiç öğrenmediğinden bahsedilir.

Long memory: *Uzun vadeli hafıza.* Özellikle hisse fiyatlarında söz konusudur. Uzun vadeli bağımlılık (dependence) da denir. *Bkz.* Hurst coefficient.

Long memory of markets: Piyasanın uzun vadeli hafızası. Finansal piyasalarda geçmiş fiyatların, getirilerin veya volatilitenin gelecek değerler üzerinde uzun dönem boyunca kalıcı bir etki yaratması olgusunu tanımlar. Etkin Piyasalar Hipotezi (EMH) gibi klasik teoriler, fiyatların herhangi bir hafıza taşımadan bir "rastgele yürüyüş" izlemesi gerektiğini öne sürmektedir. Ancak ampirik kanıtlar, piyasaların çoğu zaman bilgiyi uzun vadeli bağımlılıklar yoluyla koruduğunu göstermektedir.

Long tail: *Uzun kuyruk.* İstatistiksel dağılımlarda son derece nadir olguların da olduğu, dolayısıyla çan eğrisinin iki (veya tek) yanındaki uç değerlerin orta değerden çok uzakta olduğu durumlardır.

Look ahead: *İleriye bakma.* Veri analizinde yaygın olarak kullanılan geriye dönük strateji testi (backtest) sınamalarında analizin yapıldığı dönemde olmayan bir veri setinin analize dâhil edilmesi durumunda ortaya çıkmaktadır. Gelecek döneme ilişkin veri setinin analize dâhil edilmesinden ortaya çıkan bu durum, hatalı sonuçlara ulaşılarak hatalı seçimlerin yapılmasına neden olmaktadır. Basit olarak güncel karar alma mekanizmasında ileriye dönük veri setinin kullanılması durumudur.

Looking-glass self: *Ayna benlik.* Bireyler, başkalarına nasıl göründüklerini hayal ederek, başkalarının tepkilerini yorumlayarak ve bu algıları içselleştirerek kendi imajlarını oluştururlar Bu yansıtıcı süreç, bireylerin dolaylı olarak kendilerini gözlemlemek için sosyal etkileşimleri kullandığı bir ayna gibi işlev görür. Zamanla, başkalarının hayali değerlendirmeleri kişinin öz değerlendirmesini etkileyebilir ve şekillendirebilir.

Loss averse, loss aversion: *Kayıptan kaçma.* Kişilerin muhtemel kayıp ve kazançlarına karşı farklı derecede duygusal tepki göstermeleridir. Kişi 10 birimlik kazanç ve kayba aynı derecede duygusal tepki göstermez. Kayıp hâlindeki üzüntüsü, aynı miktardaki kazanca göre birkaç misli daha fazladır. Profesör Daniel Kahneman, bu olguya kayıptan kaçma adını vermiştir. Beklenti teorisinin temeli olan bu durum, sayısız deneyle kanıtlanmış ve Kahneman'a 2002'de bu teori ve diğer çalışmaları Nobel ekonomi ödülü getirmiştir.

KAPUÇİN MAYMUNLARININ PARAYLA İMTİHANI

Ekonomi biliminin babası Adam Smith, o devasa eseri Ulusların Refahı'nda keskin bir iddiada bulunmuştu: "Şimdiye kadar hiç kimse bir köpeğin başka bir köpekle adil ve bilinçli bir şekilde kemik takası yaptığını görmemiştir." Smith'e göre rasyonel alışveriş ve ticaret, sadece insana özgü, üstün bir zekâ parıltısıydı. Ancak Yale Üniversitesi'nden Keith Chen ve Laurie Santos'un Kapuçin maymunlarıyla yaptığı deneyler, Smith'in bu tarihi iddiasına beklenmedik bir itiraz sundu. Araştırmacılar, laboratuvar ortamında Kapuçin maymunlarına gümüş metal halkaları "para" olarak tanıttılar. Bu küçük maymunlar, sanılanın aksine sadece içgüdüleriyle hareket etmiyorlardı; kısa sürede bu halkaların üzüm, elma veya tatlı almak için kullanılabileceğini kavradılar. Hatta bütçelerini yönetirken şaşırtıcı derecede rasyonel davrandılar; fiyat değişimlerine tepki verdiler, bir mal pahalandığında daha ucuz olan seçeneğe yöneldiler. Ancak asıl sarsıcı olan, paranın hayatlarına girmesiyle birlikte; hırsızlık, güç gösterisi ve hatta seks karşılığında ödeme yapma gibi "insani"(!) sosyal davranışların da eş zamanlı olarak başlamasıydı. Asıl büyük keşif ise risk ve kumar düzeneklerinde ortaya çıktı. Maymunlar, tıpkı biz insanlar gibi, bir şeyi kazanmanın sevincinden ziyade kaybetmenin acısına odaklanıyorlardı. Davranışsal finansın en temel taşlarından biri olan "Loss Aversion" (Kayıptan Kaçınma) eğilimi, bu küçük canlıların zihninde de aynı şiddetle çalışıyordu. Ellerindekini kaybetme ihtimali doğduğunda, rasyonel kararların yerini panik ve hatalı kumar hamleleri alıyordu.

Bu deneyin bizlere fısıldadığı gerçek şudur: Ekonomik kararlarımızda sergilediğimiz irrasyonel tutumlar, sadece modern dünyanın bir dayatması değil, evrimsel mirasımızın derin bir parçasıdır. Adam Smith köpeklerin takas yaptığını görmemişti ama Yale'deki Kapuçinler, ticaretin ve onun getirdiği tüm zaafların sadece insana özgü olmadığını kanıtladılar. Eğer bu "kayıptan kaçınma" içgüdüsünü en eski akrabalarımızla bile paylaşıyorsak, yatırım yaparken neden bazen o kadar mantıksız davrandığımızı anlamak çok daha kolaylaşıyor. Belki de asıl mesele, kendi modern labirentlerimizde maymun iştahlı kayıplarımızdan kaçarken, bu ilkel reflekslerimizin farkına varıp biraz daha "bilinçli" bir yol çizebilmektir.

Luck, luck puzzle: *Şans, şans muamması.* Olasılık kuralları tamamen düzenli olarak belli sonuçların ortaya çıkacağını ve kısa sürede sonuçların ortalama etrafında oluşacağını söylemez. Bazen bir seri pozitif sonuç görülebilir. Bir defasında Las Vegas'ta rulette 26 defa aynı renk gelmişti. Bu ruletin hatalı olduğunu göstermez. Borsada devamlı kazanan oyuncuların performansı şans mı, yoksa kabiliyet midir? Bir miktar piyasayı algılama kabiliyeti, biraz da şans olduğu söylenebilir.

Lunar effect: *Ay etkisi.* Borsalar üzerinde yapılan geniş kapsamlı araştırma yeni ay dönemindeki 15 gündeki borsa getirisinin dolunay dönemindeki 15 günlük getirinin neredeyse iki katı olduğu, tüm ABD borsalarında 100 yıllık zaman diliminde geçerli ve kalıcı bir sonuç olduğu, benzer bulgulara 24 diğer ülkede de rastlandığını göstermiştir. Bunun sonucunda ayın insan psikolojisi üzerindeki etkisi kanıtlanmıştır.

Lyapunov exponent: *Lyapunov sabiti.* Rassal olması beklenen zaman serisi verilerde görülen küçük ama devamlı ve kümülatif (birikimli) eğrisel sapmalardır. Bu sapmalar uzun hafızanın bir sonucudur.

Mm

Madness (-of the crowds): *Kitlelerin (kalabalığın) deliliği. Bkz.* Mass behavior.

M

Magical numbers: *Sihirli sayılar.* Belirli sayılara veya rakamlara özel anlam yüklenmesi durumudur. Yatırımcılar bazen belirli fiyat seviyelerini psikolojik eşik olarak görür. Bu sayılar yatırım kararlarını etkileyebilir. Özellikle yuvarlak sayılar piyasalarda psikolojik önem taşır.

Magical thinking: *Gerçeküstü düşünme.* Olaylar, olgular ve kişilerin faaliyetleri arasında, aslında bilimsel olarak hiçbir bağlantı yokken ilişkinin var olduğuna inanma. Bir yatırımcının önemli işlemler yaparken giydiği "uğurlu" bir ceket sayesinde kazanç elde ettiğine inanması ve bundan sonra her işlem gününde aynı ceketi giymesinin başarı getireceğini düşünmesi bu duruma örnektir.

Mania: *Bkz.* Mass behavior.

Manipulation: *Manipülasyon, yanıltma, kandırma.* Bu olguyu yaratan kişinin çıkarları yönünde diğer yatırımcılara bir hikâye sunması, gerçekleri saklaması veya değiştirmesi, onların kendi amaçları doğrultusunda karar verip işlem yapmaları için sahte bir algı yaratmasıdır. Bu borsa tanımı gerçek hayatta da çoğu kez ortaya çıkabilir. Borsadaki manipülasyonda örneğin manipülatör çok miktarda alım-satım yaparak o hissenin aktif bir piyasası olduğu izlenimini yaratır ve yatırımcıları cezbeder. Fiyatlamalarla, bazı tüyolarla bu manipülasyonun etkisi arttırılır. Dünyadaki düzgün işleyen borsalarda, manipülatörün kazancı olup olmamasına bakılmaksızın sadece bu faaliyeti suç kabul edilir.

Mark Twain effect: *Mark Twain etkisi.* Mark Twain'in Pudd'nhead Wilson adlı kitabındaki aynı adlı karakterin Ekim'in hisse spekülasyonu için tehlikeli aylardan biri olduğunu söylemesi üzerine adını yazardan alır. Bazı borsalarda Ekim getirileri diğer aylardan daha düşüktür. Bu anomaliye Ekim etkisi de denir. 1929, 1987 ve 2008 yıllarının düşük getirilerinin Ekim ayı civarına denk gelmesi de bu inanışı pekiştirmiştir.

Market effect: *Piyasa etkisi.* Piyasalarda görülen anomaliler, etkin olmama hâli için kullanılır. Fiyat ve getiriler şirketlerin potansiyel ve şu anki durumlarına göre olmaması gereken düzeylerdeyse ve bu devamlılık gösteriyorsa o zaman bir etkiden söz edilir. Örneğin takvim etkileri, bazıları artık görülmese de bu çerçeveye girer.

Market inertia: *Piyasa ataleti.* Piyasa ataleti, yerleşik ekonomik yapılar, tedarik zincirleri ve tüketici gruplarının, yıkıcı teknolojileri veya iş modellerini üstün performans gösterseler bile benimsemelerine yönelik kalıcı direnci tanımlar.

Market player: *Piyasa oyuncusu. Bkz.* Player.

Maslow's hammer: *Çekiç-çivi sendromu.* Abraham Maslow, 1966 yılında yayınladığı "The Psychology of Science" kitabında kestirme çıkarımlara farklı bir bakış açısıyla yaklaşmıştır. Maslow, eğer elinizdeki tek araç çekiç ise sizin için her şeyin çiviye benzeyeceğini belirtmiştir. Tek bir araç ile maksimum çözüm olabileceği varsayımsal olarak kabul edilirken, aslında durum göründüğü kadar basit değildir.

Mass behavior, hysteria: *Toplu davranış, histeri.* Buradaki "mass" terimi sosyolojide birbiriyle gevşek bağları olan nüfusun bir kısmı olarak tanımlanabilir. Bu kişilerin ortak veya benzer ilgileri ve kaygıları vardır. Ekonomik açıdan piyasalarda oluşan balonlar ve takip eden çöküşlerde bu toplu davranışın bir histeriye dönüşmesinin etkisi vardır. Fiziksel ilişkileri örneğin gruplardan daha zayıftır. Gezi hareketi topluluk için bir örnek olabilir.

Max drawdown: *Maksimum değer kaybı.* Bir yatırımın veya portföyün belirli bir zaman diliminde gördüğü en yüksek zirve noktadan, yeni bir zirve yapmadan önce yaşadığı en düşük dip seviyeye kadar olan yüzdesel düşüşüdür. Yatırımın potansiyel riskini ve dayanıklılığını ölçen kritik bir risk yönetim metriğidir.

M

Mean reverting: *Ortalamaya dönüş.* Varlık fiyatlarının, volatilitenin ve getirilerin, aşırı kısa vadeli dalgalanmalardan sonra uzun vadeli ortalamalarına veya tarihsel ortalamalarına dönme eğiliminde olduğunu öne süren bir finansal teori ve alım-satım stratejisidir. "Yükselen şeyin aşağı düşmesi gerektiğini varsayar" (ve tam tersi), böylece yatırımcılar bu geri dönüşlerden faydalanarak değeri düşük kalan varlıkları alabilir veya aşırı değerlenmiş varlıkları satabilirler.

Mean-reversion: *Ortalamaya dönme.* Etkin piyasa hipotezine göre piyasalar bir anomali oluştuğunda kendilerini (fiyatları) düzelterek dengeye geri dönerler. Çan eğrisindeki orta değere yaklaşma olarak da tanımlanabilir. Normale/ortalamaya dönüş, sadece fiyatlar değil aynı zamanda getiriler, dalgalanma derecesi, risk algısı gibi faktörler için de geçerlidir. Ancak gerçek hayatta piyasalar böyle çalışmayabilir. Bazen de pozitif geri bildirim (feedback) yoluyla kendini kuvvetlendiren bir trende girip uç değerlere doğru hareket edebilir.

Mean-variance: *Ortalama-varyans.* Getiri ve risk finansta birlikte değerlendirilir. Dolayısıyla ortalama getiri ve varyans veya onun karekökü olan standart sapma risk ölçüsüdür. Bir portföyü değerlendirirken bu iki parametreye birlikte bakılır.

Media distortion: *Medyanın bozucu etkisi.* Medya her ne kadar bize bilgi ve haber verse de her zaman tam anlamıyla güvenilir değildir. Medyanın yarattığı yanılgılar, istenmeden olabilir. Basite indirgeme, zaman yetersizliği ve kesin olmayan bilgi bazı alışkanlıklar gibi kasıtsızdır. Kasıtlı olarak yanlış bilgilendirme, manipülasyon amaçlı da olabilir. Medya etkisi çok yaygın ve çok etkilidir.

Melatonin: *Melatonin.* Uyuma evrelerini düzenleyen hormondur.

Meme: *Sembol, kuşaktan kuşağa aktarılan obje veya fikir, davranış.* Örneğin FK (fiyat-kazanç) oranı, böyle sembol bir ölçü olarak uzun süredir finansçılar tarafından kullanılmaktadır.

Memory (market-): *Piyasa hafızası.* Finansal piyasalarda yatırımcıların ve fiyatların geçmiş olaylardan etkilenme derecesini ifade eder. Piyasanın hafızası yakın zamanda ortaya çıkan faktörlere, daha eski olaylara göre daha fazla önem verir. Kişiler unutur, hatırlananlarda farklılaşmalar olur. Dolayısıyla uzun vadeli hafıza bir süre sonra kaybolur.

Memory (short, long): *Hafıza (kısa, uzun vadeli).* Ekonomide ve piyasalarda kısa vadeli hafıza daha kuvvetli ve ön plandadır. Uzun vadeli hafıza ise daha uzun ömürlü görünse de bir süre sonra kaybolur. Kişiler eski olayları, trendleri ve onları nasıl yorumladıklarını unuturlar veya hatırlarken bazı değişiklikler olur. Kollektif bir şekilde uzun vadeli hafızanın kaybedilmesi dramatik sonuçlara, örneğin uzun süreli savaşlar, derin ekonomik krizler gibi toplumları sarsan olgulara neden olur.

Memory biases: *Hafıza yanılgıları.* Kısa vadeli hafıza, yakın geçmişteki olaylara odaklanır. Uzun vadeli hafıza ise uzun süre önce olmuş olayların en kolay hatırlanan ve çağrışım yapanlarını ön plana alır. Kısa vadeli hafıza, uzun vadeliye göre karar vermede daha baskın role sahiptir. Buna yakın geçmiş yanılgısı (recency bias) denir. Bazı durumlarda uzun vadeli hafıza ön plandadır ve kararları etkiler. Örneğin ilk izlenim yanılgısı (primacy bias) veya çıpalama (anchoring- geçmiş değerlere bağlı referans noktası) uzun vadeli hafızayla ilgilidir.

Memory inhibition: *Hafıza engelleme:* Bir bilişsel engelleme türüdür; bir zihinsel sürecin, tamamen veya kısmen, kasıtlı ya da niyetsiz, durdurulması veya geçersiz bırakılmasıdır.

M

Mental: *Zihinsel.* Beynin fonksiyonlarıyla ilgili olgu ve süreçlerdir.

Mental accounting: *Zihinsel muhasebe.* Parasal verilerin zihnimizde nasıl işlendiğine ilişkin bir terimdir. Bazı bilgilerin birlikte, bazılarının ayrı ayrı değerlendirilmesi, yanlış değerlendirmeye ilişkin araştırma bulgularına dayanarak rasyonellikten uzaklaşılabildiğini söylemek mümkündür.

Mental compartments (accounts): *Zihinsel bölümler, hesaplar.* Örneğin sahip olduğumuz 1 TL, kazandığımız 1 TL, borçlandığımız 1 TL, harcadığımız 1 TL ve yatırdığımız 1 TL beyindeki ayrı hesaplara kaydedilir. Böylece kişi tüm ilgili faktörleri dikkate almadan irrasyonel kararlar verebilir.

Mental myopia: *Zihinsel miyopluk, uzağı görememe.* Genellikle sınırlı (bounded) zihinsel süreçlerle ilgilidir. Bir çeşit tembellik olduğu da düşünülebilir. Daha önceden gelen inanç, kesin sonuçlar, görünür unsurlar kullanılır ama hâlâ geçerli olup olmadıklarına bakılmaz. İkili mantık (doğru-yanlış), genellemeler, kısayollar kullanılarak karar verilir veya bir yargıya varılır.

Mental shortcuts: Zihinsel kısayollar. *Bkz.* Heuristics.

Mere-exposure effect: *Salt maruz kalma etkisi.* Bireylerin sadece tekrar eden maruz kalma nedeniyle bir şeylere tercih geliştirdiğini gösteren psikolojik bir olgudur. Bu etki, beynin tanıdık uyaranları daha olumlu olarak kategorize etmesi ve karar vermede yardımcı olması nedeniyle ortaya çıkar. Reklam ve politik sloganlar bunun örneğidir.

Mimicry: *Taklit, benzeme. Bkz.* Imitation.

Mindfulness: *Farkındalık.* Son zamanların popüler terimi bilinçli bir farkındalık olarak tanımlanabilir. Yorumlama ve yargılama olmaksızın hislere yoğunlaşmak olarak nitelenebilir.

Mindshare: *Farkındalık, hatırlama.* Kaç kişi hatırlıyor? Özellikle reklamcılıkta tüketici davranış ve özellikleri açısından çok önemlidir. Nüfusun ne kadarının ilgisini bir olaya, nosyon, kişi veya başka bir şeye yönelttiği, örneğin bir markayı veya bir hisse senediyle ilgili bir olayı hatırlıyor olduğudur. Repütasyon, algı, imaj açılarından önemlidir. Hatta politik araştırmalarda da kullanılır.

Misalignment (price): *Hatalı fiyatlama.* Bir piyasa anomalisidir ve hissenin içsel/temel değeri (fundamental value) ile piyasa fiyatı arasındaki farklılaşmadır. İçsel değer çeşitli genel kabul görmüş kantitatif değerleme teknikleri ile hesaplanır ve hissenin piyasada yüksek veya düşük fiyatlandığı söylenir. Bu terim aynı zamanda döviz ve para/sermaye piyasalarındaki hatalı fiyatlamalar için de kullanılır.

Misinformation effect: *Yanlış bilgi etkisi.* Bir deney ya da olay sonrası bilgilerin bir kişinin orijinal hafızasını değiştirip hatırlamada yanlışlıklara yol açabileceği olguyu ifade eder. Bu etki, bireyler bir olaydan sonra yanıltıcı bilgilere veya sorulara maruz kaldığında ortaya çıkabilir ve bu da onların o olayı nasıl hatırladığını etkileyebilir.

Misperception: *Yanlış algılama.* Kişinin başkalarını, olguları, olayları kendi deneyim, istek ve gereksinimleri ile değişime uğramış, bozulmuş bir mercekten görerek yorumlaması. Hatta bazıları anlaşmazlıkların çoğunlukla algılama hatalarından kaynaklandığını söylüyorlar.

Mispricing: *Yanlış fiyatlama. Bkz.* Misalignment.

Misreaction: *Yanlış tepki verme.* Piyasa oyuncularının gelen bilgi/veri ve hatta bozulmuş sinyallere dayanarak verdikleri kararlar sonucunda yanlış/beklenmeyen tepkiler ve piyasa anomalileri ortaya çıkar.

Misrepresentation: *Yanlış temsil. Bkz.* Misperception, disinformation.

Mob psychology: *Güruh psikolojisi.* Güruh, organize olmamış, farklı nitelikteki bireylerin oluşturduğu bir topluluk olup bireysel psikolojiden farklı bir psikoloji sergiler. Bu tip tepkiler soğukkanlılıktan uzak, akılcı olmayan kollektif irrasyonel davranışlar, taklit ile kendini gösterir. Bu davranışların ekstrem noktalara taşınması (örneğin linç psikolojisi) de görülebilir. Bu davranışlar hisse piyasalarına yansıdığında kollektif bir açgözlülük, hırs, korku (Davranış bilimlerinde kardeş kabul edilen duygular fear & greed:) hâkim olur ve piyasa anomalileri ortaya çıkar. Örneğin piyasa balonları ve takip eden piyasa çöküşleri görülür.

Modality effect: *Yöntem etkisi.* Bir konuda yapılan sunum görsel değil işitsel olduğunda listenin son birkaç maddesi daha fazla hatırlanır. Genellikle bu durum yankılı hafızaya atfedilir. Etki, listenin sonuna eklenen görünüşte alakasız bir işitsel öğeyle keskin şekilde azalabilir.

Model, modeling: *Model, modelleme.* Finans piyasalarında bir yazılım yardımıyla piyasa verisini kullanarak yatırım fırsatlarını belirlemeye yöneliktir. Bu alanda hazırlanmış çok sayıda yazılım vardır ve matematiksel algoritmaları kullanırlar. *Bkz.* Algorithmic trading.

Mojo: *Özgüven enerjisi.* Bir kişinin yüksek özgüven ve başarı hissi içinde olması durumudur. Finansal piyasalarda başarılı işlemler yapan yatırımcılar kendilerini daha güçlü hissedebilir. Ancak bu durum aşırı risk alma davranışını tetikleyebilir. Mojo geçici bir psikolojik durum olabilir.

Momentum: *İvme, hızlanma, momentum.* Piyasada fiyatların ivmesi aşağı veya yukarı fiyat trendinin yönü, hızı ve hızının değişimidir. Bu bir piyasa olgusudur ve fiyatlar sıklıkla bir trendi takip ederek bir yöne doğru hareket eder.

Momentum strategy, trading: *Momentum stratejisi, momentuma dayanan işlemler.* Piyasanın ivmesini/trendini takip ederek piyasa yükselirken almak, düşerken satmak. Bu kısa veya orta vadeye uygun bir stratejidir. Bu tür yatırımcılar için en elverişli piyasa ortamı kuvvetli bir fiyat ivmesinin varlığı ve yeterince uzun süre devam etmesidir.

MoMO (the mystery of missing out): *Kaçırmaktan korkma/ gizemi.* Bireylerin bir şeyi kaçırmaktan korkması somut bir bilgisi olmasa da sosyal medya kaynaklı bir kaygıdır. Bu, güncelleme eksikliğinden kaynaklanan paranoyadan kaynaklanmakta ve dışlanma ya da görmezden gelinme hissi vermektedir. FOMO (Fear of Missing Out) aksine, bilinen olaylardan pişmanlık duymayı içerirken, MOMO bilgi eksikliğine dayalı bir acı hissi veya paranoyadır.

Monday effect: *Pazartesi etkisi. Bkz.* Weekend effect.

Money illusion: *Para yanılsaması.* Paranın nominal ve gerçek (reel) değerlerinin birbirine karıştırılmasıdır. Genellikle zamanın işin içinde olduğu ve birden fazla unsurun söz konusu olduğu durumlarda bu kafa karışıklığı ortaya çıkar. Maaşlı çalışanlar kendilerine yapılan yüksek zamla çok sevinebilir ama takip eden yüksek enflasyon maaş artışını eritebilir. Yatırımcılar da elde ettikleri borsa kazancının ne ölçüde reel değere denk geldiğini anlamakta zorlanabilir. Türkiye'de paradan atılan 6 sıfır, hâlâ halkımızın kafasını karıştırmaktadır. Bazıları ise bunu kullanmakta, miktarları yüksek göstermek istiyorlarsa eski paraya göre, yoksa yeni paraya göre rakamları telaffuz etmektedirler. Örneğin yeni parayla yirmi bin lira, eski parayla yirmi milyar lira olur.

Mood congruent memory: *Ruh hâli uyumlu hafıza.* Bireylerin mevcut duygusal durumlarına uygun anıları daha iyi hafızadan çağırma eğilimi olarak tanımlanır. Kanıtlar, insanların ruh hâlleriyle uyumlu daha otobiyografik anıları ve bilgileri hatırladığını gösterir. Buna örnek olarak depresyonlu bireylerin daha olumsuz deneyimleri hatırlaması gösterilebilir.

Mood: *Ruh hâli.* Geçici mutlu veya mutsuz his, duygu ve tutum. Döneme bağlı olarak sıklıkla değişebilir. Kişinin ruh hâli, bulunduğu fiziki şartlardan etkilenir. Örneğin hava koşulları (weather effect) insanların psikolojisini ve dolayısıyla ne ölçüde pesimist veya optimist olacağında ya da finansal kararlarında etkilidir. Herhangi bir zamanda toplumun genelinin paylaştığı ortak duygular ve tutum toplumun hassasiyeti, ruh hâlidir. Piyasalarda da benzer durum vardır ve buna piyasanın hassasiyeti denir.

Moon effect: *Ay etkisi. Bkz.* Lunar effect.

Moral credential effect: *Ahlaki kimlik etkisi:* İnsanların daha önce bir konuda ahlaki duruş sergilemiş birinin görüşlerine daha fazla güvenme ve kabul etme olasılığının arttığı psikolojik bir olgudur. Bu etki, insanların ahlaki bir davaya bağlılığını zaten göstermiş birine daha fazla güvenme olasılığı olduğu fikrine dayanır.

Moral hazard: *Ahlaki tehlike.* Bir sistemde sahtekârlık yapıp bundan kendine haksız fayda sağlayabilme olanaklarının bulunmasıdır. Bunun en basit anlamda görülen şekli bedavacılık (free ride), mevzuatta/kurallarda boşluk (loopholes), daha kibar anlatımıyla dışsallık (externality) olabilir. Toplumun bunu nasıl gördüğü çok önemlidir. Bir ülkede vergi kaçırmak, kırmızı ışıkta geçmek gibi davranışlar çok tepki alıyorsa daha az kişi bu yollara başvuracaktır. Merkezi hükûmetlerin de kural koyma kapasite ve niyetleri doğal olarak çok etkilidir.

Moral hypocracy: *Ahlaki riyakârlık, ikiyüzlülük, takiyye.* İnsanların yüzüne baka baka ve hamasi laflarla ahlak tacirliği yapıp gerçek niyetini saklama ve insanları bu yolla kandırmak.

Moral, morale: *Ahlak, maneviyat.* Daha çok toplumsal düzeyde tanımlanır. Bir toplumda kişilerin aynı amaç için birlikte hareket etmeleri biçiminde tanımlanır. Kişisel düzeyde ise daha çok etik kelimesiyle karşılanır.

Motivation: *Teşvik, güdüleme, motivasyon.* Kişilerin belli bir amaca, davranışa doğru hareketlerini sağlayacak nedenler ve araçlardır. Bilişsel düzeyde veya duygusal olarak insanları yönlendirmek mümkündür.

Motive: *Gerekçe, sebep.* Bir kişinin bir hareketi yapması için gerekli dürtü.

Motor development: *Motor gelişim.* Kasların koordinasyonunun artarak kişinin fiziksel hareketleri yapacak duruma gelmeleri.

Multifractals: *Bkz.* Fractals.

Murphy's law: *Murphy yasası.* Popüler kültürde ve mizah literatüründe yer alan, "yanlış gidebilecek her şeyin yanlış gideceği" varsayımına dayanan bir düşünce biçimidir. Bu yaklaşım, olayların en olumsuz sonuçla gerçekleşeceğine dair abartılı bir beklentiyi ifade eder. Davranışsal açıdan bireylerin belirsizlik durumlarında en kötü senaryoya odaklanma eğilimini yansıtır. Bu bakış açısı, özellikle risk algısı ve karar verme süreçlerinde aşırı temkinli veya kötümser davranışlara yol açabilir. Tam evden çıkarken anahtarını içeride unuttuğunu fark edersin; geri dönmek için acele ederken bu kez telefonunun şarjı biter. Kapıyı açmayı başardığında ise dışarıda başlayan yağmur nedeniyle tüm planların altüst olur; sanki aksilikler birbirini takip eder.

Mutations: *Mutasyon, başkalaşım.* Genlerdeki küçük değişiklikler. Mutasyon genellikle çok yavaş ilerleyen biyolojik evrim ve değişimdir. Bunların herhangi bir canlıda takip edilebilmesi için kuşakların geçmesi gerekir.

Myopia: *Bkz.* Mental myopia.

Myopic loss aversion: *Uzağı göremeden kayıptan kaçınma.* Bireysel yatırımcılar genellikle kısa vadeli düşünerek hareket ederler ve uzun vadeli yatırımlarını bile böyle yönlendirirler. Örneğin emeklilik fonlarını düzenlerken daha çok riski düşük diye devlet borçlanma kâğıtlarına yönelirler. Hâlbuki borsa yatırımları uzun vadede her zaman kazandırmıştır.

Mysticism, mystical: *Gizemcilik, tasavvuf.* Kişiler mistisizm, ezoterik şeyler, evrendeki güçlerle bir olma, onlardan bir şeyler bekleme konusunda genellikle çok isteklidirler. Bunların bazısı kişisel düzeydedir. Dua etmek, transa geçmek, değişik biçimde bu gizli güçlerle haberleşmek kabul edilebilir ve hatta saygı duyulur. Ancak bunların çıkar amaçlı, manipülasyon ile birilerini kandırarak yapılması ahlaki olmadığı gibi, bir noktadan sonra suçtur.

Nn

Näive (investors): *Bilgisiz, tecrübesiz (yatırımcılar).* Genellikle küçük sermayelerle yatırım yapan bireysel yatırımcılar, kurumsal yatırımcılar ve büyük sermaye sahibi sofistike yatırımcılardan farklı kabul edilir. Onların temel özellikleri, bilgi ve tecrübe eksikleri, kolayca manipüle edilebilir olmaları, genellikle piyasa trendlerinin ancak sonunu (trenin son vagonu) yakalamalarıdır. Hatta daha ileri gidilerek "küçük yatırımcıların kayıpları, büyük yatırımcıların kazançlarına denktir." diyen piyasa profesyonelleri vardır.

Naive cynicism: *Acemice kuşkuculuk.* Sıradan insanların başkalarının fedakârlığını veya iyi niyetini olduğundan daha az değerlendirdiği, bunun yerine davranışların yalnızca kişisel çıkarlar tarafından yönlendirildiğini varsaydığı bilişsel bir yanlılıktır. Bu durum "acemice" bir inanç olarak adlandırılır; çünkü kişi gerçekçi olmaya çalışırken, başkalarının ne kadar önyargılı veya bencil olduğunu olduğundan fazla tahmin ederken, kendi yargılarını ise nesnel olarak görmektedir.

Näive diversification: *Bilgisizce/tecrübesizce risk dağıtma.* Rasyonel kriterler yerine kendi kolaylaştırıcı kurallarına göre portföylerini düzenleyen bireysel yatırımcılar, verilen bir fon listesinden hisse fonları veya tahvil fonlarından hangisi daha çoksa onları seçme ve böylece değişik yönlendirmelere açık olma gibi yanılsamalara açıktırlar. Hatta davranışsal finans araştırmacılarının da benzer yanılgılara sahip oldukları yapılan bir araştırmada gözlenmiştir.

Naïve realism: *Naif gerçekçilik.* Bazı deneyimlerin doğası ve bilinçli ya da olgusal özellikleriyle ilgili bir teoridir. Örneğin, biri küresel ısınmanın olmadığına inanıyorsa, bu inancı yalanlayan herhangi bir kanıtı muhtemelen reddedecektir. Bunun sebebi, gördüklerini kendi önyargılarıyla yorumlamalarıdır.

Narcissism, narcissist: *Narsist, narsizm.* Narsizm kişinin kendine duyduğu aşırı hayranlık ve güven sonucu gerçekleri göremeyecek kadar körleşmesidir. Aslında kendini beğenme ve güven, bir ölçüde motive edici ve faaliyete geçmeyi sağlayan bir histir. Bu hisse kapılmayı elverişli hâle getiren pozisyonlar (politika, medya, şirket üst düzey yönetimi, dini liderlik) vardır. Bir süre sonra daha üst düzeylerde ego deliliğine dönüşür. Bu tip kişiler aynı zamanda çok egoist olurlar.

Narrative fallacy: *Hikâyeleştirme etkisi/yanılgısı.* Hikâyeler düşünme şeklimizi yönetir. İyi bir hikâye varsa kanıtları ciddiye almayız. Hayran olunan hisseler harika hikâyelere sahiptir ve doğal olarak fiyatları yüksektir.

Narrative, narration: Hikâye biçiminde, hikâyeleştirme. Bazen sadece rakamlarla anlatmak yeterli olmaz. Anlatılmak istenen şeyi bir senaryo veya hikâyeye dönüştürmek çok yararlı olabilir.

Narrow framing: *Dar kalıplar, çerçevelere alma. Bkz.* Narrow thinking.

Narrow thinking: *Dar (kalıplar içinde) düşünme.* Dar kafalı olmak, sadece belli seçilmiş unsurları dikkate almak, diğerlerini değerlendirme dışı tutmak. Buna seçici düşünme/düşünce de denir.

Nash equlibrium: *Nash dengesi. Bkz.* Bayesian Nash equlibrium.

Near miss effect: *Kazanmaya ramak kaldı etkisi.* Bu beyinin hatalı bir şekilde kazanmaya çok yaklaşılmış olduğu yorumunu yaparak dopamin salgısını tetiklemesi ve hem riskli kumar faaliyetini sürdürmesini hem de momentum veya yetenek olarak değerlendirmesine neden olur.

Need (human-): *Gereksinim, ihtiyaç.* Kişilerin doyurulmamış istekleri, arzuları. İhtiyaç, eksiklik, istekler ve dilekler arasındaki anlamsal ilişkiler biraz karışıktır ve birbirine karıştırılır. Bunların tam tersi ise kişilerin kaçındıkları nesneler, hisler, durumlar, vb. dir. İhtiyaçlar çok genel bir kavram olmakla birlikte bunun zihinsel boyutta niyetlere, gerekli girişimlerle pratikte ulaşılmaya çalışılan amaçlara dönmesi söz konusudur.

Negatif nudge: *Zararlı yönlendirme.* Bireyleri kendileri için zararlı, maliyetli veya istenmeyen seçimlere yönlendiren, genellikle şeffaf olmayan, davranışsal manipülasyon yöntemleridir. Yaygın örnekler arasında gizli abonelik yenilemeleri, zor iptal süreçleri ve sağlıksız seçeneklerin varsayılan yapılması yer alır.

Negative skeweness: *Negatif çarpıklık.* Sık sık küçük kazançlar ve birkaç büyük kayıp şeklinde tanımlanabilen bir dağılım örneğidir. Kolay bir sınavdaki not dağılımı buna benzer.

Negativity bias: *Negatiflik yanlılığı.* İnsanların olumlu bilgilerden çok olumsuz bilgilere ve olaylara odaklanma eğilimini tanımlamak için kullanılan bir terimdir. Eşit yoğunlukta bile olsa olumsuz olay ve düşüncelerin kişinin psikolojisinde olumlu olay ve düşüncelerden daha yüksek bir etkiye sahip olması, daha çok hatırlanması anlamına gelir.

Neglect: *İhmal, dikkate almama.* Kişiler, bilinçli veya bilinçsiz olarak bazı faktörleri, bilgileri/verileri veya karar vermede kullanılacak diğer unsurları dikkate almayabilir ve rasyonel karar vermeden uzaklaşabilirler. *Bkz.* Availability heuristic, salience effect.

Neglect of probability: *Olasılığın ihmal edilmesi.* Belirsizlik altında karar verirken olasılığı göz ardı etme eğilimidir ve insanların karar alma kurallarını düzenli olarak ihlal etmesinin yollarından biridir.

Neighbourhood effect: *Komşuluk etkisi.* Bireylerin çevresindeki insanların davranışlarından etkilenmesi durumudur. Yatırımcılar çevrelerindeki kişilerin yatırım tercihlerine göre hareket edebilir. Bu durum bilgi yayılımını hızlandırabilir. Ancak yanlış yatırım kararlarının da yayılmasına neden olabilir. *Bkz.* Home bias, familiarity, availability.

Nerve: *Sinir.* Nöronlardan çıkarak organlara elektro kimyasal sinyaller yoluyla ne yapılması gerektiğini aktaran bir çeşit kablo benzeri ağ ve onu oluşturan ince iplikçikler.

Nervous system: *Sinir sistemi.* Son derece karmaşık bir sinir ağları sistemidir ve bu sistem bizim istemli veya istemsiz hareketlerimizi yönetir.

Neural nets: *Sinir ağları.* Yapay sinir ağları, daha bilinen adıdır ve bilgisayar donanımı ve yazılımı ile beynin nöron bağlantılarını, insan mantığı ve karar verme davranışını taklit etmeye yöneliktir. Böylece insan beyninin henüz ulaşamadığı derecede optimizasyon yapabilen, ama bunu bir insanın beyin süreçlerine benzeyen bir modelle gerçekleştiren bir bilgisayar yaratma niyeti vardır.

Neuro linguistics, Neuro semantics: *Nöro dilbilim, nöro-anlambilim.* Nörobilimin (nueroscience) kolları olan bu disiplinler, dil, sözcük kullanımı, kültür yoluyla anlamlandırmayı ve davranışları etkiler. Sözcükler (görüntü ile birlikte) güdüleri, karar ve davranışları etkiler. Sözcüklerle karşı taraftaki kişinin beynindeki yapıları oluşturur, etkiler ve kararını yönlendirebilirsiniz. Dil ve anlambilim, aynı zamanda anlama ve öğrenmenin de aracıdır.

Neurofinance: *Nörofinans.* Finansal kararlarda bilgiyi elde etme ve işlemede hangi bilişsel süreçlerin yer aldığını ve bunların doğasını/yapısını deneysel olarak inceleyen davranışsal finansın bir alt koludur. İnsan beyninin hangi bilgi/veriyi daha etkin kullanarak sonuçlar ürettiğini ve çevresel koşulların bu süreçte nasıl etkili olduğunu araştırır. Ayrıca belirsizlik ve riske karşı tutum, bunun yatırım kararları ve yatırım alternatifleri arasından nasıl seçim yapıldığı konuları da araştırma alanına girer. Nöroekonomi de ayrı bir isim verilmiş olmasına rağmen tanımlarına bakıldığında da nörofinanstan çok farklı değildir.

N

Neuron: *Nöron.* Sinirlerle birbirine bağlanarak bir ağ oluşturup sinir sistemi yaratan, bu ağın en önemli unsurlarından biri olan hücrelerdir. Farklı tipleri farklı işlevleri üstlenir. Bu ağ üzerinde elektrokimyasal sinyaller yoluyla emirler iletilir ve organlar bu emirleri yerine getirir.

Neuroscience: *Nörobilim.* Fiziksel gözlemler ile insan beyninin nasıl organize olduğu ve çalıştığını araştıran bilim dalıdır. Farklı beyin bölgelerinin, kimyasal salgıların, sinir ağlarındaki elektrik sinyallerinin, anlama, öğrenme ve karar verme süreçlerinde rol oynadığını araştırır. Beynin haritalanması, anatomisinin keşfedilmesi ve farklı fonksiyon merkezlerinin ve hafıza gibi fonksiyonların nasıl organize olduğu hâlâ tam keşfedilmemiştir.

Neuroticism: *Nevroz,* ruhsal bozukluk.

Neurotransmitters: *Nörotaşıyıcılar.* Bir nörondan diğerine, kas hücresine veya salgı bezi hücresine elektrik sinyallerini taşıyan kimyasal habercilerdir.

Neutral market, Neutral trend: *Nötr piyasa, trend.* Sanki yarı yarıya uykuda olan ve açık bir fiyat oluşumunun gözlenemediği, aşağı veya yukarı bir trendin olmadığı piyasadır. Birçok piyasa oyuncusu dalgalanma ile para kazanmaya çalışır ancak bu tür hareketler nötr piyasalarda çok azdır.

New economy: *Yeni ekonomi.* Yeni ekonomi, teknolojinin öncüsü olan ve ekonomik büyüme ile üretkenliğin itici gücü olduğuna inanılan yeni, yüksek büyüme oranı olan sektörleri tanımlamak için kullanılan bir moda kelimedir. Fortune 500 listelerinin üst sıralarındaki değişim bunun en iyi kanıtıdır.

News (effect of-): *Haber etkisi.* Bilgi yatırımcıların temel ihtiyacıdır, karar vermede ve dolayısıyla piyasa hareketlerinde haber ve bilgi en temel faktördür. *Bkz.* Information.

Newswatchers: *Rasyonel haber takipçileri.* Piyasalarda etkinlik tanımı haber ve bilgiye dayanarak açıklanır. Piyasa oyuncuları, özellikle bu bilgi ve haberleri doğru analiz edebilecek kapasiteye dahil olanlar newswatchers olarak adlandırılır.

Next-in-line effect: *Sıradaki etkisi.* Bir kişinin bir eylemden hemen önce ve hemen sonraki olayları daha az hatırlamasına yönelik bir bilişsel hatadır. Nedeni eylem veya gösteriye konsantre olmak ve öncesini ve sonrasını fazla önemsememektir.

No free lunch: *Bedava yok.* Orijinalinde ABD'deki barlarda bedava verilen tuzlu çerez ve aperatiflerin sonunda yiyenleri susatarak daha fazla bira almalarını sağlaması, böylece bedava diye bir kavramın olmadığını hatırlatan bir terimdir. Daha sonra ekonomi ve finansta herhangi bir şey vermeden bir şeyin elde edilmesinin mümkün olmadığı anlamında kullanılmaya başlanmıştır.

Noise: *Bozuk sinyal, parazit.* Ekonomik gerçek bir nedene dayanmayan küçük fiyat hareketleri olarak tanımlanabilir.

Noise trader/trading: İrrasyonel/Piyasa bozucu işlemci/piyasa bozucu işlem. Naif ve bilgisiz olan bu yatırımcı, temel analiz yerine ruh haline, dedikodulara ve korku veya açgözlülük gibi mantıksız duygulara dayanarak karar verir. Yanlışlıkla geçerli bir sinyal sandığı piyasa dengesizlikleri ve beklenmedik varlık hareketleri gibi kısa vadeli ve güvenilemeyecek veriler üzerinden işlem yapar, genellikle trendlere göre hareket eder, sürü davranışı sergiler ve haberlere aşırı tepki verir.

Non mean reverting: *Ortalamaya dönmeyen parametreler.* Bazı durumlarda örneğin, rassal yürüyüşler, trendler tarihsel ortalamaya veya uzun vadeli trende geri dönmez. Genellikle yeni, yapısal bilgiler nedeniyle geçmiş seviyelerden kalıcı olarak uzaklaşır. Ortalama tersine dönme gibi geçici sapmaları, ortalama olmayan geri dönüşleri veya trend takibini varsayan stratejiler sürekli momentum yakalamaya odaklanır.

Non-linear, nonlinearity: *Doğrusal olmayan, doğrusal olmama hâli.* Bu tür veriler ve diğer rakamsal ölçüler, sürekli bir biçimde oluşmaz. Kırık bir çizgi veya trendi takip ederler ve doğrusal matematiğin kurallarıyla anlaşılamazlar.

Non-stationary: *Durağan olmayan.* Büyük ölçüde düzensiz ve dengesiz istatistiksel ilişkilerin matematiksel olarak tanımıdır. Rakamlar değişkendir ve doğrusal bir seyir izlemezler. Aynı zamanda rakamlar arasındaki matematiksel ilişkiler de değişir. Tamamen rassal bir ilişki ile kıyaslandığında, olasılıklar her zaman aynıdır. Ekonomide ve finansta geçmiş istatistik ve veriler, geçmiş hiçbir zaman aynen tekrarlanmadığı için gelecek için yanıltıcı olabilir. Bir yandan ölçülebilir riskler, bir yandan da ölçülemeyen gelecek belirsizliği aynı anda geçerlidir ve finans piyasaları belki de bu yüzden çok ilgi çekmekte ve heyecan yaratmaktadır.

Normalcy bias: *Normallik yanılgısı.* Felaket olasılığını hafife alma ve önemli tehditler veya krizler karşısında bile hayatın normal devam edeceğine inanma eğilimlerimizi ifade eder.

Norms (social): *Sosyal ilkeler, örnekler.* Grup davranışına uyum sağlamak amacıyla öğrenilen ve uyulan kurallar. *Bkz.* Groupthink.

Nostalgia effect: *Nostalji etkisi.* Bireylerin geçmişlerini duygusallaştırdığı, romantikleştirdiği veya aşırı olumlu bir bakış açısına sahip olduğu bilişsel bir önyargıdır. Genellikle mevcut yalnızlık veya olumsuzlukla başa çıkmak için ortaya çıkar. Sosyal bağlılık duygularını tetikler, özgüveni artırır ve yükseltir. Pazarlamada genellikle tüketici harcamalarını teşvik etmek için kullanılır ve "acı-tatlı" bir duygusal kaynak olarak işlev görür.

Nostalgia stocks: *Nostalji hisseleri.* Geçmişte parlak ve moda olan, fakat özelliklerini kaybettiklerinde de eski hayranları nedeniyle hâlâ fiyatları çok düşmeyen hisselerdir. Performansları kötü, gözaltı pazarında olan, bu nedenle fiyatları da çok düşük hisselerden farklı düşünmek gerekir. Bir Belgin Doruk–Ayhan Işık filmi gibi düşünebilirsiniz.

Not invented here (NIH): *Buraya ait olmayan.* Dışarıdan gelen ürünler, araştırmalar, standartlar veya bilgiyi kullanmaktan veya satın almaktan kaçınma eğilimidir. Genellikle sosyal veya kurumsal kültürler tarafından yerleştirilir. Araştırmalar, ayrıca dışarıdan gelen fikirlere karşı da güçlü bir önyargı olduğunu gösteriyor.

Nudge: *Yönlendirmek, biçimlendirmek (davranışı), gütmek.* Davranış bilimleri, davranışsal finans, ekonomi ve politika teorisindeki bir kavramdır ve kişilerin ve grupların kararlarını ve motivasyonlarını zorlayıcı olmaksızın etkilemek amacıyla kullanılan pozitif pekiştirme (reinforcement) ve dolaylı tavsiyeler verme yaklaşımlarıdır. İlk tanımlayan 1995 yılında sibernetik alanında James Wilk'dir. 2017 Nobel ekonomi ödülünü kazanan Richard Thaler'in Cass Sunstein ile yazdığı kitap bu ismi taşımaktadır. Thaler ve Sunstein bu politika uygulamalarını özgürlükçü bir ataerkillik (libertarian paternalism) olarak tanımlamışlardır.

Numeracy bias: *Rakamsal yanılgı.* Büyük veri (big data), istatistiksel indikatörler ve ileri matematiğe fazla dayanmak ve kararlarda sadece ve devamlı bunları kullanmak neden olur. Rakamlarla ilgili analiz yapmak, finans piyasalarının ve ekonominin bir gereğidir. Ancak bunu çok ileri götürmemek gerekir.

Numerology: *Rakamların sihri.* Belirgin bazı rakamlara sihirli, doğaüstü güçler yüklemek. Çift sayılar, Fibanocci sayıları, 3, 7 bunlardan bazılarıdır. Bazı ekonomik indikatör veya sayılara da benzer anlamlar yüklenebilir. Bunlara inananlar yatırım kararlarını bunlara göre verebilir ve piyasalarda bozucu etki (noise) yaratabilir, ancak tam tersine çok sayıda benzer düşüncede olan varsa kendini doğrulayan kehanet (self fulfilling prophecy) sayesinde piyasalar o yönde hareket edebilir.

Oo

Obedience to experts: *Uzmanlara uymak.* Kişiler uzman diye düşündükleri kişileri ve tavsiyelerini bazen körü körüne uygularlar. Danışmanlar, karar vericilerin yerine karar vermemelidir. Başka uzmanların da görüşü alınmadan verilen kararlar çok sağlıklı olmayabilir.

Object relationship: *Nesnesel ilişki.* Nesneler/şeylerle (insanlar, fikirler vb.) ilgili beynimizde aklımızda oluşturduğumuz sevgi, ilgi veya çekim ilişkisi. Sadece kısmen farkında oluruz.

Objective: *Amaç.* Bkz. Goal.

Observer bias: *Gözlemci yanılgısı.* Bazen gözlemci gözlediği olguyu değiştirir, kendi algısını aktarır. Bunun nedeni herhangi bir davranışsal yanılgı olabilir. Ancak yatırımcıların algısı söz konusu ise bazen bir hissenin temel kazanç potansiyelini bile etkileyebilir.

Observer-expectancy effect: *Gözlemci-beklenti etkisi.* Araştırmacıların katılımcılarla etkileşimleri nedeniyle kendi çalışmalarının sonuçlarını etkilemeleridir. Araştırmacıların çalışma sonuçlarına dair kendi inançları ve beklentileri, etkileşim veya deneklere verilen sözlü/yazılı talimatlar nedeniyle katılımcıları istemeden yönlendirebilir.

Obsession: *Takıntı.* Bir fikre, bir nesneye veya herhangi bir şeye ısrarcı bir şekilde bağlanmak. Fikrini kısmen de olsa değiştirmeye çalışan herhangi bir etmen veya girişimi reddetmek. Takıntılar aynı zamanda endişe ve sıkıntı kaynağıdır.

Obsessive-compulsive disorder: *Obsesif kompulsif bozukluk.* Zorlayıcı ve takıntılı olma bozukluğu. Ruhsal bir bozukluk olup bazen sadece biri, bazen de ikisi de kişide görülebilir.

Occam's razor: *Occam'ın usturası.* Aynı amaca yönelik birden fazla teori varsa, aralarından en basiti seçilir.

October effect: *Ekim etkisi. Bkz.* Mark Twain effect.

Omission bias: *İhmal yanılgısı.* Bir konuda negatif sonucunu bile bile herhangi bir müdahale yapmama. Bir şey yaparak zarar vermek kadar ahlakdışı olmakla birlikte, insanlara sorulduğunda zarar verici faaliyeti, hiçbir şey yapmadan birinin zarara uğramasına neden olmaya kıyasla daha ahlaksız bulmaktadırlar.

Openness to experience: *Deneyimlere açık olmak.* Kişiliği tanımlayan beş ana özellikten biridir. Bunun 6 unsuru vardır. Aktif bir hayal gücü, estetik duyarlılık, iç hislerle ilgili olmak, değişiklik tercihi ve entelektüel merak. Çok sayıda psikometrik araştırmanın yapıldığı bir alandır.

Ophelimity: *Fayda değeri.* Bir mal veya hizmetin birey için sağladığı fayda düzeyini ifade eden ekonomik bir kavramdır. Kavram İtalyan ekonomist Vilfredo Pareto tarafından kullanılmıştır. Fayda değerinin ölçülmesi bireylerin tercihlerini anlamak açısından önemlidir.

Optimisim bias: *İyimserlik hatası.* İyimserlik insanların hayatlarını devam ettirebilmeleri için en önemli motivasyondur. Ancak aşırı iyimser olmak önemli gerçekleri görmezden gelme, tehlikeleri yok sayma gibi vahim hatalara yol açar. Örneğin borsada ki fiyat hareketlerini takip ederken borsanın genel gidişatı hakkında ihtiyatlı olmak lazımdır. İyimserlik aslında hayatı sürdürme konusunda çok önemli bir role sahip olsa da aşırı iyimserlik, bazı gerçekleri saklayıp yanlış kararlara sebep olabilir.

Optimism: *İyimserlik.* Her şeyin daha iyi olacağına dair inanç ve hissetme. Ümit etme buna en yakın duygudur. Aslında yaşamı sürdürebilmek için iyimserlik gereklidir. İyimser kişiler daha başarılı olurlar ve hastalıklardan daha kolay kurtulurlar. Ancak iyimserliğin sakıncaları da vardır. Aşırı iyimserlik (overoptimism), diğer olasılıkları dikkate almaksızın her şeyin iyiye gideceğine dair abartılı inançtır.

O

Ostrich effect: *Devekuşu etkisi.* Devekuşlarının bir tehlikeyle karşılaştıklarında ondan korunmak için sadece görmemeyi çare olarak seçtiklerine ve bu nedenle başlarını kuma gömdüklerine dair bir yanlış inanış vardır. Yatırımcıların da olumsuz finansal bilgiyi, veriyi ihmal etme, ilgilenmeme davranışları devekuşlarının davranışına benzetilmiştir.

Outcome bias: *Sonuç yanılgısı.* Bir kararı sonucuna bakarak iyi veya kötü olarak değerlendirmeye denir. Tarihçi hatası (historian error) olarak da bilinir. Aslında rassallık ve dışsal faktörler çoğu zaman sonuçları etkiler. ABD'de 90'lı yılların ikinci yarısında portföylerini çok iyi yönettiklerini düşünenler, aslında bir balonun oluştuğunu görmediler. 1999 yılında özellikle teknoloji hisselerinde fiyatlar çakıldığında ise sonuca bakarak yatırımlarını çok kötü yönettiklerine inandılar. Aslında iki sonuç da dışsal etkiler ve ekonomik beklentilerle yakından ilgiliydi.

Outcome regret: *Sonuç pişmanlığı.* Seçim ikilemine maruz kalan kişinin mevcut seçimine karşılık vazgeçtiği alternatifler için pişmanlık duyması olarak tanımlanabilir. Birden fazla birbirine yakın özelliklerde seçim alternatiflerinin olması kişi veya tüketicinin rasyonel karar almasını zorlaştırmaktadır. Seçim bolluğu kaynaklı devreye giren seçim paradoksuyla pişmanlık arasında lineer bir ilişki olduğundan söz edilebilir. Seçim alternatiflerinin artmasıyla pişmanlık aynı düzeyde artarken, pişmanlık duygusu oluşumu kişinin tüketicinin yaptığı ve yapmadığı seçimlere bağlıdır. Mevcut seçime bağlı reddedilen alternatif seçimlerle yapılmış olan seçimi sürekli olarak kıyaslamak pişmanlık döngüsünü negatif yönde beslemektedir.

Over fitting: *Aşırı modelleme.* Makine öğrenmesinde bir modelleme hatasıdır. Bir model, eğitim verisini *çok* iyi öğrendiğinde ortaya çıkar; bu da hedef alınan temel örüntü yerine gürültü ve rastgele dalgalanmaları yakalar. Bu, eğitim verilerinde yüksek doğruluk sağlarken, yeni, daha önce görülmemiş verilerde düşük performans sağlar.

Overconfidence effect: *Kendine aşırı güven etkisi.* Kişinin kendi yetenek ve bilgisini abartması, çok iyi tahmin yaptığını zannetmesi. Yapılan araştırmalarda deneklere herhangi bir konuda, örneğin; şoförlük becerisi, öğretme yeteneği, ne derece iyi sevgili oldukları gibi sorular sorulmuş ve çoğunluğun kendini %50'nin üstünde gördüğü sonucuna ulaşılmıştır.

Overleverage: Aşırı borç, borçlanma. Şirket veya bankanın büyük ölçüde borçla iş yapması veya bir riskli yatırım fonunun özkaynağa kıyasla büyük miktarlı borçla yatırım yapması veya gelecek piyasalarında (futures markets) aşırı derecede risk taşıyan işlemler yapmak. Her birisi varlığını sürdürememe tehlikesi yaratabilecek ölçüde tehlikeli stratejiler veya politikalardır.

Overoptimism: *Aşırı iyimserlik. Bkz.* Optimism bias.

Overpricing/Underpricing: *Yüksek, düşük fiyatlama.* Fiyatların olması gereken gerçekçi, adil ve makul düzeyinin çok altında veya çok üstünde olması. Fiyatlama ile ilgili bir anomalidir. *Bkz.* Misalignment.

Overreaction/Underreaction: *Aşırı tepki/yetersiz tepki.* Finans piyasalarında önemli haberlere, bilgi/veriye veya olaylara yatırımcıların verdiği tepkiyle ilgili tanımlardır. Genellikle görülen, kısa vadede yetersiz tepki ve aşamalı olarak uyum sağlayıp uzun vadede aşırı tepkidir. Bunların sonucunda ortaya yüksek veya düşük fiyatlanmış hisse senetleri çıkar.

Over-relience: *Aşırı güven.* Güvenmek, bazı gösterge ve ekonomik faktörlere dayanarak karar vermek finans piyasasının temelinde vardır. Ama bu güven bir yanılsamaya veya aşırı güven noktasına gelmemelidir.

O

Oversimplification: *Aşırı basitleştirme.* Çok sayıda verinin olduğu durumda hepsine yeterli ilgiyi gösterememek, bilgi eksikliği ve aşırı bilgi yığılması durumlarında kestirme çıkarım amacıyla basitleştirmek, bazı faktörleri yok saymak, genellemeler yapmak gibi yaklaşımlardır. Gündelik hayatta pratik yararı olabilir, ancak finans piyasalarında yatırımlara böyle yön vermek çok akılcı değildir.

Overtrading: *Aşırı işlem (al-sat) yapmak.* Bir davranışsal yanılgı olarak yatırımcı veya fon/para yöneticisinin çok sayıda işlem yapmasıdır. Eğer bunu haklı gösterecek bilgi yoksa bunu piyasa bozucu işlem (noise trade) olarak tanımlıyoruz.

Pp

P/B effect: *Piyasa değeri/defter değeri etkisi.* Normal şartlarda hisse fiyatının beklenen nakit akışları ve riske dayanması gerçeğini yadsıyan P/B etkisi, firma büyüklüğü etkisi ile birlikte bir anomali olarak kabul edilir.

P/E effect: *Fiyat/Kazanç (oranı) etkisi.* Piyasa anomalilerinden biridir. F/K oranları düşük olan hisselerin piyasanın ortalama getirisinin üzerinde kazanç sağlamaları durumudur. Yatırımcıların büyük bir bölümü düşük F/K oranını piyasanın o hisseyi düşük fiyatladığı şeklinde yorumlar. Yani şimdiki getiriler değerin temel göstergesi olarak kabul edilir. Bu etki muhtemelen yatırımcıların o yöndeki inanç ve işlemleri nedeniyle devam etmektedir. Bu biçimde düşünmeyen yatırımcılar bile piyasa genelinin ortak davranışı olarak düşünüp işlemleriyle bu etkiyi sürdurmektedir.

Pain (and pleasure): Acı (ve zevk). Acı ve zevkle ilgili beyin bölgeleri, kimyasal salgılar ve elektrik akımları, zihinsel süreçler, karar verme ve davranışlarla ilgili çok önemli bir rol oynar. Zevk ve acı, yatırım kararlarıyla ilgili olarak korku ve açgözlülük, bunun yanı sıra taklit ve sürü davranışları ile ortaya çıkar.

Panic: *Panik.* Panik, bir durumda rasyonel davranışı sınırlayan, bir gerçek veya algılanan tehlikeyle ilgili olarak ortaya çıkan ani ve şiddetli korkudur. Bu durumda kişi ya donar kalır; ya kaçar ya da uç davranışlar sergiler. Finans piyasalarında ise panik, bütün bilgisi sınırlı yatırımcıların piyasadan hisseleri satıp veya artık almayıp uzaklaşmalarına sebep olur. Piyasada likidite azalır veya kalmaz, normal alım satım, karşı taraf bulunamadığı için durur. Bu da piyasanın çökmesi anlamına gelir ki ayı piyasasından farklı olarak çok ani ve büyük fiyat düşmesi görülür.

Paradigm: *Paradigma.* Genel kabul görmüş modeldir. Önemli olgular kategorisinin uygun ve devamlılık gösteren açıklamasını ve temsilini yaptığını söylemek mümkündür. Basit bir kestirme yolun çok ötesindedir. Belli bir branştaki standart, ana teori olarak düşünülebilir. Ancak sonsuza kadar devamlılık gösteremezler. Daha inandırıcı açıklamaları olan yeni bir paradigma ortaya çıkabilir. Bununla birlikte değişim kolay olmaz. *Bkz.* Common belief, Ortak inanç.

Paradox: *Tutarsızlık, çelişki, paradoks.* Kabul görmüş teori ve tanımlamalarla çelişen ve ilk bakışta mantıkla açıklanamayan sonuçlardır. Bu nedenle, bazı varsayımların ve teorik kabullerin yeniden gözden geçirilmesine yol açarlar. Paradokslar ortaya konulurken genellikle kumar (gamble) olarak ifade edilen paranın işin içinde olduğu oyunlarla (gerçek veya hipotetik) veri elde edilir.

Paradox of choice: *Seçim paradoksu, seçimde tutarsızlık.* Çok fazla seçeneğin olduğu durumlarda insanların karar vermekte zorlandığını ve hatta karar veremez hâle gelebildiğini ifade eder. Seçenek sayısı arttıkça karar süreci karmaşıklaşır; bu da kişinin en iyi seçimi yapmasını zorlaştırır ve bazen tamamen kararsız kalmasına yol açar. Bunu gösteren bir araştırmada, süpermarkette müşterilere ilk gün 24 farklı reçel arasından seçim yaparak indirim kazanma fırsatı sunulmuştur. Ertesi gün ise seçenek sayısı 6'ya düşürülmüş, ancak aynı promosyon devam etmiştir. Sonuçta, ikinci gün reçel satışlarının ilk güne göre yaklaşık 10 kat arttığı görülmüştür. Bu nedenle, çok sayıda seçenekle karşılaşıldığında hata yapmamak için önceden belirlenmiş kriterlere bağlı kalmak, daha sağlıklı kararlar vermeye yardımcı olabilir.

Paralogism: *Yanlış muhakeme. Bkz.* Fallacy.

Paralysis: *Paralize (olmak), donup kalmak, felç olmak. Bkz.* Hysteresis.

Pareidolia: *Aldatıcı imaj.* Görünüşte önemli desenlerin veya tanınabilir görüntülerin, özellikle yüzlerin, rastgele veya tesadüfi şekil ve çizgi düzenlemelerinde algılanmasıdır. Pareidolia karmaşık veri setinde veya baktıkları objelerde hızlı bir kalıp bulma eğilimine girerek daha önce tanınan, bilinen ve aşina olunan şekiller görülmesidir.

Pareto principle: *Pareto prensibi/kuralı.* Yaygın olarak 80/20 kuralı olarak bilinir. Bu prensibe göre birçok durumda sonuçların yaklaşık %80'i, nedenlerin %20'sinden kaynaklanır. Bu fikir, İtalyan ekonomist Vilfredo Pareto tarafından ortaya konmuştur. Pareto, İtalya'da toprakların yaklaşık %80'inin nüfusun %20'sine ait olduğunu gözlemlemiştir. Ayrıca kendi bahçesinde, bezelye fidanlarının küçük bir kısmının (yaklaşık %20) ürünün büyük kısmını (%80) verdiğini fark etmiştir. Bu gözlemlerden yola çıkarak geliştirilen Pareto prensibi, günümüzde ekonomi, işletme ve günlük yaşamda kaynakların ve sonuçların dengesiz dağılımını açıklamak için yaygın şekilde kullanılmaktadır. *Bkz.* Power law.

Parkinson's law of triviality: *Parkinsonun önemsizlik/saçmalık kanunu. Bkz.* Bikeshedding

Parrot effect: *Papağan etkisi.* Aynı kişi veya kaynak tarafından devamlı tekrarlanan bilgi veya mesaj, bir süre sonra karar verirken dikkate alınması gereken bir faktör olarak algılanır. Seçim kampanyaları, reklamlarda çok sayıda örneği görülebilir.

Part-list cuing effect: *Kısmî hatırlama etkisi.* Daha önce öğrenilen öğelerin bir kısmını hatırlatma amaçlı sunulduğunda, kalan öğeler için geri çağırma performansının genellikle hatırlatma olmadığı zamanlara kıyasla daha kötü olduğu olgusunu ifade eder.

Passive investing: *Pasif yatırım yönetimi.* Az sayıda al sat yapmak, al ve tut stratejisi izlemek. Tamamen pasif bir yaklaşım olmayıp bazı portföy düzenlemeleri yapmak normal kabul edilir. Endekse yatırım yapmak bu tip bir yaklaşımdır.

Pattern: *Örüntü.* Finans örüntüleri, fiyat grafiklerinde baş ve omuz, üçgen ve bayrak gibi tekrarlanan, tanımlanabilir şekiller ve yapılardır. Teknik analizde gelecekteki güvenlik hareketlerini tahmin etmek için kullanılır. Genellikle piyasa psikolojisini temsil ederler. Tersine dönen örüntüler (trend değişikliklerini işaret eder) ve devamlı örüntüler (trend kalıcılığını gösterir) olarak ayrılırlar.

PBR/PER effect: *PBR/PER etkisi.* Fiyat-kazanç oranı (PER) ve piyasa değeri/defter değeri (PBR) gibi çarpanların yatırım kararları üzerindeki etkisini ifade eder. Yatırımcılar düşük çarpanlı şirketleri değer yatırımı fırsatı olarak görebilir. Bu yaklaşım temel analiz yöntemlerinde yaygın olarak kullanılır.

Peak-end rule: *Zirve-son hâl kuralı.* Bir deneyimin en duygusal olarak belirgin kısmının (zirve) ve sonucunun (sonu) özet değerlendirmelerde daha fazla ağırlıklandırıldığı bir hafıza olgusudur.

Peer influence, pressure, conformity: *Mahalle/çevre baskısı.* İçinde bulunduğu grupla uyumlu olmaktır. Çoğu kişi tarafından tercih edilen veya zorunlu hissedilen bir durumdur. Toplumsal hayatta bir grupla davranmak, daha güçlü daha sosyal hayat açısından doyum sağlar. Ayrıca bu tür zorunluluk veya baskı olmadığında da kişilerin genelde tercih ettiği durumdur.

Peltzman Effect: *Peltzman Etkisi.* Güvenlik önlemleri arttıkça insanların risk algısının azalabileceğini ve bunun sonucunda daha riskli davranışlar sergilenebileceğini ifade eder. Bu etki ilk olarak Sam Peltzman tarafından ortaya konmuştur. Peltzman, emniyet kemeri zorunluluğu gibi güvenlik düzenlemelerinin ardından bazı sürücülerin kendilerini daha güvende hissederek daha riskli araç kullandıklarını göstermiştir. Bu nedenle Peltzman Etkisi, güvenlik önlemlerinin her zaman beklenen şekilde riskleri azaltmayabileceğini, bazen davranış değişiklikleri nedeniyle ters etki yaratabileceğini ortaya koyar.

Penny stock: *Ucuz (kuruş fiyatına) hisse.* Fiyatı çok düşük olan genellikle küçük şirketlere ait ve yüksek risk içeren hisse senetleridir. Penny stock olarak adlandırılan bu hisseler, ABD'de genellikle 5 doların altında, İngiltere'de ise 1 sterlinin altında işlem görür. Çoğu zaman büyük borsalarda listelenmezler, piyasa değerleri düşüktür ve manipülasyona oldukça açıktırlar. Ayrıca bu hisselerin likiditesi de düşüktür; yani alım-satımı zor olabilir. Bu nedenle penny stock'lar son derece spekülatif ve riskli yatırım araçları olarak kabul edilir.

Perceived risk: *Algılanan risk.* Riskin sübjektif olarak değerlendirilmesi. Bazen gerçek riskten çok farklı hatta zıt yönde bir algı bile olabilir. Aynı zamanda olduğundan çok fazla veya az değerlendirilmesi de söz konusu olabilir. Belirsizliğin çok yüksek olduğu durumlarda tamamen yanılsamaya dönüşebilir.

Perception: *Algı, algılama.* Bir durum, nesne veya olayla ilgili ilk hissedilen, anlaşılan şey, ilk izlenim. Aslında zihinsel olarak bir şeyin, olgunun, durumun soyut bir temsilidir. Birçok bilişsel ve duygusal yanılgı, algıyı etkileyerek bir tasvir yanılsaması (representative illusion) yaratabilir.

Percolation: *Ani, şaşırtıcı değişim.* Bir birikimin kritik eşiği aşması sonucu ortaya çıkan, sadece piyasalarda değil politikada, ekonomide, sosyal hayatta görülebilecek bir olgudur. Yavaş ve çok kararlı olmayan bir sürecin sonunda yeni bir endüstrinin doğması, yeni bir piyasa trendinin ortaya çıkması veya bir trendin gözden düşmesidir. Önceden bir birikime dayanmayan ani şoklar veya piyasa zigzagları bu tanıma girmez.

Percolation threshold: *Değişim eşiği.* Bir sistemde gerçek ve gözle görülür değişimin ancak belirli bir kritik seviyenin aşılmasıyla ortaya çıktığını ifade eder. Bu süreçte değişimi hazırlayan unsurlar başlangıçta yavaş yavaş birikir, ardından hızlanarak etkisini gösterir. Bazı durumlarda ise bu geçiş süreci düzensiz ve öngörülmesi zor, yani kaotik bir görünüm alabilir. Özellikle piyasalarda, daha önce ihmal edilen bir faktörün aniden önem kazanması, bir endüstrinin hızla popüler hâle gelmesi ya da yenilikçi bir ürün veya yatırım alanının ortaya çıkması bu tür bir değişim eşiğine örnek olarak gösterilebilir.

Persevierence: *Azim, sebat, tahammül, sabır.* Kişiliğin önemli bir unsurudur ve bireyin karşılaştığı engellere rağmen hedeflerine ulaşmak için kararlılıkla çaba göstermesini ve vazgeçmemesini ifade eder.

Persistence: *Süreklilik, istikrar, kalıcılık.* Bir dinamik olgu, devamlılığını destekleyen rasyonel nedenler varsa zaman içinde birikim oluşturur. Bu birikim kritik bir eşiği aştığında ise kalıcı hâle gelebilir. Finansal piyasalarda bu tür kalıcılık, zaman serilerinin davranışı üzerinden incelenir ve genellikle Hurst sabiti hesaplanarak ölçülür.

Personality: *Kişilik.* Bir kimsenin düşünceleri, duyguları ve davranışlarının ortaya koyduğu genel özellikleri. Bunun finanstaki önemi, farklı kişiliklerin farklı piyasa davranışına neden olmalarıdır. Örneğin harcama-tasarruf, risk algısı ve tutumu, ahlaki seçimleri, yatırım stilleri olarak ortaya çıkan yatırımcı profilinde kişiliğin büyük etkisi vardır.

Persuation effect: *İkna etkisi.* İnandırıcı bir yorumdan daha çok güvenilir olduğu düşünülen kaynaktan gelen bilgilere güvenme. Örneğin insanlar finansal varlıkların değerine ilişkin olarak piyasa fiyatlarını çok güvenilir bilgi kaynağı olarak görürler. Fiyatların yanlış olabileceğine dair uzman görüşlerini pek dikkate almayabilirler.

Perverse effect: *Terslik, aksilik (etkisi).* Bazı önlemler, politikalar beklenenin tam tersi yönünde gelişme ve etkilere neden olabilir. Örneğin bazı vergi teşvikleri, kurallar istenen etkiyi değil bazen tam tersini yaratabilir. Yöneticileri motive etmek için tasarlanan paketler, onların ana hedeflerden sapmasına neden olabilir. Özkaynak kârlılığını devamlı arttırmak için daha fazla borçlanmaya giderek yatırımcıların isteği hilafına riski arttırmak, kısa vadeli amaçlar için orta uzun vadeli kârlılık, kalıcılık gibi unsurları göz ardı etmeye neden olabilir.

Peso problem/anomaly: *Peso problemi/anomalisi.* 70'li yıllarda Meksika pesosu ve ABD dolarına uygulanan faiz oranları arasındaki farkın açıklanamayacak ölçüde olmasıdır. Yatırımcılar durumu değerlendirip yüksek kârlar elde etmişlerdi. Peso ve dolar paritesi sabitti ve paralarını pesoya çeviren yatırımcılar, yüksek faiz geliri elde ettikten sonra tekrar sabit kurdan dolara dönüyorlardı. Buna risksiz faiz arbitrajı (covered interest arbitrage) denir. Sonunda peso %46 devalüe edildi. Bunu 2000'li yılların başında ve hatta öncesinde Türk piyasasında da gördük. Aşırı değerli TL, yatırımcısına reel %22 getiri sağlamıştı. Burada kur sabit değildi ama vadeli işlem sözleşmeleri ile sabitlenebiliyordu. Böyle beklenmedik durumların finansta açıklanamayan olgulara neden olması, bu terimle adlandırılmaktadır.

Pessimism: *Karamsarlık, ümitsizlik.* Rasyonel nedenlerle, örneğin algılanan riskle ilgili olabilir veya duygusal olarak aşırı korku da bir nedendir. *Bkz.* Fear&Greed.

Phantastic object: *Fantastic (gerçeküstü) nesne.* En derindeki arzularımızı pek farkında olmadan tatmin edeceğini hayal ettiğimiz, düşünceden çok duygularımızla çok heyecan verici bulduğumuz ve idealize ettiğimiz kişiler, fikirler veya nesneler. Bu hayaller son derece sübjektiftir. Örneğin 2008 global krizden önce finansal türevler böyle görülüyordu.

Picture/Image superiority effect: *Resim/görüntü üstünlüğü etkisi.* Resimlerin ve imgelerin kelimelerden daha fazla hatırlanması olgusunu ifade eder. Bu etki farklı yöntemlerle yapılan birçok deneyde gösterilmiştir.

Piggy–backing effect: *Birikim (Kumbara) etkisi.* Mevcut ve daha güçlü bir varlık veya sözleşmeyi finansal avantaj elde etmek için kullanmaktır. Genellikle kredi onarımı, yatırım ve kurumsal stratejide kullanılır. Temel formlar arasında, kredi puanlarını artırmak için yetkili kullanıcıların eklenmesi, bir halka arz sırasında kurucu ve ilk hissedarların kaydedilmemiş hisselerini satmak için kullanımı veya özel mortgage sigortasından kaçınmak için kredi değerliliği yüksek bir yakının etkisini kullanmak olabilir.

Placebo effect: *Plasebo etkisi.* Plasebo etkisi olan ilaç veya tedavi, aslında iyileştirici etkisi olmayan, ancak hastanın inancından dolayı fayda sağlayan bir uygulamadır.

Planning fallacy: *Planlama hatası.* Kişilerin, bir işi tamamlamak için gereken zamanı olması gerekenden daha kısa tahmin etmeleridir. Çünkü o işin detayları ve aşamaları ile ilgili yeterli bilgileri yoktur ve bunun tecrübe ve bilgi düzeyleri ile ilişkisi de zayıftır.

Plasticity: *Esneklik.* Kolayca şekil verilebilme özelliğidir. *Bkz.* Flexibility.

Player: *Oyuncu, piyasa oyuncusu.* Finans piyasasındaki katılımcılar, yatırım veya para yönetimi yapanlar için kullanılan bir terimdir. Oyuncular, kurumsal veya bireysel olabilir. Oyuncu kavramı, finans piyasaları dışında oyun teorisinin uygulanabildiği alanlardaki katılımcılar için de kullanılır.

Pleasure: *Haz. Bkz.* Pain and pleasure.

Pollyanna principle: *Polyanna prensibi.* Bireyler, başkalarına nasıl göründüklerini hayal ederek, başkalarının tepkilerini yorumlayarak ve bu algıları içselleştirerek kendi imajlarını oluştururlar Bu yansıtıcı süreç, bireylerin dolaylı olarak kendilerini gözlemlemek için sosyal etkileşimleri kullandığı bir ayna gibi işlev görür. Pollyanna prensibine göre beyin hoşa giden ve kabul edilebilir bilgileri, hoşa gitmeyenlere kıyasla daha hassas ve kesin bir şekilde işler. İnsanlar geçmiş deneyimleri gerçekte yaşanandan daha pembe ve olumlu olarak hatırlarlar.

Ponzi scheme: *Ponzi dalaveresi, tuzağı, komplosu.* İlk defa 1920'lerde ABD'de Charles Ponzi tarafından uygulanan bu dalavere, daha sonra çeşitli ülkelerde tekrarlanmıştır. Saadet zinciri diye de bilinen sistem, yüksek getiriler vaat edilerek toplanan paraların başlangıçta yatırımcısına yüksek getiri kazandırması ile daha popüler hâle gelir. Ancak yüksek getiri, kanuni kazançlardan değil, yeni katılımcıların sisteme koydukları paralardan karşılanır. Yeni katılımcı olmadığında sistem çöker, saadet zinciri kırılır. Bu konuda Türkiye'de medyatik olup geniş kitlelerin öğrendiği iki önemli olay vardır. İlki 1980'lerde kanuni bir uygulama olan mevduat sertifikaları ve tahvil satışları ile başladı. Bunları banka ve aracı kurumlar satmaktaydı. Bunların getirileri yüksekti ve bir süre sonra mevduat sertifikaları karşılıksız basılmaya başlandı. Bu arada bankerlikleri kendilerinden menkul, herhangi bir izin almayan ve denetime tabi olmayan kişiler, iş hanlarının hizmetlileri bile bir banker tabelası asıp bir masa, bir kasa işe başladılar ve yüksek getiri vaadiyle para toplamaya başladılar. Sonuçta bu sözde bankerler, herhangi bir reel getiriye dayanmayan vaatlerini yerine getiremeyip birer birer battılar. En son batan, en meşhur banker olan Kastelli'ydi. Daha sonra ise Titan denen sistemle, bu sefer finans sektörünün herhangi bir katkısı olmadan bir dalavere sistemi kuruldu, battı ve kurucuları tutuklandı. Daha sonraları, sadece para toplamak finans sektörü kurumları dışında yasak olduğu için aynı işlevi görecek sözde ticari sistemler de kurulduğu söylentisi olmakla birlikte herhangi bir kanıt yoktur.

Positive (right) skewness: *Pozitif çarpıklık.* Sık sık küçük kayıpların büyük kazançlara dönüşme olasılığı, sık sık küçük kayıplar ve az sayıda büyük kazanç sağlama durumu ve bunu gösteren dağılım olarak belirtilebilir. Borsadaki durumu yansıtabilir.

Positive feedback (vicious circle): *Pozitif geri bildirim.* Kendi kendini kuvvetlendiren, devamlılığının engellenemediği süreç. *Bkz.* Hysteresis.

Positive sum games: *Pozitif toplamlı oyunlar.* Oyun teorisindeki tiplerden biridir. Tarafların kazanç ve kayıplarının toplamının sıfırdan büyük olmasıdır. Kaynakların bir şekilde arttığı ve arzu ve ihtiyaçların tatmin edildiği bir yaklaşımın bulunabildiği durumlardır. Dağıtımla (paylaşımla) ilgili bir pazarlığın söz konusu olduğu hâllerde ortaya çıkar.

Positivity effect: *Pozitiflik etkisi.* Yaşlı yetişkinlerin dikkat ve hafıza süreçlerinde olumsuz bilgiyi olumluya tercih etme eğilimini ifade eder.

Post-purchase rationalization: *Satın alma sonrası makulleştirme.* Satın alma ve karar verme sonrası, şüpheler veya çelişkili bilgiler olsa bile kararını veya satın alma davranışını gerekçelendirmeye ilişkin psikolojik süreçtir.

Power law: *Kuvvet kanunu, uç değerler kanunu.* Verinin bir uçta toplanması, yoğunlaşarak L eğrisi de adı verilen dağılımın dik ucunu oluşturmasıdır. Normal dağılım referans alındığında bir anomalidir. Bu dağılımda bir değişken diğerinin bir üssü kadar değişiklik gösterir.

Preference: *Tercih, seçim.* Kişilerin istek, beklenti ve keyiflerine uygun olarak verdikleri kararlardır. Ağırlıklı olarak kişilerin ihtiyaçları ve bunların öncelikleri ile yakından ilgilidir.

Preference reversal: *Tercihin terse dönmesi.* Örneğin yatırımcıların tercihlerini tam ters yönde değiştirmeleridir. Bazen çok cezbedici bir alternatifle karşılaşıldığında, risk değerlendirmesinin bir kenara bırakılması veya büyük kazançlar beklerken şok kayıp yaşanması gibi nedenlere dayanır.

Preference transitivity: *Tercihlerin geçişkenliği.* Eğer kişi A'yı B'ye, B'yi C'ye tercih ediyorsa, o zaman A'yı C'ye tercih edecektir.

Prejudice: *Önyargı.* Belli bir kişiye veya şeye karşı duyulan negatif duygular veya onlarla ilgili olumsuz düşünceler.

Premium (equity, risk-): *Risk, hisse riski primi, beklenen fazladan getiri. Bkz.* Equity risk premium, risk premium.

Price (bid, offer-): *Fiyat (alış, satış-).* Finansta kurumlar fiyat verirken alış ve satış fiyatlarını birlikte verirler. İki fiyat arasındaki farkın çok yüksek olmaması esastır. Eğer fark yüksekse, o kurumun riskten dolayı bu rakamları verdiği düşünülür. Normalde fiyat verirken, psikolojik olarak ya alıcının anlamasını zorlaştıracak örneğin 3.84 gibi küsuratlı veya 9.99 gibi yuvarlak bir rakamın biraz altında fiyat vermek âdettendir.

Price (fair-): *Makul, adil fiyat. Bkz.* Fair price.

Price anomaly: *Fiyat anomalisi.* Bir varlık, mal veya hizmetin olması gereken fiyatın altında veya üstünde fiyatlanması, alınıp satılmasıdır. Buradaki olması gereken fiyat biraz belirsizdir. Benzer mal, hizmet ve varlıkların ortalama fiyatları makul fiyat kabul edilebilir.

Price information: *Fiyat verisi/bilgisi.* Fiyatlar, eğer doğru biliniyorsa herhangi bir piyasada arz ve talep hakkında önemli bilgi sağlar. Fiyat sayesinde alıcıların ne ölçüde alma isteğinde olduklarını, değişime konu olan mal, hizmet ve varlıkların maliyeti ve bulunabilirliği hakkında fikir verir.

Pricing: *Varlık fiyatlaması.* Piyasa fiyatının olmaması, doğru fiyat olup olmadığının kestirilememesi veya hissenin temel özelliklerini (fundamentals) yansıtmadığının düşünülmesi nedeniyle yapılır. Finansın en çok kabul görmüş ama o ölçüde de eleştirilmekte olan sermaye varlık fiyatlama modeli (SVFM) ve ona rakip olarak geliştirilmeye çalışılan arbitraj fiyatlama modeli (AFM) bu amaçla önerilmiş modellerdir. İlki Nobel ödülü getirirken, ikincisi de ümit vadetmekle birlikte henüz tam bir görüntü sağlayamamıştır.

Pride: *Gurur.* Her insanın gururu vardır ancak egonun ön plana alınması ve durumun doğru biçimde değerlendirilmesine engel olması istenmez. Bu yönde yapılan hata ve yanılgılar, bireysel düzeyde yanlış olduğu hâlde bir yatırım stratejisinden vazgeçmemek, şirket düzeyinde ise yönetim veya yatırımlarla ilgili kaybettirdiği belli olan stratejilere körü körüne bağlı kalmak olabilir.

Primacy/priming effect: *Önceleme, öncelik etkisi.* Bir konuyla ilgili olarak akla ilk gelen fikir, gerçek, imge veya temsili örnek, o konuyla ilgili hemen bilinçsiz bir şekilde çıpa görevini üstlenir, temel referans hâline gelir. İlk izlenim gündelik hayatta hemen herkesin bildiği bir gerçektir ve bir çeşit mevcudiyetle ilgili kestirme çıkarımdır.

Principal–Agent: *Sermayedar-Vekil.* Vekalet teorisinin temelindeki iki taraftır. Vekil, sermayedar adına onun varlık, servet veya şirketini yönetir. Buradaki çıkar çelişkisi ve yarattığı sorun, maliyet vb. konular yönetim ve finans literatüründe geniş yer tutar. *Bkz.* Agency theory.

Prisoner's dilemma: *Mahkûmun çıkmazı.* Oyun teorisinin en bilinen örneğidir. İlk olarak RAND Corporation'da deneyi yapılmış ve defalarca tekrarlanmıştır. İki rasyonel kişinin, çıkarlarına çok daha fazla uyduğu hâlde neden işbirliği yapmadıklarını göstermektedir. İki mahkûmun birbirlerini ele vermeleri, ikisinin de zararına olduğu hâlde, sessiz kalmadıkları defalarca tekrarlanan deneyde görülmüştür. Buradaki dengeye en optimum sonuç olmadığından zayıf Nash dengesi denir.

Probability: *Olasılık.* Rassal bir olgunun ortaya çıkmasının ne ölçüde mümkün olduğuna ilişkin bir ölçüdür. Basitçe anlatılırsa, 100 defa tekrarlanan bir durumda bir olgunun kaç defa ortaya çıktığıdır. Sadece 10 defa gözlenmişse, olasılık %10 veya 0.1'dir. Geçmişteki olasılıklar, en doğru başlama noktasıdır, ancak geleceğe ilişkin değerlendirmede sadece onlara dayanmak yerine, bazen basit bir modelleme bile daha iyi sonuç verebilir.

Processing difficulty effect (Disfluency effect): *Anlama güçlüğü etkisi.* Anlama ve içselleştirmenin daha zor olduğu bilgilerin daha sonra daha iyi hatırlandığına dair bilişsel bir olgudur.

Procrastination: *Erteleme, geciktirme.* Var olan statükoyu devam ettirme isteği sonucudur. Bir olaya verilen yetersiz/az tepki de neden olur.

Profile/profiling (stock types): *Profil, görüntü, profil çıkarma (hisse tipleri).* Bir hissenin fiyatını ve fiyat gelişimini etkileyen ana unsurların ortaya konması, diğer bir deyişle piyasadaki hisse davranışını tanımlayarak bu tipe uyan hisselerin belirlenmesidir. Örneğin büyüme odaklı ve değer odaklı hisseler, döngüsel (cyclycal) ve koruma odaklı hisseler ile büyük/itibarlı ve küçük çaplı hisseler biçimindeki sınıflamalar sıklıkla kullanılmaktadır. Buna bir ölçü oluşturmak için hisse imajını bir kantitatif değere dönüştürme girişimleri de vardır. *Bkz.* Stock image coefficient.

Profile/profiling (investor types): *Profil, görüntü, profil çıkarma (yatırımcı tipleri).* Yatırımcıların parasını nasıl idare ettiği, hangi varlık türlerine yatırım yaptığı, ne ölçüde risk aldığı, bilgiyi nasıl analiz ettiği, işlemlerinin sıklığı ve zamanlaması, hangi vadede yatırım yaptığı gibi birçok unsura dayanarak yatırımcıları sınıflamak mümkündür. Riskten kaçınan ve riski alan; kısa vadeli ve uzun vadeli yatırımı tercih eden, aktif ve pasif yatırım yönetimi yapan, trendi takip eden ve trendin aksi yönde giden büyüme ve değer odaklı hisseleri tercih eden, temel analiz ve teknik analize dayanan; belli başlı sınıflamalar olarak sıralanabilir.

Pro-innovation bias: *Abartılı yenilik yanlılığı.* Bir yeniliğin veya yeni teknolojinin değeri, faydası veya başarısı konusunda aşırı iyimserlik eğilimini ifade eder. Genellikle potansiyel dezavantajlarını, risklerini veya başarısızlıklarını görmezden gelmek veya küçümsemek anlamına gelir.

Projection bias: *Tahmin/öngörme yanlılığı. Bkz.* False consensus effect.

Proof by example: *Örnekten ispata gitme. Bkz.* Fallacy of the lonely fact.

Propaganda: *Propaganda. Bkz.* Disinformation, manipulation.

Prospect theory: *Beklenti teorisi.* Klasik beklenen fayda ve sübjektif beklenen fayda teorilerinin önerdiği şekilde olasılıkları kullanarak beklenen değeri hesapladıkları düşünülen bireylerin aslında daha farklı bir karar mekanizması kullandıklarını gösteren bu teori, çok sayıdaki deneysel gözleme dayanmaktadır. Kişiler kaybetmekten nefret ettikleri için kayıplara verdikleri ağırlık veya değer kazançlarla kıyaslandığında daha büyüktür. Dolayısıyla kazanç ve kayıpla ilgili olarak asimetrik bir değerleme söz konusudur. Ayrıca riske karşı tutumları da klasik teorilerin açıklamalarına uymaz. Kazanç hâlinde riskten kaçınır, kayıp olacağını düşünüyorlarsa riske girmeyi kabul ederler. Bu tercihlerinin terse dönmesi fayda teorisinin açıklayamadığı bir durumdur. *Bkz.* Loss aversion, risk, effect.

P

Prototype: *Prototip, ilk örnek.* Belli bir kategorideki hisse veya yatırımcı tipi olarak yeni ortaya çıkan ve gelecekte önem kazanması beklenen örneklerdir. Bu sınıflamalarda önyargıya varacak abartmalardan da kaçınılmalıdır.

Proximity bias: *Bkz. Home bias.*

Pseudo certainty effect: *Yalancı kesinlik etkisi.* Olması çok muhtemel ancak belirsizliği de içeren durumların kesin olarak kabul edilmesi. Bire veya sıfıra yaklaşan olasılıklardaki değişiklikler, (örneğin 0.3, 0.4) orta derecedeki olasılıklardaki değişikliklere göre daha fazla etki yaratır. Örneğin, kişiler çok kötü bir felaketin olasılığını %10'dan %0'a indirebilmek için, %20'den %10'a indirmeye kıyasla çok daha fazla ödemeye hazırdırlar.

Pseudocertainty effect: *Sahte kesinlik etkisi.* İnsanların beklenen sonuç pozitifse riskten kaçınma, eğer beklenen sonuç negatifse risk alma yönündeki davranışlarıdır. İfadelerin söylenişini değiştirmek davranışta değişikliğe neden olur. Beklenti teorisinin esası da buna dayanmaktadır.

Pseudo-instinct: *Yalancı içgüdü.* Parlak bir sezgi, bilinçsiz ama akıllı bir nöro analiz olabilir. Bir illüzyon olma ihtimali de vardır.

Psychology (investing, markets money): *Psikoloji (yatırımcı, piyasa, para).* Parayla ilgili acılar, zevk, sevgi nefret gibi birçok duygu psikolojinin konusuna girer. Sadece duygular değil, biliş de parayla ilgilidir. Kişilerin parayla ilgili olumlu ve olumsuz tutumları, tercihleri, parayla ilgili olarak çalışma, tasarruf, yatırım, borçlanma gibi faaliyetleri nasıl yürüttükleri, bunları yaparken nasıl karar verip hangi faktörlerden etkilendikleri bu çerçevededir.

Public behavioral economics: *Davranışsal kamu ekonomisi.* Kamunun tercihlerinde davranışsal etkilerin neler olduğunu inceler.

Genel olarak davranışsal ekonomiyle birçok alanda ortak tabana sahiptir.

Public choice/public policy bias: *Kamusal tercih/kamu politikası yanılgısı.* Kamusal tercihler oy verenler veya onların adına temsilcileri tarafından yapılır. Piyasa anomalilerine karşı ekonominin sağladığı bir korunma olarak görülebilir. Ancak bu tercihlerin doğruluğu veya böyle koruyucu bir etkisinin olması da tartışmalıdır. Bu tercihlerin de kendi yanılgıları vardır. Bir yöne doğru kayma yaratabilir ve dengesizlikleri arttırabilir.

Pump and dump: *Pompala ve sat.* Bir çeşit manipülasyon olarak küçük çaplı bir hisse önce parlatılır, fiyatı arttıktan sonra da daha önceden alınan yüklü miktardaki hisseden büyük para kazanılır.

Pygmalion effect: *Pygmalion etkisi.* Bireylerden beklenen düzey, onların performansını doğrudan etkileyebilir. Yüksek beklentiler genellikle daha iyi performansı teşvik ederken, düşük beklentiler performansın düşmesine yol açabilir. Bu durum, adını Yunan mitolojisindeki Pygmalion efsanesinden alır: Heykeltıraş Pygmalion, büyük bir inanç ve beklentiyle yarattığı esere adeta hayat verir. Bu etki, bilimsel olarak Robert Rosenthal tarafından ortaya konmuş ve onun adıyla da anılmaya başlanmıştır. Rosenthal, öğretmenlerin öğrencilerden beklentilerinin öğrencilerin akademik başarısını etkileyebildiğini gösteren deneyleriyle tanınır. Bu çalışmalar, beklentilerin insanlar üzerinde güçlü ve çoğu zaman fark edilmeden işleyen bir etki yarattığını ortaya koymuştur.

Pyramidal scheme: *Piramit satış sistemi, Saadet zinciri. Bkz.* Ponzi scheme.

Qq

QA: *Bkz.* Quantitative analysis.

Quant: *Kantitatifçi.* İleri matematiksel teknikler kullanarak ve bilgisayar programları yardımıyla piyasa verisini işleyip analiz, modelleme veya simülasyon yoluyla karar veren piyasa profesyonelidir. Herhangi bir basit şey için "bu roket bilimi değil" denirken bu tür çalışma ve analizler aslında roket bilimi kadar üst düzey ve karmaşıktırlar.

Q

Quant fund: *Kantitatif yöntemlerle yönetilen fon.* Fonun portföyü, hangi menkul kıymet gruplarına ne kadar yatırım yapılacağı, hangi varlıkların seçileceği, ne kadar risk alınacağı gibi konularda karar verirken matematiksel modeller ve karmaşık kantitatif hesapların yapıldığı fonlara denir.

Quantitative analysis: *Kantitatif, sayısal analiz.* Sayısal veriler kullanılarak matematiksel yöntemler ve modeller yardımıyla ve bilgisayar ortamında yapılan çalışmalara denir. Borsa ve fon bağlamında ise hem hissenin ait olduğu şirket hem de piyasa ve ekonomi verilerinin kullanılarak varlık değerlerinin hesaplanması ve kullanılan modeller yardımıyla finansal kararların verilmesine yönelik çalışmalardır.

Quantitative behavioral finance: *Kantitatif analize dayalı davranışsal finans. Bkz.* Behavioral finance.

Quantitative investment: *Analize dayalı yatırım. Bkz.* Quantitative analysis.

Quantum lump, jump: *Ani piyasa değişmeleri.* Burada kuantum bir metafor olarak kullanılmıştır. Piyasanın bir fazdan/durumdan ani bir şekilde diğerine geçmesidir. Örneğin piyasada fiyatların aniden yükselmeye başlaması veya durdurulamaz biçimde düşmesi şeklinde görülebilir.

Rr

Ramadan effect: *Ramazan etkisi.* İslami Takvim (Hicri takvim), Ay'ın Dünya çevresindeki hareketlerini esas alan, Hz. Muhammed'in 622'de Mekke'den Medine'ye hicretini başlangıç kabul eden 12 aylık bir kameri takvim sistemidir. 1 yıl 354-355 gündür. Hâlâ kullandığımız miladi (Gregoryen) takvim ise 365 gün 6 saatin 1 yıl olduğunu varsayar. Böylece hicri takvimin bir ayı olan, Müslümanların 30 gün boyunca oruç tuttuğu ramazan, miladi takvime göre her yıl farklı tarihlerde olur. Ramazan etkisi ise genel olarak daha düşük işlem hacimleri, azalan piyasa dalgalanması ve bu piyasalarda olumlu yatırımcı duyarlılığından kaynaklanan yüksek hisse senedi getirisi ile ortaya çıkar. Bu anomali özellikle ayın son 10 gününde daha yüksek getirilere yol açar.

Random walk hypothesis (RWH): *Rassal yürüyüş hipotezi.* Genellikle etkin piyasalar hipotezi ile eşleştirilir. Rassal yürüyüş fiyatların tahmin edilemez oluşu, böylece şans dışında diğer oyunculardan daha fazla getiri elde edebilecek bir modelin olamayacağını ifade eder. Ancak piyasa fiyatlarının, etkin piyasa hipotezinde olduğu gibi her zaman doğru olduğu veya kısa sürede denge değerine geri döneceğini iddia etmez. Hatta etkinliği neredeyse olmayan bir piyasada fiyatlar hâlâ rassal olabilir.

Random, randomness: *Rassal, rassallık.* En çok finanstaki anlamıyla bilinir. Ancak fizikte ve bazı fen bilimlerinde de önemli bir kavramdır. Finans piyasalarında rassallık, bir sonraki olayı, fiyat hareketini tahmin etmenin mümkün olmaması ve bir örüntünün ortaya çıkarılamamasıdır. Büyük sayılar kuralı geçerlidir. Fiyatların rassal olması, getirilerin de rassal olması anlamına gelir. Fiyatların rassal değişimi, aynı zamanda rassal yürüyüş olarak da bilinir.

Range estimate aversion: *Tahmin marjı vermekten kaçınma.* Bu tahminler genellikle borsa endeksi, belli sektör endeksleri, milli gelir, döviz kuru, enflasyon, bütçe açığı gibi makro parametrelerdir. Şirketle ilgili olarak satış ve kâr tahminleri de olabilir. Uzmanların tahminlerinde tek değer vermeleri ve bir yerde belirsizlik olduğunu görmemeleri anlamına gelir. Belki de kendilerinden bu beklenti olduğunu düşünmeleri veya bir çeşit körlük içinde olmaları nedeniyle kendilerinden son derece emin olarak tek rakam veriyorlardır.

Rare events: *Nadir olaylar.* En popüler tanımı siyah kuğudur. Nassim Nicholas Taleb'in kitabında siyah kuğuların çok nadir olmakla birlikte görülebilecekleri çok güzel anlatılmıştır. Doğal olarak kitap ekonominin siyah kuğularını tanımlamaktadır. Yakın geçmişe bakılırsa bu olayların, özellikle 2008 global krizinin hiç görülmeyeceği varsayılabilirdi. Kişiler de olasılığı çok düşük olan olayların hiç gerçekleşmeyeceğini varsayarak davranırlar. Ancak, beklenmeyen, bir gün karşımıza çıkacaktır.

Rational (intendently, quasi-): *Rasyonel olma niyetinde, yarı-rasyonel.* Gerçekte kişiler hata yapmayı veya yanlış kararlar vermeyi istemezler. Karar süreçlerinin hatalı olduğunun farkına varmazlar. Örneğin risklerini azaltmaya çalışırken seçtikleri yatırım aracının nasıl bir risk taşıdığının farkına varmaz veya bilmezler. Hele klasik ekonomi teorilerinin beklenen fayda gibi çok temel bir prensibi, onlara hiçbir şey ifade etmediği gibi, ona göre karar vermeleri de mümkün değildir.

Rational bubble: *Rasyonel piyasa balonu.* Bu terim, piyasada balon oluşması hâlinde hangi rasyonel stratejilerle kayıptan kaçılabileceği veya kazanç elde edilebileceği ile ilgilidir.

Rational choice theory: *Rasyonel karar (seçim) teorisi.* Etkin piyasa hipotezinin temellerinden biridir. Piyasa oyuncuları; tam bilgiye sahip, bu bilgileri doğru analiz edebilen, duygularının esiri olmayan zeki insanlardır ve verdikleri finansal (ekonomik) kararlar en iyisidir. Ancak bu önermelerin hepsinin doğru olmadığı, piyasa hareketlerine ve anomaliler bakılarak söylenebilir.

Rational expectations: *Rasyonel beklentiler.* Piyasa etkinliği hipotezinin desteklerinden biri de kişilerin rasyonel beklentilere sahip olmasıdır. Ancak piyasa etkinliği her zaman işlemez, kişilerin bireysel ve kollektif yanılgı ve hataları vardır. Rasyonel olmaya çalışırken çeşitli nedenlerle olamayabilirler. Dolayısıyla rasyonel beklentiler her zaman bireysel yatırımcılara doğru yolu göstermeyebilir.

R

Rational ignorance: *Rasyonel ihmal, haberinin olmaması. Bkz.* Ignorance, cognitive overload.

Rational, rationality: *Akılcı, akılcılık, rasyonellik.* Akılcı olmak veya davranmak, bir kişiye optimum tatmin veya yararı sağlayacak karar verme olarak tanımlanabilir. Bilgelik ve kendi çıkarlarını koruma ile yakın ilişkisi vardır. Klasik ekonomi teorileri, kişilerin rasyonel kararlar aldıklarını varsayar. Ancak davranışsal finans ve ekonomi, bunun her zaman mümkün olmadığının çok sayıda örneğini verme ve nedenlerine açıklama getirme amacındadır.

Rationality (bounded-): *Sınırlı rasyonellik.* Ekonomist Herbert Simon tarafından ilk defa kullanılan bu terim, kişilerin sınırlı rasyonellik içinde olduklarını anlatır. Rasyonelliği sınırlayan unsurlar, bilişsel yanılgılar, acil durumlar, alışkanlıklar, duygular, diğer içsel ve dışsal faktörlerdir. Örneğin veri toplamadaki hatalar, bilgi eksiklikleri, manipülasyonlar da diğer etkili olabilecek faktörlerdir. Nöroloji, beynin nasıl karar verdiğini inceleyen bir bilim dalı olarak tam optimal bir sürecin yerine rasyonele yakın ama hatalar barındıran bir karar verme mekanizması olduğunu keşfetmiştir.

Rationality (near-): *Rasyonele yakın. Bkz.* Intendedly rational, quasi-rational.

Rationalization, rationalizing (mental-): *Rasyonelleştirme, akılcı hâle getirme.* Bir olayı, durumu kendine veya başkalarına, gerçekte öyle olmadığı hâlde, akılcı ve mantıklı hâle getirmeye çalışmaktır. Bu bir çeşit savunma mekanizması olarak kendini kanıtlamak, gülünç duruma düşürmemek veya kendine olan saygısını korumak gibi amaçlara yöneliktir.

Reaction to info, news, events: *Tepki, reaksiyon (veriye/bilgiye, haberlere, olaylara).* Tepkinin doğru veya yanlış olması, hızı veya yavaşlığı, derecesi konusunda belirsizlik vardır ve zihinsel veya davranışsal yanılgılara bağlı olarak bozulmaya uğrar. Genellikle de tepkinin gecikmesi söz konusudur. Hisse senedi piyasalarında piyasa etkinliği, veriye/bilgiye verilen tepkinin ne ölçüde hızlı olduğuna bağlıdır ve veri/bilgi ile ilgili etkinlik olarak tanımlanır.

Reaction to signals: *Sinyallere tepki.* Piyasalarda ortaya çıkan bilgi veya göstergelere verilen yatırımcı tepkilerini ifade eder. Ekonomik veriler, şirket haberleri veya teknik sinyaller yatırım kararlarını etkileyebilir. Yatırımcılar bu sinyallere hızlı veya gecikmeli tepki verebilir.

Reactive devaluation: *Reaktif değersizleştirme.* Bir öneri muhalif birisi tarafından ortaya atıldığında değersizleştirilmesiyle ilgili bilişsel bir önyargıdır. Muhtemel sebepleri kayıptan kaçınma, tutumların kutuplaşması veya naif gerçekçilik olabilir

Real estate market: *Gayrimenkul piyasası.* Varlık piyasalarından biri olarak menkul kıymetlere göre likiditesi düşük bir piyasadır, ancak onda da bazı anomaliler görülür.

Real estate market anomalies, herding, boom: *Gayrimenkul piyasası anomalileri, sürü davranışı/piyasa balonu.* Finans piyasalarındaki klasik menkul değerlere benzemeyen ve heterojen bir yapısı olan bu varlıklar, gayrimenkul yatırım fonları yoluyla finans piyasalarına dâhil olurlar. Ayrıca normal alış-satış faaliyetleri sırasında, diğer menkul kıymetlerde görüldüğü gibi piyasanın birlikte döngü içinde olması, bazen fiyatların çok yükselerek balon oluşturması mümkündür. Yatırımcıların trendleri takip ederek klasik sürü davranışıyla alış-satış yaptıkları da sıklıkla görülür. ABD'de 2008 yılından başlayarak düşük kaliteli ipotekli satışlarda (subprime mortgages) hem balon hem de çöküş görüldü ve tüm dünya piyasalarını etkiledi. Diğer taraftan ipotekli satış yoluyla kredilendirilen gayrimenkul piyasaları, bankacılık sektörünü dolayısıyla da hisselerini etkiler.

Reasoning: *Akıl yürütme.* Bireylerin bilgi ve deneyimlerini kullanarak mantıksal sonuçlara ulaşma sürecidir. Finansal kararlar çoğu zaman akıl yürütme süreçlerine dayanır. Ancak bilişsel ön-

R

yargılar bu süreci etkileyebilir. Davranışsal ekonomi akıl yürütmenin sınırlarını inceler.

Rebiasing: *Yanılgıyı kullanmak.* Varlık piyasalarında diğer yatırımcıların kollektif yanılgılarının yarattığı etkiden yararlanmak ve bunu avantaja çevirerek para kazanmak. Bu arada doğal olarak bilgili yatırımcının kendi yanılgılarının kurbanı olmadığını düşünüyoruz.

Recency bias, effect: *Yakın zaman yanılgısı.* Aklımız yakın zamanda ortaya çıkan olgu ve olaylara daha fazla önem verir. Bu bir çeşit zihinsel miyopluk olarak eski olgularla birlikte bir perspektiften değerlendirme yapmamızı engeller. Bunun nedeni yakın zamanlı olayları çıpa olarak kullanmanın kolaylığıdır. Ayrıca kısa vadeli hafıza, yeni gelen bilgiyi/veriyi kaydederken bilişsel yükleme nedeniyle eskileri silerek onların yerine kaydeder.

Reciprocity: *Karşılıklılık.* Kabul edilen bir iyiliğin bir süre sonra karşılığının beklenmesi. Eğer böyle bir bedel ödemek istemiyorsanız karşılıksız yardımlarda durup bir düşünün. Bu olgunun farklı bir versiyonu da kan davasıdır.

Reductionism: *Aşırı sadeleştirme, basitleştirme.* Bir olgunun, birçok ilgili faktör elenerek bir-iki etmenle açıklanmasıdır. Genelleme, çok az bir kritere odaklanmak, çoğu zaman yanlış kararın da reçetesi hâline gelir. Örneğin döviz kurlarını değerlendirirken, sadece ülkenin dış ticaret açığına bakarak diğer uluslararası fon akışları, dünya ekonomisinin dinamikleri ve hatta ülkenin diğer avantaj ve dezavantajları dikkate alınmazsa doğru tahmin yapmak sadece şansa kalır.

Reference (mental-): *Zihinsel referans (noktası).* Dinamik bir ortam veya piyasada bazen eski verileri, benchmarkı veya kendi tahminini referans alıp gelişimleri onunla değerlendirme yanılgısıdır.

Alınan referansın gerçek durumdan veya beklentilerden daha önemli olduğu düşüncesi bu yanılgıda rol oynar.

Reference point: *Referans, kerteriz noktası.* Duruma göre geçmiş veri veya olaylar, hazırlanan bir model, bir standart veya norm gibi kıyaslama yapılacak bir hareket noktasıdır. Bu yanılgı en acıklı şekilde LTCM (Long Term Capital Management) adlı riskli yatırım fonunun modellemesinde görülür. Fon, Nobelli ekonomistlerin hazırladığı modelle yönetilirken, dünya ekonomisindeki bazı gelişmeler atlanmıştır. Model temel referans olduğu için diğer gerçekler göz ardı edilmiştir.

Reflection effect: *Yansıma etkisi.* Bireysel fayda fonksiyonunun bir referans noktasına bağlı olarak kazançlar için konkav (içbükey), kayıplar için ise konveks (dışbükey) olması, kazançların fayda fonksiyonunda kayıplara göre daha az etki yaratması Kahneman ve Tversky tarafından yansıma etkisi olarak adlandırılmıştır.

Reflex, reflexive bias: *Refleks.* Ani, istemeden verilen, içgüdüsel tepki. Bir dış uyarana, alışkanlıkla veya içsel duygusal bir ani dürtü ile verilen, bazen hatalı tepkiye denir.

Reflexivity, circularity: *Döngüsellik.* Algılar gerçek zannedilmeye başlandığında kendini güçlendiren bir fasit daire başlar ve kendi referansını oluşturur.

R

Regime switching: *Trendin, düzenin değişmesi, tersine dönmesi.* Varlık piyasalarında trendin veya yatırımcı davranışında çok önemli bir değişimin ortaya çıkması, bir kırılma veya terse dönmenin yaşanması. Bunun için genellikle bir kritik eşik aşılmış ve değişim meydana gelmiştir.

Regression to mean: *Ortalamaya yaklaşma, geri dönme.* Herhangi bir müdahale olmaksızın veya kişilerin kendi kontrolü dışında seyreden birçok parametre ortalama değerlere döner. Eğer kötü giden bazı rassal değerleri düzeltmek için kişinin bazı uğurları/totemleri varsa, örneğin bu takımının maçını seyrederken formasını ters giymek olabilir, iyiye gidişi buna yorabilir. Yağan kar bir süre sonra durur, hava sıcaklığı tekrar yükselir, hisse piyasasında fiyatlar tekrar yükselişe geçer ve bunun için herhangi bir uğur gerekmez.

Regret: *Pişmanlık.* Bir kişinin kendi hareketi veya kararı nedeniyle karşılaştığı olumsuz ve acı verici durumdaki bir çeşit suçluluk hissidir. Finansal kararlarda kayıp veya kazanç fırsatının kaçması pişmanlığa neden olur.

Regret aversion: *Pişmanlıktan kaçma.* Finansal kararlar verirken bireyler daha sonra pişman olmaktan çok çekindikleri için bu olasılığı en aza indirecek şekilde seçim yapmaya çalışırlar. Bizi daha akıllı kararlar vermeye yönlendirdiği takdirde sorun yoktur. Ancak bazen pişmanlıktan kaçarken onu erteleme amaçlı kararlar, kayıpların artmasına neden olabilir.

Reinforcement: *Kuvvetlendirme.* Bir kişinin/deneğin istenen bir tepkiyi vermesi için şartlanma, ceza ve ödül yoluyla etkilenmesidir. Olumlu veya olumsuz anlamda yapılabilir.

Religious holiday: *Dini Bayram. Bkz.* Holy day effect.

Repetition errors/mistakes: *Tekrar hataları.* Etkin piyasa hipotezine göre piyasa oyuncuları hatalarından öğrenip düzeltirler. En azından bazıları bunu yaparak piyasanın eski dengesine geri dönmesini sağlar. Bunu arbitraj yoluyla yapıp kâr elde ederler. Ancak davranışsal finans her zaman hatalardan öğrenmenin mümkün olmadığını, bazen denge durumuna dönmenin bu kadar çabuk ve kolay olmadığını iddia eder.

Replication: *Verilerin kopyalanması.* Verilerin (işlemler, müşteri kayıtları) güvenliği, anlık takibi, risk yönetimi ve uyumluluk (raporlama) için birden fazla sunucu arasında eşzamanlı olarak kopyalanması işlemidir. Bu süreç, verilerin tutarlılığını sağlar, felaket kurtarma senaryolarında kesintisiz hizmet sunmalarını sağlar.

Representativeness heuristic: *Temsililik yanılgısı.* Bireylerin, bir durumun ne kadar olası olduğunu değerlendirirken istatistiksel veriler yerine, o durumun zihindeki tipik örneğe ne kadar benzediğine bakmalarıyla ortaya çıkan bilişsel bir hatadır. Yani kişi, temsil gücünü gerçek olasılığın önüne koyar ve diğer önemli bilgileri göz ardı ederek karar verir. Örneğin, borsada bir hissenin son dönemde yükseldiğini gören yatırımcının, bu trendin devam edeceğini varsaymasıdır. Bu durumda yatırımcı, mevcut fiyat hareketinin, gelecekteki fiyatları en iyi şekilde temsil ettiğini düşünerek karar alır.

Reputation (of stocks): *Hissenin prestiji, repütasyonu, olumlu şöhreti.* Doğal olarak hissenin prestiji şirketin prestijine bağlıdır. Yaratılan veya piyasa oyuncularının hissettiği pozitif duygular ve imaj, şirket değeri üzerinde etkilidir.

Response bias: *Yanıt yanlılığı.* Yanıt yanlılığı, anket katılımcılarının genellikle sorunun ifadesi, sosyal baskı veya araştırmacıları memnun etme arzusu nedeniyle yanlış veya yanıltıcı cevaplar verme eğilimidir. Araştırmalarda deneklerin kendi beyanlarına dayanılıyorsa, veri yanlı hâle gelir ve sonuçlar da çarpıtılmış olur.

R

Restraint bias: *Kısıtlama yanlılığı.* İnsanların dürtüsel davranışları kontrol etme yeteneklerini fazlasıyla abartma eğilimidir. Şişirilmiş bir özdenetim inancı, daha fazla yoldan çıkmaya ve dürtüselliğe yol açabilir. Bu nedenle kısıtlama önyargısı bağımlılıkları destekler.

Retention: *Tutma, koruma, kalma.* Finansta kârların, yatırımda kullanılmak üzere şirkette alıkonmasıdır. Psikolojide ise öğrenilen bilginin ne kadarının hatırlandığıyla ilgilidir.

Retreat effect: *Uzak durma etkisi.* Kişinin belirsiz, karmaşık, düşük olasılıklı durumları bilinçli olarak göz ardı etmesi anlamına gelir. 2018'de yatırımcılar riskli pozisyonlardan çıkmaya başladılar. Temeldeki motivasyonları global büyümenin yavaşlaması ve ticaret hacmi ile ilgili endişeleriydi. *Bkz.* Complexity aversion, ambiguity aversion, information avoidance.

Retrieval cues: *Geri çağırmaya (hafızadan) ilişkin işaret, ipucu.* Bir şeyi hatırlamaya ilişkin bazı uyaranlar vardır. Örneğin bir yerde burnunuza gelen bir yemek kokusu, annenizin eskiden pişirdiği bir yemek, eski hatıralarla hafızanıza yerleşmiş olan anılar ve bilgiler hatırlamanızı sağlar.

Retrieval: *Geri çağırma, getirme, tekrar elde etme.* Hafızadan daha önce elde edilmiş/öğrenilmiş olan bilgi/verinin geri çağırılması, tekrar hatırlanmasıdır.

Return chaser: *Getiriyi takip eden.* Yatırımcıların yakın geçmişte iyi performans gösteren varlıkları almaları ve yüksek getirilerin devam edeceğini ümit etmeleridir. Bu bireysel yatırımcılar ve hatta kurumsal yatırımcılar arasında yaygın bir stratejidir.

Reverse psychology: *Ters psikoloji.* İstenen inancın veya davranışın tam tersi bir inanç veya davranışın ortaya koyulmasını içeren bir tekniktir.

Reversion, reverting: *Dönme, dönüş, (piyasaların) normale dönmesi.* Etkin piyasalarda fiyatların, getirilerin, hatta dalgalanma ve risk algısının da normale dönmesi beklenir. Böylece piyasanın kendini düzeltme mekanizması işlemiş olur. Ancak gerçekte beklenen bu düzeltme her zaman olmayabilir. Ortalama yerine, bazı parametrelerin pozitif bir geri bildirim döngüsüyle uç değerlere doğru gitmesi de mümkündür.

Reward pursuit: *Ödül kovalama.* Yatırımcılar piyasalardaki olayları değerlendirirken içlerindeki ödül peşinde olan hisleri veya buna ilişkin sinir ağını kullanırlar. Yaptıkları işlemlerde elde edilen kazançları da ödül olarak algılayabilirler.

Rhyme-as-reason effect: *Kafiye/ahenk etkisi.* Kafiyeli sözler veya aforizmaların kafiyeli olduğunda daha geçerli veya doğru algılandığı bilişsel bir önyargıdır.

Risk (systematic, unsystematic-): *Sistematik ve sistematik olmayan risk.* Yatırımcı bakış açısından portföyünü yönetirken risk dağıtırken, diğer bir deyişle korelasyonu düşük varlıkları portföyünde toplarken sistematik olmayan, şirketlere veya sektöre has riskleri azaltır. Buna karşılık, makroekonomik etkilere bağlı olarak hemen tüm şirketlerin etkisinde olduğu sistematik risk, bu biçimde azaltılamaz.

Risk appetite: *Risk iştahı.* Bir kuruluşun hedeflerine ulaşmak için kabul etmeye istekli olduğu risk miktarıdır. Bir kuruluşun risk iştahını belirlemek ve ifade etmek, kuruluşların riski dikkate alarak daha iyi seçimler yapmasına yardımcı olur.

R

Risk attitude, aversion: *Riske karşı tutum, riskten kaçınma.* Finansal kararları en çok etkileyen unsurlardan biri de riske karşı benimsenen tutumdur. Kişiler genellikle riski sevmezler ve risk almaları için bir teşviğe ihtiyaç duyarlar. Finansal kararlarda bu teşvik daha fazla kâr veya getiridir. Riskten kaçınma davranışı bazen hatalı finansal kararlara neden olur. Örneğin piyasalarda sadece kısa vadeli getirilere bakılırsa, yatırımcı, parasının hak ettiği getiriyi elde edemeyebilir. Riskten kaçınma beklenen faydanın arttırılması prensibine dayanır. İlk tercih hiç risk alınmayacak durumda elde edilen kazançtır. Riskli alternatiflerin varlığı hâlinde riski alarak en yüksek getiriyi elde etme amacıyla karar vermekle ilgilidir.

Risk compensation: *Riskin telafisi.* Risk telafisi, insanların genellikle algılanan risk seviyelerine yanıt olarak davranışlarını ayarladığını, daha yüksek risk hissettikleri yerlerde daha dikkatli olduklarını, daha korunaklı hissettiklerinde ise daha az dikkatli olduklarını öne süren bir teoridir.

Risk framing: *Risk çerçeveleme.* Bir kuruluşun risk yönetimi yaklaşımını şekillendiren varsayımlar, kısıtlamalar, risk tahammülü ve öncelikler/takaslar kümesidir.

Risk neutral, tolerant, seeking: *Riske kayıtsız, tolere edebilen, riski seven.* Kişilerin riske karşı farklı tavırları olabilir ve bunlar duruma göre de değişebilir. Buna risk profili adı da verilir. Riske karşı nötr olmak, riski dikkate almamak veya riske bağlı olarak farklı bir tutum izlememek anlamına gelir. Örneğin bir yatırımcı, yatırım yaptığı hisse senetlerinin fiyat dalgalanmalarını dikkate almayabilir. Daha ötesinde riski algılayıp bunu fazla dikkate almamak, bir yerde riske şerbetli olmak söz konusu olabilir. Finans profesyonelleri, bir dereceye kadar riski tolere edebilen kişilerdir veya olmalıdır. Riski sevmek ise az görülen bir davranış biçimidir. Bu kişiler hiç kimsenin cesaret edemediği işlere girer, bazen büyük paralar kazanır, bazen de büyük zarar ederler. Risk alma davranışı, yaşa, cinsiyete, sosyal konuma, aile özelliklerine, farklı durumlara göre değişebilir. Bu konudaki en sağlam araştırma bulguları, kadınların, yaşlıların, bakmakla yükümlü olduğu yakınları olanların, daha fazla serveti olanların daha az risk aldığını göstermektedir.

POMPEI'DE RİSK ALMAK

Finans dünyasının koridorlarında yankılanan sarsılmaz bir kabul vardır: Servet büyüdükçe risk iştahı azalır; kaybedecek bir şeyi olmayanlar ise daha cesur, daha cüretkâr riskler alırlar. Ancak tarihin tozlu sayfaları, bazen en rasyonel verileri bile yerle bir eden trajediler barındırır. Bunun en çarpıcı örneği, M.S. 79 yılının o kara Ekim ayında, Vezüv'ün öfkesiyle donup kalan Pompeii şehrinde gizlidir.

Vezüv yanardağı kükremeye başladığında, lav ve küller şehrin dört bir yanını kuşatmıştı. Komşu şehir Herculaneum saniyeler içinde yok olurken, Pompeii halkının önünde hâlâ bir umut kapısı, deniz yoluyla kaçabilecekleri kıymetli bir zaman dilimi vardı. İşte o kritik saatlerde, insanlık tarihinin en ibretlik risk analizi yaşandı.

Şehir, müreffeh bir yaşamın zirvesindeydi; fresklerle bezeli duvarlar ve kilolarca altın ziynet eşyası, Pompeii'nin lüks içindeki ruhunu yansıtıyordu. Geleneksel teorinin aksine, kaybedecek hiçbir şeyi olmayan yoksul halk, canlarını kurtarmak için rasyonel bir hızla şehri terk etti. Ancak şehrin görkemli malikanelerinde yaşayan zenginler, o güne dek biriktirdikleri lüksün ve mücevherlerin ağırlığına yenik düştüler. Sahip oldukları serveti geride bırakma riskini göze alamayanlar, aslında hayatlarını ortaya koydukları en feci kumarı oynadılar.

Bu acı tablo, bizlere riskin sadece rakamlarla değil, psikolojik prangalarla da ilgili olduğunu fısıldar. Bazen servet, insanı özgür kılmak yerine onu felaket anında kımıldayamaz hâle getiren bir ağırlığa dönüşür. Pompeii'nin taşlaşmış bedenleri arasında yapılan kazılar, araş-

R

tırmacıları hayrete düşüren o sarsıcı gerçeği gün yüzüne çıkarmıştır: Gerçek risk, neye sahip olduğun değil; vakti geldiğinde neyi geride bırakamadığındır. Keşke biz de hayatın anlık değişimlerinde, sahip olduklarımızı birer pranga gibi kuşanmak yerine, neyin gerçekten korunmaya değer olduğunu ayırabilecek o berrak zihne sahip olabilsek.

Risk of rare: *Nadir olay riski.* Düşük olasılıklı ancak yüksek etkili olayların oluşturduğu riskleri ifade eder. Finansal krizler veya ani piyasa çöküşleri bu tür olaylara örnek olabilir. Bu riskler genellikle göz ardı edilir. Ancak gerçekleştiğinde büyük sonuçlar doğurabilir.

Risk perception: *Risk algısı.* Riskin sübjektif bir biçimde değerlendirilmesidir. Çoğu zaman algılanan, gerçek riskin tam tersi veya ondan çok daha yüksek/düşük olabilir. Profesyonel olmayanlarda bu tür hataların daha sık görüldüğü düşünülse de bazen analistler kendi dar pencerelerinden olaya bakabilirler.

Risk premium: *Risk primi.* Riskli bir varlık veya yatırımı değerlendirirken normalde kullanılacak iskonto oranının üzerine konan birkaç puanlık fazladır. Böylece risk, ancak daha fazla getiri olasılığı varsa kabul edilir. Genellikle riskli ve risksiz varlıkların getirileri arasındaki fark bir gösterge olarak kabul edilir.

Risk premium puzzle: *Risk primi muamması.* Riskli varlıkların risklerine kıyaslandığında onu telafi edecek getiriden fazlasını elde etmeleri ve buna rağmen yatırımcıların bunu doğru değerlendirememeleri gerçeğidir. *Bkz.* Equity premium puzzle.

Risk profile: *Risk profili.* Bir kuruluş, kişi, varlık veya projenin karşılaşabileceği tehdit ve kayıpların nicel analizidir.

Risk tolerance: *Riske tahammül.* Bir yatırımcının daha yüksek potansiyel getiri karşılığında yatırımın bir kısmını veya tamamını kaybetmeye razı (hazır) olmasıdır.

Risky shift: *Risk kayması.* Kişiler tek başlarına karar alırken daha az risk alırlar. Grupta ise tek bir kişi herhangi bir olumsuzluktan dolayı bireysel olarak suçlamayacağı için daha fazla risk alma eğiliminde olurlar. Bu durum, özellikle milyarlarca dolar, TL söz konusu olan kararlarda (emeklilik fonu, yatırım fonu, büyük şirketlerin stratejik kararları) veya örneğin nükleer güç kullanımı kararlarında çok riskli hatta tehlikeli olabilir.

Robinson Crusoe fallacy: *Robinson Crusoe yanılması.* Robinson Crusoe ıssız bir adada yaşarken tek başına olduğunu ve sadece doğa güçleriyle uğraşmak durumunda olduğunu düşünüyordu. Bir gün kumsalda bir ayak izine rastladığında artık doğa dışında da tehlikelere maruz kalabileceğini düşünerek sığınağını güçlendirmeye başladı. Başlangıçtaki yanılgısı Tsebelis tarafından Robinson Crusoe yanılması olarak adlandırıldı. Bu durum oyun teorisinin kullanılması gereken durumlarda yanılarak karar teorisine göre davranmanın açıklamasıdır. Oyun teorisinde karşılıklı etkileşim vardır ve karşı tarafın stratejisine göre davranmak gerekir. Karar teorisinde ise olasılıklar, kişinin seçimine bağlı olarak farklılaşmaz.

Rogue trader: *Pervasız işlemci.* Bankada, sermaye piyasalarında çalışan, yetkisi olmadığı halde yüksek riskli işlemler yapan, çoğu zaman iç kontrolleri atlayıp büyük kayıpları gizleyen bir finans profesyonelidir. Bu kişiler genellikle bağımsız hareket eder ve milyarlarca dolara ulaşan zararları örtbas etmek için genellikle aldatmaca kullanırlar ve bazen banka iflasına yol açarlar. Temel özellikleri arasında işlem sınırlarını aşmak, sahte belgeler ve aşırı özgüven yer alır. Barings Bank, 1995 yılında Singapur şubesinde çalışan Nick Leeson'ın, yetkisiz türev işlemlerle bankayı £827 milyon (yaklaşık 1,6 milyar dolar) zarara uğratması sonucu çökmüştür. Banka, ING Bank tarafından satın alınmış olup, bugün ING Barings adıyla faaliyetine devam etmektedir. *Bkz.* Narcissism.

Rosy retrospection: *Pembe geçmiş.* Geçmişi, diğer her şey eşit olduğu hâlde şimdikinden daha olumlu/pembe hatırlama eğilimimizdir. Bu, nostalji kavramıyla paralel olan bilişsel bir önyargıdır, ancak nostalji her zaman doğrudan önyargılı bir anı ima etmez.

Rotation (of attention, interest, image): *Yön değiştirme, kayma (ilgide, imajda).* Finans piyasalarında dönemsel olarak ilginin farklı varlık gruplarına, sektörlere kayması, yatırımcılarının iyimser ve kötümser beklentilerinin tam tersine dönmesidir. Burada temel göstergelerde veya makroekonomik parametrelerdeki değişimler etkili olabileceği gibi, piyasa oyuncularının bıkkınlığı, endişeleri de rol oynayabilir.

Round numbers: *Yuvarlak rakamlar.* Finansta yuvarlak rakamlar, genellikle 0, 5 veya 10, 100 veya 1000'in katları ile biten, hatırlaması, okunması ve analiz edilmesi daha kolay olan sayılar etrafında finansal verilerin yaklaşık olarak oluşturulması, basitleştirilmesi veya kümelenmesi uygulamasını ifade eder. Bu kavram, raporlamada karmaşık rakamları basitleştirmek, işlem stratejilerini yönetmek ve hesaplamalardaki hataları en aza indirmek için çok önemlidir. Ancak yuvarlatma, özellikle bileşik faiz hesaplamaları veya para dönüşümleri gibi durumlarda ve birden fazla hesaplama turu olduğunda sorunlu olabilir.

Rule-of-thumb: *Göz kararı, kestirme değer belirleme, parmak hesabı.* Belli bir durum veya nesneyle ilgili kolaylaştırılmış tavsiye veya kullanılan yöntem. Belli bir işi başarmak için kullanılan ve pratik yaklaşımlar öneren genel prensipler. Bunlar bilimsel araştırma ve tekniklerden çok kişisel deneyimlere dayanırlar ve her zaman işe yarayacaklarının garantisi yoktur.

Rumor dissemination: *Söylentilerin yayılması.* Söylentilerin bir salgına benzer şekilde, bazen de viral iletişim gibi bir kanaldan dağılmasıdır. Buna sızan bazı bilgiler veya zayıf sinyaller de neden olabilir.

Ss

Salience (information): *Dikkat çekme, göze çarpma (bilgi/veri).* Bir olay, bilgi veya sinyalin ilgiyi toplama kapasitesi ve böylece ulaştığı kişilerin bir tepki vermelerinin sağlanması olarak tanımlanabilir. Zayıf sinyalin aksine, piyasadaki bozuk sinyallere (noise) daha yakın olduğu söylenebilir. Bu bilgi/veri, her zaman ilgili veya doğru olmayabilir.

Satisfaction: *Tatmin, fayda.* Ekonomide fayda (utility) kavramıyla ifade edilen, bir ekonomik faaliyet veya piyasa işlemindeki getiriden elde edilen hoşnutluktur. Genellikle finans ve ekonomide parasal değerlerle ifade edilir. Mutlulukla eşdeğer tutulur. Bu konuda çok sayıda bilimsel araştırma da vardır.

Satisfaction of report: *Rapor memnuniyeti etkisi.* Tıp alanında teşhis konulan hastalık veya duruma ilişkin hekimin önceki bir raporda yer alan izlenimi ve hatayı sürdürme eğilimi olarak belirtilebilir. Bunu finansal raporlarda da görme olasılığı vardır.

Satisfaction of search effect: *Araştırma yapma memnuniyeti etkisi.* Hekim tarafından görsel tanı sürecinde herhangi bir anormallik tespit edildiğinde, ek anormallikler için görsel aramayı durdurma eğilimi olarak söylenebilir. Finans alanında da üzerine çalışılan konu hakkında yeterli bir şey bulunduğunda aramayı bırakma eğilimi olarak ortaya çıkar. Sezgisel yöntemler, karmaşık, bilinmeyen veya zor durumlarda hatalı muhakeme veya sonuçlara yol açabilen kalıtsal bir önyargıya sahiptir. Sınırlı bilgiyle neredeyse refleksif karar alma yani sistem 1 tetiklenmektedir.

Scam: *Aldatıcı, tuzak (mesaj).* Nijerya kaynaklı ilk örnekleri nedeniyle Nigerian scam olarak da bilinir. Genellikle para yatırılacak bir hesap (doğal olarak birkaç milyon dolar hizmet karşılığı ödeme vaadi), varissiz ölen bir zengin orta doğulunun mirasçısı olma gibi cezbedici teklifler vardır. Bu tuzaktan en az zararla kurtulanlar kara para trafiğine aracılık etmiştir ve ömür boyu bu konudaki uluslararası kara listeye eklenmiştir. Cazip teklife kanıp kaynak ülkeye gidenlerin arasında dövülüp soyulup sokağa bırakılan kurbanları da duyduk. En doğrusu hiçbir zaman tanımadığınız bir kişinin size böyle bir iyiliği yapmayacağını bilmenizdir. Atasözlerimiz bile "Bayram değil, seyran değil, eniştem beni niye öptü?" diye soruyor!

Scarcity Mindset: *Paranın kıtlığı zihniyeti.* Hiçbir zaman yeterli para olmadığına inanmak olarak tanımlanabilir. Bu da kaygıya yol açabilir ve finansal başarıyı engelleyebilir.

Scenario analysis: *Senaryo analizi.* Gelecekle ilgili tahminler ve olası olaylar bütünü, tam anlamıyla hayal edilemez. Burada hayal gücünün sınırları, at gözlüğüyle bakmak kadar arzu edilen, korkulan, çekinilen olgulardan bilinçli bilinçsiz ana temayı oluşturma veya uzak durmaya çalışma da rol oynar. Söz konusu olabilecek davranışsal/bilişsel yanılgılar, örneğin tahmin çıpası, çerçeveleme, kestirme çıkarımlar vb.'dir. Bu tür sorunları giderme amaçlı olarak senaryolar yardımıyla bazı konuların derinlemesine düşünülmesi ve çeşitli analizler yapılması mümkün olur.

Schema: *Şema, zihinsel şablon.* Bir konuda tanımlanmış ve yapısal hâle getirilmiş bilginin uzun vadeli hafızada depolanmış şeklidir.

Seasonal affective disorder (SAD): *Mevsimsel duygusal bozukluk.* Hisse senedi analistleri ve genel olarak yatırımcıların tahminlerinde sonbahar ve kış aylarında artan karamsarlıklarını ve riskten kaçınmalarını anlatan davranıştır.

Seasonal anomaly, seasonality: *Mevsim anomalisi, mevsimsellik. Bkz.* Calendar effects.

Selection bias: *Seçicilik yanılgısı.* Kişilerin bir ortak yanılgısı olarak karar vermede kullanacakları bilgiyi/veriyi çok dar bir bakış açısıyla seçmeleri, bazen de çok önemli unsurları dikkate almamalarıdır. Bunların bazıları gelecekle ilgili olup daha çok miyopluk terimiyle nitelendirilirler.

Selective attention: *Seçici ilgi.* Daha çok açık seçik görülen, müthiş, tesadüfen denk gelinen veya kasıtlı olarak ortaya konan gerçekler veya unsurlardan etkilenip, özellikle karmaşık durumları anlamaya çalışırken ters yöndeki gerçek ve bulguları veya tamamlayıcı bilgiyi/verileri göz ardı etmektir.

S

Selective exposure: *Seçici etkilenme.* Sadece inançlarımıza uyan veya bizi rahatlatan bilgiyi/veriyi dikkate alma, bunlara dayanarak karar vermektir.

Selective perception: *Seçici algı.* Sadece bizim inançlarımıza uyan ve bizi rahatlatan bilgiyi/veriyi algılama, bunlara bağlı karar verme. Algı, çoğunlukla öğrenme ve karar vermede, hafızaya kaydetmedeki temel unsurdur.

Self control bias: Kendini kontrol yanılgısı. Kişi kendini yeterli ölçüde kontrol ettiğini varsayar, ancak çeşitli nedenlerle bu her zaman doğru değildir. Bunun gerekçesi, kendini yeterince disipline edememesi veya bilişsel duygusal yanılgılar olabilir.

Self delusion: *Kendini kandırma.* Bireyin gerçekleri görmezden gelerek kendisini yanlış bir inanca ikna etmesidir. Yatırımcılar bazen hatalı kararlarını kabul etmek yerine onları rasyonelleştirebilir. Bu durum zarar eden yatırımların uzun süre tutulmasına yol açabilir.

Self esteem: *Özsaygı.* Bireyin kendisi hakkında sahip olduğu genel değer ve saygı duygusudur. Yüksek özsaygı yatırımcıların karar alma süreçlerini etkileyebilir. Ancak aşırı özsaygı aşırı güvene dönüşebilir. Bu durum riskli kararların artmasına yol açabilir.

Self-actualization: *Kendini gerçekleştirme.* Maslow'un ihtiyaçlar hiyerarşisinde en üst basamaktır. Diğer bütün ihtiyaçlar karşılandığında kişinin kendi potansiyelinin tamamına ulaşma ve kullanma, yaratıcı şeyler yapma, belki de bulunduğu toplumda kazandığı saygının daha da artması ve çok kişi tarafından paylaşılması ihtiyacıdır.

Self-attribution: *Kendine atfetme.* Yüksek kendine güven sonucu kişiler başarılarını kendilerine, hatalarını ise başka nedenlere bağlarlar. Bu davranış aşırı güveni ve hatta narsizmi daha da yükseltir. Hâlbuki yanlışlardan öğrenip bir sonrakinde tekrarlamamak esastır. Kendine atfetme ve aşırı güvenin tersi kendini değerini azaltmak, kendini küçük ve değersiz hissetmektir ki bu da sağlıklı değildir.

Self-concept: *Kendi, özvarlığı (bir insanın).* Kişilerin kendilerine ilişkin tüm düşünce, duygu ve inançları olarak tanımlanır. Psikolojide çok sayıdaki kavram, bununla ilgilidir.

Self-consistency bias: *Öz-tutarlılık yanlılığı.* İnsanların tutum ve inançlarında gerçek değişimden daha az değişiklik varsaydıkları fikrini ifade eder. Tutarlılık yanlılığı, kişinin geçmiş ve mevcut tutumlarının benzer olduğuna inanmasıdır.

Self-defeating prophecy: *Kendini yok eden kehanet.* Kehanetin ilgili kişiler üzerinde tam tersi etki yaparak ters tavır içine girmelerini, dolayısıyla kehanetin doğrulanmaması sonucunu yaratmasıdır.

Self-delusion: *Kendini aldatma.* Olmayacak şeylerin gerçekleşeceğini düşünerek bir illüzyon içinde olmak.

Self-effacing bias: *Kendini gizleme (silme) yanılgısı.* Sadece bazı kültürlere has olan bu davranışta başarılar duruma, başarısızlıklar da çaba eksikliğine bağlanır. Özgüven eksikliği niteliği olan bu davranış, ancak toplumsal temelleri nedeniyle yaşayabilir.

Self-esteem: *Kendine saygı, özsaygı.* Kendini sayma veya sevme, bir çeşit gurur kaynaklı duygudur. Genellikle olumlu karar ve düşünceleri doğurur. Ancak çok abartılı olduğunda kişilerin yanlışlarını görüp düzeltme imkânını ortadan kaldırır ve irrasyonel karar vermelerine neden olabilir.

Self-feeding behavior: *Kendini güçlendiren davranış. Bkz.* Vicious circle.

Self-fulfilling prophecy: *Kendini doğrulayan kehanet.* Olaylar genellikle beklendiği yönde gelişir. Bu kehanet/tahminde bulunanın yetisinden çok, bazen bilinçsizce öngörüsüne göre olayların gelişmesi için davranmasından kaynaklanabilir. Örneğin eşinin çok mükemmel olduğunu düşünen bir kişi, eninde sonunda onu kaybedeceğini düşünüyorsa, onun bir an önce terk etmesi için bilinçsizce ona kötü davranır.

S

Self-illusion: *Kendi hayali imajı. Bkz.* Illusion.

Self-persuation: *Kendini ikna.* Kişinin kendi davranışları doğrultusunda tutum ve inançlarını değiştirmesi olgusu.

Self-persuation effect: *Kendini ikna etkisi.* Örneğin bir araştırmada arkadaşını sigara içmemeye ikna etmeye çalışan denekler, sigara içmeme konusunda mesaj verilen ama aktif bir faaliyet yapmayan deneklere göre daha büyük ölçüde sigarayı bırakmışlardır.

Self-realization: *Kendini gerçekleştirme. Bkz.* Self-actualization.

Self-reference effect: *Kendine referans etkisi.* Psikoloji ve sosyolojide insanların kendileriyle bir bağlantısı olan bilgiyi daha iyi hatırladıklarına ilişkin bir kavramdır. Bilgiyle bağlantı kurmak, kişinin bilgiyi farklı şekilde saklamasını ve daha kolay hatırlamasını sağlar.

Self-reinforcing: *Kendinin güçlendirdiği davranış veya imaj. Bkz.* Positive feedback.

Self-sabotage: *Kendini sabote etmek.* Bilişsel bir çelişki olarak yatırımcıların zararda olan pozisyonlarını kapatamama eğilimi bu duruma bir örnek teşkil etmektedir. Bilişsel olarak hata yaptığını bilen yatırımcı pişmanlıktan kaçınma ve süper egosuyla yüzleşmemek için bilinçli olarak zararda olan pozisyonunun devamına ısrar etmektedir. Ayrıca yatırımcı kendini yanıltma (self-deception) yanlılığı ve hatasına maruz kalarak bilişsel çelişkisini sürdürmektedir.

Self-serving bias: *Kendini besleyen yanlılık.* Kişinin çok fazla araştırma yapmaktan veya analiz etmekten doğan pozitif veya negatif sonuçları kendine mâl etmesi, kendini suçlaması veya kendiyle gurur duyması durumudur.

Selling aversion: *Satmaktan kaçınma. Bkz.* Endowment effect.

Sell-in-may-go-away: *Mayıs'ta sat ve git.* Yatırımcıların çoğunlukla yaz tatiline veya yazlıklarına giderken hisselerini (belki de takip etme zorlukları açısından) satmaları eğilimi ve bunun borsa fiyatlarına yansımasını anlatan etkidir.

Semantic encoding: *Anlamsal kodlama.* Bilginin/verinin anlamı ve ses/görüntü ile birlikte kodlanması, hafızaya kaydedilmesidir. Araştırmalar, anlamlandırdığımız şeylerin hafızaya daha iyi yerleştiğini ve daha kolay hatırlandığını göstermiştir.

Semi-volatility: *Yarı volatilite/oynaklık.* Piyasalarda aşağı ve yukarı yöndeki dalgalanmanın sadece birinin veya ikisinin ayrı hesaplanıp dikkate alınmasıdır. Örneğin risk ölçümlemede aşağı yönlü oynaklık daha fazla önem taşır. Hatta Sortino oranı getiri ile aşağı yönlü oynaklık arasındaki ilişkiye bakar. Buna karşılık Sharpe oranı oynaklığın tamamını dikkate alır.

Semmelweis reflex: *Semmelweis refleksi.* İnsan davranışındaki önceden var olan inançlara bağlı kalma ve onlarla çelişen yeni fikirleri yeterli kanıta rağmen reddetme eğilimidir. Semmelweis Refleksi'nin en ünlü örneklerinden biri, Ignaz Semmelweis'in el yıkamanın hastalıkların yayılmasını önleyebileceği keşfinin reddedilmesidir.

Sentiment (market/investors-): *Piyasalarda yatırımcıların duyarlılığı, hassaslığı, hissiyatı.* Bu hissiyat bireysel veya kollektif olabilir. Derinden hissedilen, kalıcı hisler ve duyarlılıkların yanı sıra daha geçici nitelikte ruh hâli biçiminde de ortaya çıkar. Piyasalara ilişkin olarak olumlu veya olumsuz, iyimser veya kötümser hissiyat veya ruh hâlinden bahsedebiliriz.

Sentiment shocks: *Duyarlılık şokları.* Duyarlılık şokları, rasyonel beklentiler yerine ekonomik aktörlerin beklentilerini etkileyen bazı faktörler nedeniyle tam rasyonel olamayan ve rasyonellikten sapan davranışları olarak yorumlanır.

September effect: *Eylül ayı etkisi.* Eylül ayında borsaların özellikle ABD'de daha düşük getiri sağlamasına ilişkin bir anomalidir. Değişik açıklamaları, eylül ayında okul masraflarını karşılamak isteyen velilerin hisse satışları, yaz tatilinden dönenlerin getirileri realize edip zararlarını vergi amaçlı belirlemek istemeleridir.

Serial position effect: *Listedeki pozisyon etkisi.* Bir maddenin listedeki konumunun hatırlanmasını nasıl etkilediğini tanımlayan psikolojik bir olgudur. Bireyler genellikle listenin başındaki öğeleri (öncelik etkisi/primacy effect) ve sonundaki öğeleri (yenilik etkisi/recency effect) ortadaki öğelere kıyasla daha kolay hatırlar.

Serial recall: *Seri olarak hatırlama.* Bir deney veya oyunda katılımcılara bir dizi öğe sunulması ve bunları tam olarak sunulan sırayla hatırlamalarının gerektiği hafıza görevidir. Bu süreç hem öğeleri hem de sıralı düzenlerini hatırlamayı gerektirir.

Serotonin: *Seratonin hormonu.* Nöronlar arasındaki iletişimi sağlayan, ruh hâlini, iştahı, dürtüsel davranışı, ısı düzenlemesini, acının bastırılmasını, sinirliliği, uykuyu ve uyanıklığı düzenlediği bilinmektedir. Depresyon ve endişeyi iyileştirmek için ilk başvurulan kimyasal ajandır.

Shooting star: *Parlayan, çakan yıldız.* Çok hızlı bir şekilde fiyatı yükselen, ancak bu yükselişte bazı illüzyon veya diğer yanılgılar dışında bir neden bulunmayan hisselerdir. Daha sonra hızla gözden düşen hisseler olma ihtimalleri yüksektir.

Short term bias: *Kısa vade yanılgısı.* Birçok yatırımcı, kısa vadedeki riskleri gereğinden fazla önemser. Bu nedenle risk açısından doğru tercih olmasa da tasarruf hesabı veya tahvile yatırımı tercih ederler.

Signal, signalling: *Sinyal, işaret verme.* Piyasalarda veya karar alma süreçlerinde, beklentileri destekleyen ya da onlara ters düşen bilgi ve göstergeleri ifade eder. Sinyal verme ise, diğer aktörlerin beklenti ve davranışlarını etkilemek amacıyla bilinçli olarak bilgi iletmektir. Sinyaller; güçlü ya da zayıf, tek seferlik ya da tekrarlayan, açık ya da belirsiz, doğru ya da yanıltıcı olabilir. Bu nedenle farklı oyuncular tarafından farklı ağırlıklarla değerlendirilir. Bazı durumlarda ise beklenmedik (sürpriz) sinyaller, fiyatlar üzerinde önemli ve ani etkiler yaratabilir.

Size anomaly: *Boyut, büyüklük anomalisi.* Etkin piyasa teorisini sarsan bir anomalidir. Büyük şirketlerin hisseleri, küçük şirketlere kıyasla aşırı değerlidir. Tersine olarak küçük şirketlerin hisse fiyatları da olması gerekenden düşüktür. Büyük şirketlerin endekse dâhil edilmeleri daha olasıdır. İmajları nedeniyle profesyonelce yönetilen porföylere konurlar.

Skewness/asymmetry: *Yamukluk, çarpıklık, bir yana doğru yatma, asimetri.* İstatistiksel dağılımlar her zaman simetrik değildir. Verinin bir tarafta daha fazla yoğunlaşması sonucu bir asimetri ortaya çıkar. Bazen bir bozulma veya anomalidir. Ancak bazı dağılımlar, örneğin Pareto dağılımının bir özelliği de asimetrik olmasıdır. Ancak hisse piyasalarında genellikle çan biçimli eğriler çok daha yaygındır ve hisse fiyatlarında genellikle rassal yürüyüş (random walk) görülür.

S

Slippery slope (-framework): *Kaygan zemin.* Vergi kanunlarına uyum çerçevesinde ikili yaklaşımı ifade eden bir terimdir. Bir yandan vergi otoriteleri gönüllü vergi vermeyi teşvik etmeye çalışırken diğer yandan da denetim ve cezalarla zorlayıcı olurlar. Burada kaygan bir zemin oluşturan vergi ödeme davranışında, vergi kaçırma niyetindeki mükellefler arttıkça vergi yasalarına uyum ve ödeme azalmakta, vergi otoritelerinin zorlayıcı etkisi ile bu oran azalmaktadır. Buna karşılık ikna edici politikalar, vergi ödeme davranışını daha olumlu etkiler.

Small numbers (law of-): *Küçük sayılar kanunu.* Az sayıdaki veya kısa zaman aralığındaki veriyi kullanarak yapılan analiz ve çıkarımların, karar vericileri yanlış yönlendirebileceğini, özellikle seyrek rastlanan olaylara ilişkin çok yanlış bir fikir verebileceğini anlatan kuraldır.

Snake bite effect: *Yılan ısırması etkisi.* Yatırımcıların geçmişte yaşadıkları büyük kayıpların ardından aşırı temkinli hâle gelerek riskten kaçınmaları ve bu nedenle yeni yatırım fırsatlarını değerlendirmekte isteksiz davranmalarıdır. Bu durum çoğu zaman gelecekteki büyüme fırsatlarının kaçırılmasına yol açar. "Bir kez ısırılan iki kez çekinir" mantığıyla işleyen bu önyargı, özellikle yakın geçmişteki olumsuz deneyimlerin etkisiyle ortaya çıkar ve yatırımcıların benzer varlıklardan ya da piyasalardan tamamen uzak durmasına neden olabilir.

Snowball effect: *Kartopu etkisi.* Herhangi bir şeyin hem boyutunun büyümesi hem de öneminin ve büyüme hızının artmasını anlatan bir kavramdır. Yuvarlanan kartopunun büyümesinden esinlenen bu kavram, herhangi bir durumun etkisinin artışını ve momentumu ifade eder. Örneğin bazı sosyal olayların gelişimi böyle olabilir.

Social behavior: *Sosyal davranış.* Sosyal terimi kollektif bir şeyi tanımlamada kullanılır. Sosyal davranış, kişilerin ekonomi ve finansal piyasalardaki toplu etkileşim ve tutumlarıdır. Grup, davranışları paylaşırken aynı zamanda yanılgıları da paylaşır.

Social comparison: *Sosyal kıyaslama.* Bir kişinin kararlarını, tutumlarını, yeteneklerini değerlendirmekte zorlandığımızda diğerlerinin davranışlarını baz alabiliriz.

Social Comparison Bias: *Sosyal karşılaştırma yanlılığı.* Bireylerin kendi deneyimlerini, başarılarını ve sonuçlarını başkalarınınkiyle kıyaslayarak değerlendirme eğilimidir. İnsanların doğası gereği sosyal varlık olmaları, kendi performanslarını ve mutluluk düzeylerini akranlarına göre ölçmelerine yol açar. Bu durum, nesnel değerlendirmelerden sapmaya ve kararların başkalarının durumuna göre şekillenmesine neden olabilir.

Social desirability bias: *Sosyal kabul edilebilirlik hatası.* Kişiler kendilerini başkalarının kolayca kabul edip onaylayacakları yönleriyle tanıtır, olumsuz yönlerinden hiç bahsetmezken, olumlu yönlerini öne çıkarırlar.

Social exchange theory: *Sosyal alışveriş teorisi.* Kişilerin birbirlerine niye yardım ettiklerini açıklayan teorilerden biridir. Bu teoriye göre kişiler faydanın maliyetten daha fazla olduğunu değerlendirdikleri durumlarda birbirlerine/diğerlerine yardım ederler. Tamamen kişinin algıladığı, görünen veya görünmeyen her türlü fayda ve maliyet kişi tarafından değerlendirilir.

Social facilitation: *Sosyal rekabet etkisi.* Kişiler, başkalarının yanında veya rekabet ettikleri ortamda daha iyi performans sergilerler. Bu durum, daha önce öğrenilmiş, yapılması nispeten kolay işler veya yarışlar için geçerlidir. Ancak başarılması zor işler için durum aynı değildir.

Social learning curve: *Sosyal öğrenme eğrisi.* Kişiler sosyal davranışları, diğerlerinin tutum ve davranışlarını izleyerek ve taklit ederek öğrenirler. Toplu aklın bu biçimde oluştuğu düşünülse de özellikle piyasalar yavaş öğrenir.

Social loafing: *Sosyal aylaklık.* Grupla yapılan işlerde, kişi sayısı arttıkça yapılan iş daha hızlı bitirilir diye tahmin edilmekle birlikte, aslında tam tersi daha doğrudur. Herkes, biraz daha az çalışır ve diğerlerinin aradaki farkı telafi edeceğini düşünür. Kalabalık gruplarda ancak birkaç kişi çok çalışır. Bazen grubun yarısı aylaklık yapabilir.

Social media void: *Sosyal medya boşluğu.* Sosyal medya kanalları ve uygulamaları tekrar tekrar kontrol edildiğinde ve yeni güncellemeler olmadığında ortaya çıkar; bu da görmezden gelinmiş hissine yol açar.

Social norms: *Sosyal normlar, kurallar, standartlar.* Toplum içindeki doğru ve uygun davranışlara ilişkin kurallardır. Örneğin geğirmek kanunen yasak değildir ama birçok toplumda kaba bir davranış olarak kabul edilir ve yapılmaması beklenir. Bazı başka toplumlarda ise kurallar farklı olabilir.

Social proof: *Sosyal kanıt.* Bir çeşit sürü davranışı olan sosyal kanıt, diğer insanlar gibi davranmanın insanı rahatlattığı gerçeğine dayanır. Bu sayede diğer insanların satın aldığını iddia eden reklamlardan etkilenip bir ürünü veya hizmeti almaya karar verenlerin sayısı hiç de az değildir.

Social psychology: *Sosyal psikoloji.* İnsanın psikolojisiyle toplumun kollektif psikolojisi ve iletişim ve etkileşimini inceleyen disiplindir. Bireysel anlamdaki yanılgılar, toplu olarak piyasalarda anomalilere neden olabilir. Bu anomaliler, bazen öğrenme ile ortadan kalkarken bazen de devamlı hâle gelebilir.

Social responsibility: *Sosyal sorumluluk. Bkz.* Ethics.

Socioeconomics, economic sociology: *Sosyoekonomi, ekonomik sosyoloji.* Ekonomi ile sosyal olgular arasındaki ilişkiyi açıklamaya çalışan disiplindir. Kantitatif davranışsal ekonomi ile birçok ortak noktası vardır. Ancak nöroekonomi veya ekonomik psikolojiden daha farklıdır.

Spacing effect: *Zaman (aralığı) etkisi.* Öğrenme aşamalarının hemen ardışık olarak değil, zaman içinde aralıklı olarak dağıldığı durumda uzun süreli hafızanın geliştiği bulgusunu ifade eder.

Special purpose heuristics: *Özel amaçlı kestirme çıkarımlar.* Gilovich ve Griffin (2002) tarafından ortaya konan sınıflamaya göre bunlar daha sınırlı durumlarda gözlenir. Atfetme (attribution), yerine koyma (substitution), öfke (outrage), prototip, dikkate alma (recognition), sevdiği için seçme (choosing by liking), sıralı seçim (choosing by default), bu sınıflamaya giren davranışlardır.

Specific risk: *Şirkete has risk.* Sermaye varlık fiyatlama modelinde risk dağıtımı ile tamamen ortadan kalkacak olan risktir. Şirketin üretim şekli, yönetimi, avantaj ve dezavantajları ve bulunduğu sektörden kaynaklanır.

Speculation (financial): *Spekülasyon.* Belirsizliğe rağmen, risk alarak gelecekle ilgili bir tahmin yapmak, buna bağlı olarak karar vermek, düşünmek. Finans piyasalarında ise paranın riske edilerek ve varlık fiyatlarına ilişkin tahminlere dayanarak yatırılmasıdır. Örneğin fiyatı yükselecek diye bir hisseye, toprağa veya başka bir varlığa para yatırmak anlamına gelir.

S

Spin glass model: *Deney tüpü modeli.* Hisse fiyatlarının nasıl ve hangi yönde değişeceğini tahmin etmeye çalışan matematiksel modellere denir. Bir ölçüde tahmin edilebilen, ancak kritik eşik aşıldıktan sonra nasıl bir farklılaşma olacağı kestirilemeyen durumlarda kullanılma tercihi olsa da gerçeği yansıtmaktan oldukça uzaktırlar.

Spotlight stocks *Popüler (spot ışıkları altındaki) hisseler.* İmajları parlak, biraz şişirilmiş ve yüksek fiyatlı hisselerdir. Ancak ünleri hızla bitebilir.

St. Petersburg Paradox: St. Petersburg paradoksu, insanların kararlarının her zaman Beklenen Değer Teorisi ile uyumlu olmadığını gösterir. Bu paradoksta oyun şu şekilde işler: Bir yazı–tura oyunu oynanır. Oyun 2 dolarla başlar ve her yazı (heads) geldiğinde ödül iki katına çıkar. İlk tura (tails) geldiğinde oyun sona erer ve oyuncu o ana kadar biriken parayı alır. Oyuncuya "Bu oyuna katılmak için en fazla ne kadar ödersin?" sorusu sorulur. Matematiksel olarak oyunun beklenen değeri sonsuzdur. Ancak gerçekte insanlar bu oyuna girmek için çok yüksek miktarlar ödemek istemez; çoğu kişi oldukça düşük bir ücret teklif eder. Bu nedenle St. Petersburg paradoksu, insanların karar verirken her zaman matematiksel beklenen değere göre hareket etmediğini açıkça ortaya koyar.

Standard/classical finance: *Standart/klasik finans.* Finans ders kitaplarında yer alan geleneksel model, teori ve yöntemlerin bütününü ifade eder. Bu yaklaşım, özellikle davranışsal finans ile karşılaştırıldığında, bireylerin rasyonel davrandığını varsayan ve piyasaların büyük ölçüde etkin olduğunu kabul eden bir çerçeveye dayanır. Bu kapsamda klasik finans, ağırlıklı olarak Etkin Piyasa Hipotezi gibi teoriler üzerine kuruludur ve yatırımcı davranışlarında sistematik hatalar ya da psikolojik önyargılar olmadığını varsayar.

States: *Durumlar.* Geçici davranış ve hissiyat.

Status quo bias: *Statüko (mevcut durum) yanılgısı.* Kişilerin mevcut uygulama, fikir, karar ve alışkanlıklarını değiştirmeme konusundaki genel eğilimleridir. Duruma uymayı kolaylaştırsa ve bazı avantajlar sağlasa bile değişime karşı bir tepki ve direnme söz konusudur. Bu geçmişteki inanç, analiz, davranışlara bağlı kalma, taahhüt veya çıpalamayla ilgili olabilir.

Stereotype: *Önyargı.* İnsanlar hakkında sabit fikir sahibi olmak ve onları kategorilere ayırarak kişisel farkları olduğunu düşünmemek anlamındadır. Örneğin Vietnamlıların İngilizceyi asla öğrenemeyecekleri yönündeki önyargıyı kıracak çok sayıda akıcı konuşan Vietnamlı var.

Sticky (price): *Durağan fiyat.* Fiyatın bir düzeyde takılıp kalması, fazla hareket etmemesi. Bazen olaylara düşük düzeyde tepki verilmesi, bir noktadaki çıpalama fiyatın hareket etmemesine sebep olabilir.

Stochastics, stochastic calculation: *Stokastik, olasılıklara dayanan, istatistiksel.* Rassal dinamik süreçlerin analizi için kullanılan istatistiksel, matematiksel modelleme ve ilgili hesaplamalara denir.

Stock image: *Hissenin imajı, hakkındaki kanaat, imge, piyasanın hissiyatı.* Bir hissenin fiyat bileşenlerinden biri de onun yatırımcıların gözündeki imajıdır. Yatırımcı psikolojisinin bir unsuru olarak şirkete ilişkin kamuya yansıyan haber, proje, skandal, sosyal sorumluluk vb. konularında yaptıkları ve bunları kamuoyuna yansıtma biçimleri çok etkili olur.

Stock image coefficient: *Hisse imaj katsayısı.* Şirketin piyasada nasıl değerlendirildiğine ilişkin rakamsal veridir. Şirketin temel ekonomik potansiyeli kadar hissedarların ve piyasa oyuncularının kafalarındaki değer algısıdır. Fiyatın tahmini ekonomik değere bölünmesiyle bulunur. Peter Greenfinch'e göre genellikle 0.3 ile 3.0 arasındaki bir değerdir.

Stock profile: *Hisse profili.* Hisse tipi ve fiyatını oluşturan temel etmenlerin belirlenmesidir. Hisse tipleri büyüme veya değer odaklı olmaları, döngüsel (cyclical) veya koruma sağlayan (defensive) olmaları, büyük prestijli veya küçük şirket hissesi olmaları şeklindeki sınıflamadır. Diğer yönden piyasada ne ölçüde cazip oldukları ve risk profilleri de diğer belirleyici unsurlardır.

Stock repurchasing bias: *Geri alım yanlılık ve hatası.* Geri alım yanlılığı ve hatası borsa yatırım fonlarında karşılaşılan bir durum olarak ortaya çıkmıştır. Yatırım fonu yöneticisi kazanan hisse senetlerini sattıktan sonra tekrar alma eğiliminde olur ve kaybeden hisse senetlerini satar. Alınan aksiyonda kazanan hisse senetlerinin tekrar yatırım fonuna alımı yüksek kazanç beklentisi oluştururken, satılan kötü performans hisse senetleri yeniden alınan kazanç gösteren hisse senetlerine göre daha iyi getiri sağlamaktadır.

Story bias: *Hikâye (-ye inanma) yanılgısı.* Olayları daha anlaşılır ve ikna edici kılmak için gerçekliği basitleştirerek bir hikâye çerçevesine oturtma ve bu süreçte önemli detayları göz ardı etme eğilimidir. Bireyler, karmaşık neden–sonuç ilişkileri yerine, kendi bakış açılarını destekleyen, daha akıcı ve çekici anlatıları tercih eder. 2008 finansal krizini yalnızca "ekonomi kötüye gittiği için insanların mortgage taksitlerini ödeyememesi" şeklinde açıklamak; finansal sistemdeki yapısal hataları, riskli ürünleri ve aşırı risk alma davranışlarını göz ardı etmek, hikâye yanılgısına örnektir.

Story telling (good-): *Hikâye anlatma.* Piyasada genel olarak veya belli bir hisseyle ilgili olarak anlatılan hikâye, bazı yönlerden yararlı olabilir. Örneğin, soyut, karmaşık gerçekleri daha basit biçimde, çok bilgili olmayan yatırımcılara aktarmak açısından olumludur. Ancak dotcom denen veri iletme ve internet temelli şirket hisselerinin fiyat balonu, böyle hikâyelere de dayanmaktadır. "Artık dünyada yeni iş yapma şekli var", "Olabildiği kadar çok para harca ki imajın iyi olsun", "Artık bu eski parametreler işe yaramıyor, yenileri lazım." hikâyeleri balon patlayıncaya kadar çok ilgi çekiciydi. Siz de düşük kaliteli ipotekli satış kredilerine dayanan son global krizin hikâyelerini bulabilirsiniz.

Strategy (investment-): *Yatırım stratejisi.* Burada kastedilen, hisselere yapılan yatırım olup, belli bir sıralama çerçevesinde ve belirlenmiş kriterlere/hedeflere göre yatırımın planlanıp, aşamalar hâlinde ilgili faaliyetlerin gerçekleştirilmesidir. Yatırım stili ve yatırımcının ne ölçüde profesyonel olduğu ve/veya hislerinden ne ölçüde etkilendiği önemlidir.

Stress: *Stres.* Değişen durumlara uymak durumunda olan insan vücudunun ve beyninin verdiği tepki. Bu gerçek veya algılanan bir değişim olabilir. Herkesin böyle sıkıntılı bir durumda verdiği tepki farklı düzeydedir. Bazıları gayet soğukkanlı olabilirken bazıları paniğe kapılabilir. Az miktarda stres, hayatın devamı ve başarı kazanmak için gereklidir.

Stubborn, stubborness: *İnat, inatçılık. Bkz.* Status qou bias, anchoring.

Style (investing-): *Yatırım stili, tarzı.* Bir kişinin parasını yönetirken ve finansal kararlar alırken seçtiği belirli uygulama ve davranışlar, aynı zamanda kişilik özellikleri ve psikolojik unsurların da devrede olduğu karar ve seçimlerdir. Örneğin hangi tür varlıklara yatırım yapıyor, hangi sıklıkla işlem gerçekleştiriyor, işlem büyüklükleri ve çeşitliliği, bu sırada kullandığı bilgi kaynakları ve bu bilginin nasıl proses edildiği yatırım stilini belirtir. Ayrıca ne ölçüde risk aldığı, iyimser veya kötümser bakış açısı, kendine ne ölçüde güvendiği, bireysel mi yoksa kollektif olarak mı yatırım tercihlerini yönlendirdiği de stilini etkileyen faktörlerdir.

Subadditivity effect: *Yanlış toplamsal etki.* Bütünün olasılığının parçaların olasılıklarının toplamından daha düşük tahmin edilmesi/algılanması eğilimidir.

Subconscious: *Alt bilinç.* Zihnimizin hâlihazırda farkında olmadığı kısmıdır. Tüm gelen bilginin zihnimizde hemen farkına varıp hatırlayabileceğimiz gibi saklanması mümkün değildir. Onun için bir çeşit yedek bellek olarak alt bilinç devreye girer. Bu bilginin hemen üst belleğe çağırılması mümkün değildir.

Subject bias: *Denek yanılgısı.* Bir araştırmadaki deneğin veya deneklerin doğal biçimde davranmak veya cevap vermek yerine, araştırmacının istediğini tahmin ettikleri cevapları vermeleri, davranışlarda bulunmalarıdır. Deneklerin çalışmanın amacını bildikleri durumlarda ortaya çıkan bir yan etkidir. Buna engel olmak için ya alakasız soruları da ekleyip ana amaç saklanır ya da ya da tüm davranış ve cevaplar birlikte incelenerek yanlı olanlar çalışmada kapsam dışı bırakılır.

Subject: *Denek.* Bir araştırmada çalışmanın üzerinde yapıldığı kişiler veya hayvanlar.

Subject-expectancy effect: *Denek-beklenti etkisi.* Araştırmaya katılan deneğin belli bir sonucu beklediği ve bu nedenle bilinçsizce sonucu etkilediği veya beklediği sonucu raporladığı durumdur.

Subjective utility: *Sübjektif, öznel fayda.* Kişinin sonuçlara ilişkin nesnel olasılıklar yerine kendi değerlerini kullanarak karar vermesidir.

Subjective validation: *Sübjektif doğrulama.* İnsanların bir ifadeyi veya bir bilgiyi kişisel bir anlam veya önemi varsa doğru olarak kabul etmelerine yol açan bilişsel bir önyargıdır.

Subjective well-being: Sübjektif, öznel esenlik, iyilik, mutluluk. Kişinin kendi mutluluğu ve hayattan aldığı tatmini kendinin değerlendirmesidir.

Subprime mortgage crisis: *Düşük itibarlı ipotekli kredi krizi.* ABD'de kredi değerliliği düşük müşterilere açılan ipotekli ev kredilerinin büyük ölçüde ödenememesinden ve bu arada emlak fiyatlarındaki düşüş veya normale dönüş nedeniyle ortaya çıkan global krizdir. Bu krediler, menkul kıymetleştirilmiş, ayrıca üzerlerine türev enstrümanlar (derivatives) oluşturulmuştur. Krizin temel gerekçesi bu piyasadaki oyuncuların hırslarına mağlup olup sınırları zorlayacak ölçüde riske girip bunun bedelini ABD vatandaşlarına ödetmeleri ve onlardan toplanan vergilerle finans kuruluşlarının kurtarılmasıdır.

Suffix effect: *Son ek etkisi.* Bu, herhangi bir listenin hemen arkasından sunulan bir ek olduğunda orijinal listedeki son maddenin hatırlanmasındaki güçlüktür. Kısa süreli bellekte sonluk etkisini (recency effect) zayıflatıcı özellik gösterir.

Suggestibility: *Önerileri kabul etme.* Başkalarının önerilerini kabul etmeye ve harekete geçmeye eğilimli olma durumudur. Bir kişi anılarındaki boşlukları, bir senaryoyu veya anı hatırlarken başkasının verdiği yanlış bilgilerle doldurabilir.

S

Sunk-cost fallacy/bias/effect: *Batık maliyet yanılgısı.* Beğenmediği bir filmi "o kadar para verdik" diye seyreden kişi bu yanılgının etkisindedir. Sinemadan çıksa da çıkmasa da paranın geri gelmesi mümkün değildir. Projelerde sıklıkla görülen bu yanılgı aslında psikolojik bir temele dayanmaktadır. Concorde uçaklarının başarılı olmayacağını bile bile projeye büyük paralar yatırmaya devam eden İngiliz ve Fransız hükûmetleri, sadece prestijlerini kurtarmaya çalışıyor, aslında zararı gün be gün büyütüyorlardı. *Bkz.* Concorde etkisi.

Superbowl indicator: *Süper kupa borsa göstergesi (endikatörü).* Borsanın yıl sonunda başlangıcına göre daha yüksek mi yoksa daha düşük mü kapatacağının, süper kupayı hangi ligdeki takımın kazanacağına bağlı olduğu inancı. Yıllar içinde doğrulanmakla birlikte bilimsel bir nedene dayanmadığı da açıktır.

Superego: *Süperego, üst benlik.* Kişiliğin ahlaki davranmaya ilişkin yönüdür. İd ve ego arasındaki dengeyi sağlar. Aynı zamanda kötü bir şey yaptığımızda rahatsızlık, iyi bir şey yaptığımızda ise iyi hissetmemizi sağlayan vicdanın temelidir.

Superiority complex: *Üstünlük kompleksi.* Kişinin aşağılık duygularıyla başa çıkmasına yardımcı olmak için zamanla gelişen bir savunma mekanizmasıdır. Üstünlük kompleksi olan bireyler genellikle başkalarına karşı kibirli ve küçümseyici görünürler. Başkalarına baskın, baskıcı ve hatta saldırgan bir şekilde davranabilirler.

Superstition: *Batıl inanç.* İlgisiz olay veya nesnelerin hayatımızın bazı yönlerini etkilediğine olan kişisel veya kültürel kaynaklı yanlış inançlardır. Aynı zamanda doğa kanunlarına, hatta dini inançlara bile aykırı olabilirler. Siyah kedinin uğursuzluk getirdiği herhâlde dünyadaki en yaygın batıl inançtır. Barınaklarda simsiyah bir kedinin sahiplenilmesi olasılığı çok düşüktür. Bu tür inançlar, yatırımcıların da birtakım uğur, totem veya diğer biçimlerde sergilediği batıl inançlardır.

Surprise: *Sürpriz.* Finans piyasalarında sürpriz, beklenmeyen bir bilgi/veri, duyuru, sinyaldir ve piyasa fiyatlarında, getirilerde ve fiyat dalgalanmalarında ani veya gecikmiş bir etki yapar. En klasik sürpriz, analistlerin tahminlerinin aksine bir getiri duyurusudur. Olumsuz getiri sürprizleri, olumlulara göre fiyatlarda daha büyük etki yapar.

Survivorship bias: *Ayakta kalma yanılgısı.* Kişiler başarılı olmalarına ilişkin olasılığı abartma yanlısıdır. Özellikle girişimciler bu yanılgıdan fazlasıyla müzdariptir. Gerçekte ise girişimlerin yaklaşık beşte dördü (%80'i) başarısızlıkla sonuçlanır. İyimserlikle de bağlantılı olan bu yanılgı, aslında insanlığın devamının da anahtarlarından biridir.

Swarming: *Üşüşmek, sürü. Bkz.* Herding.

Swimmer's body illusion: *Yüzücü vücudu yanılsaması.* Çok popüler olan Siyah Kuğu kitabının yazarı olan Nassim N. Taleb, birkaç kilo fazlasını vermek için yüzücülerin vücut güzelliğine bakarak bu sporu yapmaya karar verdi. Ancak daha sonra bazı kişilerin bir spor, güzellik ürünü tanıtımı vb. için seçilme gerekçelerinin sonuç olarak algılandığını gördü. Bu kişiler vücutları uygun ve güzel olduğu için sporcu oluyor, zaten güzel fiziğe sahip olduğu için reklam amacıyla seçiliyor.

System justification: *Sistem gerekçelendirme.* Dezavantajlı grupların üyelerinin dezavantajlı konumlarını makulleştirip kabul ettikleri, mevcut durumu iyi, adil ve kaçınılmaz olarak destekledikleri psikolojik olgu olarak tanımlanır.

S

Systematic bias: *Bkz.* Collective bias.

Systematic risk: *Sistematik risk.* Bazen piyasa riski de denen bu risk, piyasada hâkim olan risktir. Resesyon, faiz oranları, petrol fiyatları vb. makro parametrelerle veya sosyal kargaşa, savaş gibi nedenlerle ortaya çıkar ve tüm şirketleri çoğunlukla benzer biçimde etkiler. Risk dağıtma yoluyla azaltılması mümkün değildir.

Systemic crisis/risk: *Sistemik kriz/risk.* Finansta olağanüstü bir likidite krizinin oluşması ve tüm sisteme yayılmasıdır. Bir çeşit bulaşmanın olduğu bu durumda, finansal kurumların çapraz ilişkileri, genel korku ve sisteme güvensizliğin hızlı yayılması söz konusudur. Yapılmak istenen işlem için bir karşı taraf (counterpart) veya yeterli nakit yoktur. Genellikle ihmal edilmelerinin nedeni çok seyrek ortaya çıkmalarıdır.

Tt

Tail Risk: *Kuyruk riski.* Genellikle borsadaki getiriler normal dağılımın kalın kuyruklu versiyonudur. Kuyruğun ne ölçüde olduğunu kurtosis ölçüsü belirler. Kurtosisin 3'ten büyük olduğu durumlarda, kuyruklarda daha fazla değerin bulunduğu, diğer bir deyişle uç değerlerin normal dağılımda beklenenden fazla olduğu anlaşılır. Bu nedenle uç değerlerin olasılığı beklenenden fazla olup bu da kuyruk riskini oluşturur. *Bkz.* Extreme risk

Tails: *Kuyruklar.* Dağılımlardaki uç değerlere çan eğrisinin biçiminden kaynaklanan bir tanımla verilen addır. Finansta örneğin bir portföyün getirisinde normal dağılım varsayılır. Birçok finansal model normal dağılım varsayılarak oluşturulur. Normal dağılımda uç (ekstrem) değerlerin çok düşük olasılıkları vardır. Örneğin ± 3σ'nın ötesinde bir değerin olasılığı sadece %0.03'tür. Ancak sıklıkla getirilerde uç değerlerin daha yüksek olasılığa sahip oldukları görülmektedir.

Tax compliance: *Vergi yasalarına uyum, razı olma, itaat etme.* Vergi mükelleflerinin gelir beyanı, vergi beyannamelerini doldurma ve tahakkuk eden vergiyi zamanında ödeme konusunda ülke kanunlarına ne ölçüde uyduklarına denir.

Tax morale: *Vergi ahlakı.* Vergi ödemede içten gelen istek veya motivasyon. Son yıllarda yapılan pek çok araştırmada bu konu irdelenmiş ve farklı ülkelerde farklı vergi ahlakı olduğu görülmüştür. Genel olarak Latin ülkelerinde İskandinav ülkelerine göre daha zayıf bir eğilim vardır. Kadınların da bu konuda erkeklere göre daha fazla vergi ödeme eğiliminde oldukları görülmüştür. Ancak hâlâ yapılması gereken çok araştırma vardır. Özellikle davranış boyutunu daha detaylı irdelemek gerekmektedir.

Tax paying behavior: *Vergi ödeme davranışı. Bkz.* Tax morale.

Technical analysis: *Teknik analiz.* Finans piyasalarındaki veri kullanılarak fiyat gelişimlerinde bir örüntü (pattern) yakalamaya ve buradan yatırım amaçlı sonuçlar çıkarmaya çalışmak olarak tanımlanabilir. Temel varsayımı, geçmişteki fiyat hareketlerinin piyasanın nasıl davranacağı konusunda iyi bir fikir vereceğidir. Her ne kadar piyasaların etkin olduğu düşünülse de etkinliği zayıflatan olguların varlığı bilinmekte ve ispatlanmaktadır. Bunlardan ilki, hisse fiyatlarının bazı oranlar, hatta şirket büyüklüğünü kullanarak kısmen tahmin edilebildiği yönündeki bulgulardır. Diğer yandan davranışsal finans ekolünde yapılan on binlerce araştırma, etkinliğin çokça sorgulanmasını sağlamıştır. Son olarak teknik analiz de fiyatların tahmin edilebilirliğinden yola çıkmakta ve piyasa etkinliğini zayıflatan argümanlar ileri sürmektedir. Bu durumda teknik analiz, kamuya mal olan bilgilerin/verilerin ve perde arkasındaki olguların ne ölçüde fiyatları etkilediğini, örneğin içeridekilerin (insiders) ve piyasa hissiyatının etkilerini ortaya çıkarabilir.

Telescoping effect: *Yakınlaştırma/Uzaklaştırma etkisi.* Zamanla ilgili yanlış algıları ifade eder; insanlar yakın zamandaki olayları olduğundan daha uzak (uzaklaştırma) ve uzak olayları daha yakın (yakınlaştırma) olarak görürler.

Termination bias: *Sonlandırmayı erteleme yanlılığı. Bkz.* Escaliation of commitment.

Testing effect: *Test etkisi.* Öğrenilen bilgiyi hatırlamaya çalışarak (örneğin soru çözerek) tekrar etmenin, sadece okumaya veya gözden geçirmeye kıyasla bilgiyi hafızada daha kalıcı hâle getirmesi durumudur. Bilişsel psikolojide, öğrenilen bir bilgiyi tekrar tekrar okumak yerine o bilgiyle ilgili kendini test etmek (soru cevaplamak, hatırlamaya çalışmak), bilginin hafızada daha güçlü ve kalıcı şekilde yer etmesini sağlar. Bu etki, pasif tekrar yerine aktif hatırlama sürecinin öğrenmeyi derinleştirdiğini gösterir.

Testosterone: *Testosteron.* Hem erkeklerde hem kadınlarda bulunan ancak erkeklerde daha yüksek düzeyde olduğu için "erkeklik hormonu" olarak anılan bir hormondur. Davranışsal araştırmalar, testosteron seviyesinin özellikle risk alma eğilimi ve rekabetçi davranışlarla ilişkili olabileceğini göstermektedir. özellikle erkeklerde daha yüksek risk alma ve daha agresif karar verme davranışlarıyla bağlantılı olduğu ortaya konmuştur. Biri de bana ait olmak üzere hormonların finansal kararlar ve özellikle risk alma ile ilgisinin araştırılması, fizyoloji ile ilgili davranışsal finans araştırmalarının başlangıç noktasıdır.

Texas sharpshooter fallacy: *Texas keskin nişancı yanılgısı.* Verileri gelişigüzel seçerek bir desen veya anlam yaratma yanılgısını ifade eden bir bilişsel hata ve mantık safsatasıdır. Bu yanılgının adı, Teksaslı bir keskin nişancının bir ahır duvarına rastgele ateş etmesi, ardından en yoğun mermi isabetlerinin olduğu bölgeyi işaretleyip hedef tahtası olarak ilan etmesine dayanmaktadır. Yani, veriler önce gelişigüzel seçilir, ardından bu verilere dayanarak anlamlı bir desen varmış gibi yorum yapılır.

Theory of planned behaviour (TPB): *Planlı davranış teorisi.* Icek Ajzen tarafından geliştirilen bu teori, insan davranışının niyetlerle yönlendirildiğini ve bu niyetlerin üç temel faktörle belirlendiğini öne sürer: tutumlar (kişisel değerlendirme), öznel normlar (sosyal baskı) ve algılanan davranışsal kontrol (algılanan yetenek). Teori/yaklaşım, bu faktörleri analiz ederek davranışı tahmin etmek ve değiştirmek için kullanır.

Third-person effect: *Üçüncü şahıs etkisi.* İnsanlar kitle iletişim araçlarının mesajlarının diğer insanlar üzerinde kendilerinden daha fazla etki yaptığına inanmaktadırlar. Bu inanç kişisel önyargılara dayanır.

Throwing the sponge: *Havlu atma.* Piyasada fiyatların geri döneceği ve yükselmeye başlayacağı beklentisinin kırılarak yatırımcıların ellerindeki hisseleri (veya diğer varlıkları) elden çıkarmalarıdır. Riskten kaçışın tavan yaptığı bir durumdur.

TIA (there is alternative): *Alternatif var.* TIA yaklaşımı, düşük faizli dönemlerde hâkim olan "TINA" (Alternatif Yok) zihniyetinden uzaklaşmayı temsil eder; bu da yatırımcıların geleneksel borsaların dışında, özellikle piyasa koşulları, enflasyon ve faiz oranları değiştikçe artık geçerli seçeneklere sahip olduğunu ima eder. Daha iyi riske karşı düzeltilmiş getiriler elde etmek için alternatif varlık sınıflarına çeşitlendirmeyi vurgulamaktadır.

TINA (there is no alternative): *Alternatif yok.* Yatırımcıların diğer varlık sınıflarının, özellikle tahvillerin düşük getiri sunması nedeniyle hisse senedi satın almak zorunda hissettikleri piyasa ortamını tanımlayan ifadedir. 2008 sonrası düşük faiz dönemlerinde popülerleşen bu ifade, hisse senetlerinin büyüme için tek geçerli seçenek olduğunu anlamına gelir ve genellikle daha yüksek değerlemelere ve risk almaya yol açmıştır.

Time arbitrage, value: *Zaman arbitrajı, zamanın değeri.* Zaman arbitrajı, bireylerin zaman ile para arasında yaptıkları değerleme farklarından doğan davranışları ifade eder. Zaman, geri kazanılamayan sınırlı bir kaynak olmasına rağmen, insanlar çoğu zaman küçük bir fiyat avantajı için zamanlarını kolayca harcarken, benzer süreyi daha büyük bir kazanç veya tasarruf için de kullanabilirler. Bu bağlamda arbitraj, harcanan zaman ile elde edilen kazanç ya da tasarruf arasındaki dengeyi ifade eder. Ancak finans teorisinde zamanın değeri daha sistematik bir şekilde ele alınır; paranın zaman değeri, orta ve uzun vadeli tüm finansal kararlarda dikkate alınır ve iskonto oranı aracılığıyla ölçülebilir bir parametreye dönüştürülür.

Time bias: *Vade, zaman yanılgısı.* Kısa vade ile ilgili yanılgı daha sık görülür. Zihinsel miyopi (mental myopia) dediğimiz, kişilerin uzağı görememeleri yüzünden sadece kısa vadeli verilere yoğunlaşmaları ve finansal kararlarında hata yapmalarıdır. Örneğin emeklilik planlarında paranın önemli bir kısmı sabit getirili menkul kıymetlere yatırılır. Hâlbuki uzun vadeli bir yatırım olduğundan kısa vadeli dalgalanmalar önemli değildir ve tarih hep borsanın çok iyi kazandırdığını göstermiştir. Uzun vade yanılgısında ise, uzun yıllar boyunca yüksek getiri beklemek gibi bir hata yapılır. Örneğin teknoloji hisseleri ile ilgili piyasa balonunda bu beklenti balonu (fiyatları) şişirip çöküşün daha büyük olmasına neden olmuştu.

Time horizon (invesment): *Vade, zaman dilimi.* Bir ekonomik hedefe varmak için öngörülen gecikme süresidir. Bu kişilerin finansal ihtiyaçlarına göre değişir. Örneğin birkaç ay sonra çocuğun okuluna ödenecek para ile emeklilik tasarruflarının vadeleri veya öngörülen zaman dilimleri çok farklıdır.

Time preference: *Vade, zaman tercihi.* Kişiler amaçlarına bağlı olarak genellikle kısa vadede makul getiri ve likiditesi yüksek menkul kıymetlere yatırım yapar, ancak vade uzarsa likiditeden çok daha yüksek getiri peşinde olabilir. Bu rasyonel davranış biçimidir. Hâlbuki kişiler bazen hisleriyle hareket edip kısa vadeli beklentilerini hemen getiri üzerine kurabilirler. Bazen de kısa vadeli miyopluk, uzun vadeli illüzyon devrede olabilir. Bunu bir sonraki terimde görebilirsiniz.

Tip of the tongue (TOT): *Dilimin ucunda.* Bir kelimeyi veya terimi hafızadan geri kazanamama olgusudur; kısmi hatırlama ve geri kazanmanın yakın olduğu hissiyle birleşir.

Touchy-feely syndrome: *Dokunma hissi sendromu.* Bu kavram, insanların fiziksel olarak temas ettikleri ya da etkileşime girdikleri nesnelere daha fazla değer atfetme eğilimini ifade eder. Bir ürüne dokunmak, onu zihinde "daha çok sahiplenilmiş" hale getirir ve satın alma olasılığını artırır.

Toxic instruments: *Zehirli /tehlikeli enstrümanlar /menkul kıymetler.* 2008 küresel kriz ile çok popüler hâle gelen bu terim, yatırımcısının fark etmediği ölçüde büyük risk taşıyan menkul kıymetler için kullanılmıştır. Bunlar finansal kuruluşlar tarafından alındığında bilanço dışı varlıklar olarak saklı yükümlülükler getirmekte, kaldıraçlı olanlar ise beklenilenden daha büyük riski yaratmaktadırlar.

Trading: *İşlem yapma, ticaret.* Ticaret mal ve hizmet satın alma, karşılığında bir bedel veya malla ödeme yapma olarak tanımlanır. Ancak finans piyasalarında işlem yapmak daha farklı özellikler taşır. Alınıp satılan şeyler, menkul kıymet, kontrat veya bazı haklardır. Fiziksel olarak çoğu zaman el değiştirme yoktur. Ama yine de büyük işlem hacimleri gerçekleştirilir.

Trading style, pattern: *İşlem yapma stili, şekli.* Farklı yatırımcı tipleri farklı tarzlarda yatırım yaparlar. Momentum/trend takipçileri, belli bir yönde hareket eden borsada yatırım yaparlar. Buna karşılık temel analize göre şirket seçen yatırımcılar tam tersi bir tarza sahiptirler. Değer ve büyüme odaklı yatırımcılar, riskten kaçınanlar veya risk almayı sevenler, aktif pasif yatırım yönetimini tercih edenler gibi farklı yatırım ve işlem stilleri mevcuttur.

Trait ascription bias: *Özellik atfetme yanlılığı.* İnsanların, kendilerini farklı durumlarda kişilik, davranış ve ruh hâli açısından nispeten değişken görme, buna karşılık başkalarını kişisel özellikleri açısından çok daha öngörülebilir görme eğilimidir.

Traits: *Özellikler (kişilik).* Daha çok kişilik özellikleri olarak kullanılır. Bir kişinin karakteriyle ilgili olan ve onun davranışlarını diğer kişilere nasıl davrandığını ve kararlarını etkileyen özelliklerdir. Bunlar kalıcıdırlar ve yaşamının herhangi bir evresinde değişmezler. Örneğin meraklı bir kişi, hayatı boyunca merak ettiği şeylerle ilgili okur, araştırma yapar.

Transitive preferences: *Geçişli tercihler.* Bir kişi A'yı B'ye, B'yi C'ye tercih ediyorsa, A'yı C'ye tercih ediyor anlamına gelir. Ancak karar verirken bu basit kurala her zaman uyulmayabilir. Karar verici çok açık olmayan, karmaşık veya çok miktarda bilgi/veri ile karşılaştığında normal karar verme sürecini uygulayamaz ve kestirme çıkarım gibi bir yaklaşımla bazen hatalı kararlar verebilir.

Transmission/dissemination/diffusion: *Bilgi/verinin iletilmesi, yayılması, dağılması.* Bilginin/verinin iletilmesi ne hemen olur ne de mükemmeldir. Bazen iletim kanallarında yığılmalar, bilgi kayıpları, gecikmeler olur ve her zaman da ulaşması gereken karar vericilere ulaşmayabilir. Dolayısıyla finans teorilerinin otomatik olarak varsaydığı tüm katılımcıların tam bilgi (perfect information) sahibi oldukları varsayımı biraz şüphelidir.

Transperancy premium: *Şeffaflık primi.* Şirketlerin faaliyet ve bilgilerinin şeffaflığı sağlam bir ekonomi ve finans sistemi için elzemdir. Kredibilitesi zayıf ipotekli ev kredilerinin yol açtığı balon ve arkasından gelen çöküş, büyük ölçüde şeffaf olmayan faaliyetlerden kaynaklanmıştı. Şeffaflığı ilke edinen şirketler piyasa oyuncularına bol miktarda, sık sık, ilgili ve güvenilir bilgi verirler. Bu şirketler daha güvenilir bulundukları için hisse fiyatları daha yüksektir ve bu ek fiyat, şeffaflığın primi veya ödülüdür.

Trap: *Tuzak, hata, yanılgı.* Finansta farklı anlamlarda kullanılır. Bazen bir tehlikeli durumu anlatır. Örneğin likidite tuzağında böyle bir anlamı vardır. Davranışsal finansta ise hata, yanılgı anlamında (bias, error) kullanılır.

Trend (as fashion, fad or momentum): *Trend, piyasanın eğilimi.* Yıllarca süren fiyat düşüşleri veya yükselişlerine denir. Trendin sonuna gelindiğinde ters yöne döner. Bazen de nötr trendler görülebilir ve fiyatlar aynı düzeyde küçük dalgalanmalar gösterir. Piyasa trendlerinin dört önemli özelliği, yönü, hızı/gücü, süresi ve yayılması/doğrusallığıdır.

Trend following/persistence: *Trendi takip, süreklilik, istikrar.* Trendi takip veya momentum işlemciliği, varlık piyasalarında fiyatlar yükselirken almak, düşerken satmak ve her iki yöndeki ivmeden para kazanmak anlamına gelir. Çok sayıda piyasa oyuncusu aynı şeyi yaparsa trend daha sürekli hâle gelir.

Trend-following: *Gidişatı takip.* Fiyatların gidişatını takip ederek fiyatlar yukarı yönde gidiyorsa menkul kıymetleri/varlıkları almak, fiyatlar aşağı yönde hareket ediyorsa satmak ve fiyat hareketlerinin devam etmesini beklemeye dayanan stratejidir.

Triggering: *Tetikleyici olay/olgu.* Fiziksel olan/olmayan bir engel, sınır veya olguya ulaşıldığında başka olayların ortaya çıkmasına neden olan şey.

Trust: *Güven.* Bir kişiye, gruba, kuruluşa varlığa yöntem, teori veya modele, bilgiye olan kuvvetli inanma hissidir. Tüm inançlarda olduğu gibi tamamen rasyonel temele dayanmaz. Gerçek niyetlerini araştırmadan arkadaşça davranan insanlara güvenir, eğer beynimizde oksitosin hormonu salgılanmışsa başkalarına karşı pozitif hisler duyarız. İnsani ve toplumsal ilişkiler için aslında gereklidir. Ayrıca iş hayatı ve ticarette güven elzemdir. Güvenin bir pozitif bir de yanılsamaya dayanan iki yüzü vardır. Bunu ayırabilmek için mantığımızı kullanmalıyız.

Tulip mania/craze: *Lale çılgınlığı.* 1630'larda Hollanda'da lale soğanlarının fiyatlarında o zamana kadar görülmemiş bir balon oluştu. Puriten bir toplumda süslü giysiler ve mücevherler ayıp kabul ediliyordu. Böylece Hollandalılar ev ve bahçelerine büyük özen göstermeye, ticaretle oluşan servetlerini böyle sergilemeye başladılar. Lale soğanlarının fiyatları artmaya başladı ve hatta bazı cinsleri ev fiyatına alıcı buluyordu. O sırada botanik bilimi fazla gelişmemiş olduğu için en pahalı olan lalelerin aslında mozaik virüsü ile enfekte olduğundan haberleri yoktu! Bir gün lale soğanları için yapılan açık arttırmada fiyatı yükselten, hatta veren olmadı ve fiyatlar bir anda düşmeye başladı. Piyasanın çöküşü ile çok sayıda mağdur, bir o kadar da konudan ders alan insan oldu.

Tunnel vision: *Tünel görüşü, dar bakış açısı.* Tek bir yöne bakarak etrafta ne olup bittiğini görmemek diye açıklanabilir. Pratikte diğer açıklama veya çözümleri görememek, geçici veya kalıcı bir hayal edememe durumudur. Hemen hatırlanan veya en bariz şekilde görünen çözüm veya olgunun dikkate alınmasıdır.

Turn-of-the-month effect: *Ay dönümü etkisi.* Hisse fiyatlarının ayın diğer günlerine kıyasla son günde yükselmesidir. Takvim etkilerinden biridir.

Type A personality: *A tipi kişilik.* Bu kişilik tipinin en belirgin özellikleri rekabetçilik, sabırsızlık, zaman baskısı, öfke ve düşmanlık olarak sıralanır.

Type B personality: *B tipi kişilik.* Bu kişilik tipinin özellikleri rahat, sabırlı, kolay anlaşılabilir ve uyumlu olmaktır.

Uu

Uncertainty: *Belirsizlik.* Sağlıklı bir tahmin yapabilmek için hiçbir güvenilir verinin olmadığı durumu tanımlar. İnsan hayatı ve toplumun durumu örnek olarak verilebilir. Finansta ölçülemeyen risk olarak yapılan tanımların yanı sıra, olası sonuç ve çıktıların ve onların oluşma ihtimalinin bilinmediği durumu ifade eder. Belirsizliği yönetmek için bir olası değerler ve oluşma olasılıklarını belirlemeye, eğer yapamazsak ya senaryolar yoluyla veya simülasyonla durumu çözmeye çalışırız.

Uncertainty aversion: *Belirsizlikten kaçma.* Riskten kaçma ile yakından ilgilidir. Olasılıklar bilinmediğinde veya olasılık kanunlarının tam olarak uygulanamayacağı durumlarda görülür. Bu genellikle piyasaların durumudur. İstatistiksel risk veya dalgalanma, oynaklık (volatilite), bize genel olarak riski, geçmişteki ve yakın geçmişteki riski gösterir. Geleceğe ilişkin belirsizliği buradan yola çıkarak tahmin etmek, geçmişin gelecekte tekrarlanacağını varsaymak anlamına gelir. *Bkz.* Ambiguity aversion.

Unconscious phantasies: *Bilinçsiz fantaziler.* Diğer kişilerle yaptığımız veya onların bizimle ne yaptığına ilişin beynimizde kendimize anlattığımız hikâye. Bu düşüncelerimizle ilgili diğer kişilerin kısmen bir fikirleri vardır.

Unconscious: *Bilinç dışı, bilinçsiz olma hâli.* Zihnimizin farkında olmadığımız düşünce, hissiyat, istek ve hatıraların bulunduğu kısmıdır ve hareketlerimizi ve düşüncelerimizi etkiler.

Underadjustment: *Yavaş uyum göstermek.* Yeni durumlara kendi görüş ve davranışlarını uydurmada çok yavaş davranmaya neden olan zihinsel sınırlamadır. Az tepki vermeye (underreaction) çok benzer.

Underconfidence: *Yetersiz güven (duygusu).* Yatırımcılar açısından bakıldığında, yanlış yapmaktan korkmak veya seçim yapamamak, beklenmedik durumlara alışana kadar durup beklemek -ki piyasalarda geç reaksiyonun nedenidir- ve kendi otonomisini kaybederek kolayca başkalarından etkilenmek ve onları taklit gibi sonuçlar ortaya çıkar. Kötümserlikle karıştırılmamalıdır.

Underpricing/overpricing: *Düşük fiyatlama/yüksek fiyatlama. Bkz.* Mispricing.

Underreaction/overreaction: *Yetersiz-aşırı tepki (piyasalarda).* Genellikle üçlü bir seri hâlinde ortaya çıkarlar. Yetersiz tepki, takip eden uyarlama/alışma safhası, en sonunda aşırı tepki. Yatırımcılar piyasalarda önemli bir olay veya değişiklik olduğunda bazen buna dürtüsel ve aşırı tepki verebilirler. Ancak beklenen, yeni durumu değerlendirene kadar ve eski referans noktaları ve çıpaları (anchor) nedeniyle yetersiz tepki vermeleridir. Duruma alıştıktan ve gerekli analizleri yaptıktan sonra aşırı tepki görülebilir. Burada kastedilen ağırlıklı olarak bireysel yatırımcılardır. Ancak profesyoneller de bu durumdan o kadar da muaf değildir.

Undertrading: *Yetersiz işlem (hacmi).* Yeni bir bilgi/veri piyasaya ulaştığında analistler analizlerini tekrarlayıp eski tahminlerini düzeltmede gecikirler ve onların tahminleri ile hareket eden oyuncular olaya yetersiz tepki verirler. Ayrıca bireysel yatırımcılar açısından da portföylerini yeni duruma ayarlamada gecikmeler olur. Bütün bunlar yetersiz işlem hacmine ve piyasada fiyatların belli bir düzeyde takılıp kalması, trend oluşmasına sebep olur.

Underwater: *Suyun altında.* Negatif özvarlık anlamına gelir. Bir varlıkla ilgili borçların cari piyasa değerinden büyük olmasıdır. Hisse opsiyonlarında cari piyasa fiyatından yüksek olan opsiyon kullanım fiyatıdır.

Unfair: *Adil olmayan. Bkz.* Fairness.

Unicorn: *Unicorn.* Mitolojideki spiral tek boynuzu olan ata benzer hayvan. Finansta unicornlar, değeri 1 milyar ABD dolarını aşan özel girişim şirketleridir. Bu terim, 2013 yılında Aileen Lee tarafından bu tür yüksek değerli girişimlerin nadirliğini temsil etmek için ortaya atılmıştır. Bu şirketler genellikle teknoloji odaklıdır, çoğunlukla FinTech sektöründedir ve hızlı büyüme, yenilik ve bazı durumlarda gerçek kârlılıkları ile değerleme arasındaki ciddi farkların doğurduğu yoğun tartışmalarla karakterize edilir

Unintended consequence: *İstenmeyen sonuç.* Birçok karar, faaliyet, kamu tarafından yapılan düzenlemeler, cezalar beklenmedik sonuçlar verir. Bazen yan etki bazen de istenen sonucun tam aksi ortaya çıkar. ABD Orman Servisi'nin onlarca yıl süren son derece başarılı yangın önleme politikaları, aynı zamanda kuru çalılıkların tabanda birikmesine yol açtı. Bu durum, sonraki yangınları, doğal, küçük yangınlardan çok daha yoğun ve yıkıcı yangınlar hâline getirdi.

Unit bias: *Birim önyargısı.* Davranışsal ekonomide psikolojik olarak, bireylerin bir nesnenin tek bir birimini, boyutu ne olursa olsun, tüketilecek veya kullanılacak uygun miktar olarak algıladığını öne sürer.

Unpacking effect: *İçeriğini çözümlemek, açmak, çıkarmak, açıp boşaltmak.* Bütçe yaparken aşırı iyimser davranmayı veya planlama hatalarını ortadan kaldırmak ve zamanlamanın doğru yapılmasını sağlamak için işin/konunun küçük parçalarının/adımlarının dikkatle, hiçbirini atlamadan ve doğru olarak belirlenmesinin etkisidir.

Utility: *Fayda.* Bir ekonomik alışveriş veya işlem sonucu bir kişinin elde ettiği/hissettiği kişisel tatmin ölçüsüdür. Finans ve ekonomide fayda, karar verirken kullanılması gereken temel parametre olarak ifade edilir. Genellikle karar vermede kullanabilmek için kişisel parasal bir değer olarak düşünülür ve hesaplanır. Kendi içinde tutarlı bir kavram olmakla birlikte ekonomi teorilerinin önerdiği fayda hesabı ve değerlendirmesi, yine ekonomik bir tanım olan "akılcılık/rasyonellik" çerçevesinde ne yazık ki bireyler tarafından her zaman ekonomistlerin istediği gibi yapılmaz. *Bkz.* Prospect theory.

Utiliy maximization: *Fayda maksimizasyonu.* Ekonomi teorilerine göre kişiler tüm olası alternatiflerle ilgili beklenen fayda hesabını yapıp en yüksek fayda sağlayacak alternatifi seçerler. Burada insanların hem her zaman rasyonel oldukları hem de beklenen fayda hesabını büyük bir yetkinlikle yaptıkları varsayımları var ki, gözlem ve deneyler bunu o kadar doğru olmadığını gösteriyor. 2002 yılı Nobel Ekonomi ödülü sahibi Prof. Daniel Kahneman, bir deneyinde Stanford Üniversitesi'nden öğrencileri denek olarak kullanmış, hem zekâ hem de ekonomi ve istatistik bilgisi açısından çok ilerde olan bu öğrenciler bile yeterince rasyonel olamamış veya ekonomiyle ilgili istatistik hesabını doğru yapamamışlardı!

Vv

Valuation: *Değerleme.* Genellikle varlıkların değerlemesi anlamındadır. Bir gayrimenkulün, koleksiyon parçasının, hisse senedinin değerlemesinden bahsedebiliriz. Ancak finansta en yaygın kullanımı hisse senedinin değerlemesidir. Ya şirketin temelde var olan iş yapma gücü veya piyasada ne ölçüde rağbet gördüğünü belirleyebilme için yapılan bu hesaplama sonunda bize amacımıza bağlı olarak o hissenin değerini verir. Temel verilerle yapılan değerleme, indirgenmiş nakit akışlarının kullanılmasını gerektirir. Portföy yatırımlarına daha uygun olan çarpanlarla değerlemede ise diğer benzer şirketlere kıyasla değerinin hesaplanması söz konusudur ve piyasadaki bazı çarpanlar (örneğin EBITDA, PE, PB) yardımıyla yapılır. *Bkz:* Fundamental value.

V

Value (fair-): *Değer (makul, doğru, adaletli).* Genel olarak bir kişinin bir nesne, fikir veya kişiye verdiği göreceli önemdir. Büyük ölçüde kişisel unsurlar, geçmişteki bazı olaylar, olgular, bu değeri belirler. Bir kişi için çok değerli olan bir çocukluk hatırası nesne, bir başka kişi için çöp değerinde olabilir. Finansta ise değer bir menkul veya gayri menkule verilen parasal değer anlamındadır. Bu değerin tüm taraflar tarafından doğru değer olarak kabul edilmiş olması gerekir. Uzmanlarca kabul görmüş yöntemlerle hesaplanan ve şirketin temel değerleri ve potansiyelini yansıtan değeridir. Muhasebe açısından daha dar anlamda düşünülürse, ya borsadaki fiyatıdır, bunun yokluğunda piyasa dikkate alınarak yapılan uzman değerlemesidir.

Value (intrinsic-, extrinsic-): *İçsel, dışsal değer.* Bir varlığın veya hissenin (aslında temsil ettiği şirketin) gelecekte beklenen ekonomik gelişimi, büyümesi, faaliyet hacmi gibi unsurlar dikkate alınarak ve genel kabul görmüş parametrelerin kullanımı ile yapılan değerleme sonucundaki parasal ederidir. Dışsal değer ise alıcı ve satıcının kabul ettiği fiyat olarak tanımlanabilir. Aynı zamanda bir şirketin değeri dışsal faktörlerden de kısmen kaynaklanır. Eğer finans piyasalarındaki opsiyon fiyatlaması söz konusu ise, içsel değer ve piyasa fiyatı arasındaki farka denir. Genellikle paranın zaman değeri ile ilgilidir.

Value investing: *Değer odaklı yatırım (stratejisi).* Piyasada ihtiyatlı şekilde yapılan bir değerlemeye göre fiyatının olması gerekene göre çok düşük kaldığı hisseleri belirleyerek bunlara yatırım yapma stratejisidir. Fırsat ürünleri gibi, fırsat vadeden hisseleri bulmak amacıyla iyi bir potansiyel vadetmesine ve iyi bir yönetici takımına rağmen fiyatın düşük kaldığı hisseleri belirlemek hedeflenir.

Value puzzle: *Değer muamması.* Makul hisse değerinin piyasa değerinden çok farklı olduğu durumlardır. Bunun çeşitli gerekçeleri olabilir ama en önce düşüneceğimiz yatırımcıların bazı psikolojik gerekçeleri, yanılgıları veya kestirme çıkarımları olabilir. Hissenin imajı, bilinirliği, bazı lider yatırımcılar tarafından alınmış olması hatta ismi bile bu tür sapmaların gerekçelerinden biri olabilir. Teknoloji hisseleri döneminde bazı şirketler sadece isimlerini teknolojik uygulamalar çağrıştıran (.com eki koymak gibi) şekilde değiştirdikleri için fiyatlarının artmasını sağlamışlardır.

Value stock: *Düşük fiyatlı hisse. Bkz.* Value investing.

Value trap: *Değer tuzağı.* Sadece fiyata bakarak hisse almak bazen bu tuzağa düşmek anlamına gelir. Fiyatı çok düşük olan hisse gerçekten ucuz mudur? Belki de tamamen değersiz olabilir. Hisse fiyatı ne olursa olsun mutlaka dikkatle analiz etmek gerekir.

Values: *Değerler.* Hayatta nelerin önemli olduğuyla ilgili algılarımız değerleri oluşturur.

Vicious circle: *Kısır döngü.* Bir seri tepki sonucunda ilk hareketin artması ve büyümesidir. Pozitif veya negatif olabilir. Negatif yönde olan çoğunlukla düzeltme veya trendi tersine döndürme işlevi görür. Örneğin hisse piyasalarında hisse fiyat artışları, fiyatların daha da artması veya tersi durumda fiyat düşmeleri daha da fazla fiyat düşmesi yönünde bir momentum etkisi yaratır ve kısır döngü oluşturur.

Viral communication: *Viral iletişim.* Bilginin/verinin kişiler arasında kendini tekrarlar şekilde yayılmasıdır. Kişiler kendilerine ulaşan bilgiyi/veriyi başkalarına ileterek bulaşmayı sağlar, tıpkı bir hastalık virüsünün dağılması gibi yayılmasına neden olurlar. Bu yayılma genellikle sosyal medyada, internette olur.

Virtual economy: *Sanal ekonomi.* Sanal mal ve hizmetlerin alınıp satıldığı, internet üzerinde gerçekleşen ekonomik faaliyetlerin tümüne denir. Sanal oyunlar, Bitcoin adı verilen sanal paralar ve bunlara ilişkin diğer yan ürün ve servisler bu piyasaların temel unsurlarıdır. Hızla büyüyen sanal ekonomi, gerçek mal ve hizmet sunmaya dayanan klasik ekonomileri gelecekte tehdit edecek büyüklüklere ulaşacak gibi görünüyor.

Volatility (downside-, or semi-): *Aşağı yönde volatilite, yarı volatilite.* Fiyatların oynaklığı aşağı veya yukarı yönde olur. Ancak aşağı yöndeki hareketler, esas anlamda riskin olumsuz (zarar) tarafını oluşturur. Bu nedenle tüm volatilite yerine sadece aşağı yönlü hareketlere veya yarı volatiliteye bakılır. Burada kullanılan parametre Sortino oranıdır.

Volatility (excess-): *Aşırı oynaklık.* Aşırı oynaklık, yatırımcılar arasında aşırı güvenin ortaya çıktığı, fiyat balonlarının oluştuğu dönemlerde görülür. Fiyatların ne ölçüde dalgalandığı bir risk ölçüsü olarak kullanılır. Örneğin beta, hisse piyasasının geneline göre fiyatların göreceli oynaklığını ölçer, daha fazla ve daha geniş bantta dalgalanan hisseler daha yüksek betaya, diğer bir deyişle riske sahiptir.

Volatility: *Oynaklık, volatilite.* Finans piyasalarında oynaklık, fiyat ve getirilerin dalgalanmalarının ölçüsüdür. Fiyat ve getirilerin ortalama ne kadar düştüğü veya yükseldiğidir. Aslında volatilite getirinin en önemli bileşeni olan fiyat değişimlerinin ölçüsüdür.

Volatility puzzle: *Oynaklık muamması.* Oynaklığın nedenleri, nasıl ortaya çıktığı ve geliştiği tam olarak açıklanamamaktadır. Thaler bir makalesinde bunun bir piyasa anomalisi olduğunu, çünkü fiyatlarda oluşan dalgalanmanın klasik finans teorileri ile açıklanabilir olmadığını belirtmektedir. Daha çok davranışsal finansın yapabileceği açıklamalar olabilir. Ancak dinamik sistemlerin durağanlaşması ve dengeye gelmesi de pek sık görülen bir şey değildir.

Von Restorff effect: *Von Restorff Etkisi.* Kalabalıktan bir şey ne kadar çok öne çıkarsa, o kadar çok görülme olasılığının arttığı kanıtlayan psikolojik teoridir. İzolasyon etkisi olarak da bilinir. Örneğin, yeşil elma dolu bir kovada kırmızı olanı hatırlarız.

Ww

Wake-up call hypothesis: *Uyandırma hipotezi.* Finansal bulaşmanın popüler bir açıklaması olarak, bölge 1'deki finansal kriz, bölge 2'deki yatırımcılar için bir uyanış çağrısıdır ve onları bölge 2'deki temel ekonomik parametreleri yeniden değerlendirmeye teşvik eder.

War of attrition: *Yıpratma savaşı.* İki tarafın tüm güçleriyle karşı karşıya gelmediği, ama küçük saldırılarla birbirini yıpratmaya çalıştığı savaştır. Rekabette her firmanın bir bedel ödemesi anlamında kullanılır.

Wealth effect: *Refah etkisi.* Ekonominin olumlu olduğu dönemlerde kişilerin gelirlerinden fazla harcama yapmasıdır. Bu dönemlerde genellikle gayrimenkul ve hisse fiyatlarında artış görülür. Ancak piyasada fiyatlar düştüğünde bu etki ortadan kalkar.

Wealth management: *Servet yönetimi.* Bu disiplin, serveti büyütmek, korumak ve korunmak için servetin yapılandırılması ve planlanmasını içerirken, serveti aileye vergi avantajlı bir şekilde ve onların isteklerine uygun aktarır. Servet yönetimi, vergi planlaması, servet koruması, miras planlaması, halefiyet planlaması ve aile yönetimini bir araya getirir. Bu hizmetler büyük miktarda serveti olan (HNW- High net worth) ve çok büyük miktarda serveti olan (UHNW-Ultra high net worth) bireyler ve ailelere sağlanır ve finans sektörünün en yüksek getirili alanıdır.

Weather bias/effect: *Hava koşulları yanılgısı/etkisi.* Hava koşullarının insan psikolojisi üzerindeki pozitif ve negatif etkisine bağlı olarak borsadaki genel fiyat düzeyinin (endeksin) daha yüksek veya daha düşük olmasıdır. İlk defa güneşli-bulutlu havanın etkisi Saunders tarafından araştırılmış, ikinci çalışmada 1998 yılında yapılmış ve Jale Sözer Oran basınç, sıcaklık derecesi, nem ve bulutluluğun etkisini araştırmış ve kış günlerinde daha sıcak ve nemli havanın insan psikolojisini olumlu etkilemesi nedeniyle endeksin daha yüksek olmasının istatistiksel olarak anlamlı olduğu sonucuna ulaşmıştır. Daha sonra başka araştırmacılar benzer sonuçlara ulaşmışlardır. Son yıllarda işlemlerin coğrafi sınırlarla olan ilişkisi zayıfladığından dolayı bu etki ya zayıftır ya da yoktur.

Weber-Fechner law: *Weber-Fechner yasası.* Bu yasaya göre, insanın görme ve ses algısı şu şekilde çalışır: Algılanan yükseklik/parlaklık, doğru bir aletle ölçülen gerçek yoğunluğun logaritmasına orantılıdır. Uyarı ile algı arasındaki ilişki logaritmiktir.

Weekend effect: *Hafta sonu etkisi.* Finans piyasalarında hisse senetlerinin bir önceki cuma gününe göre pazartesileri istatistiksel olarak anlamlı ölçüde düşük olmaları olgusuna denir. Bu etki klasik finansçılar tarafından şirketlerin kötü haberleri cuma günü finans piyasaları kapandıktan hemen sonra açıklayıp ani fiyat düşüşünü engelleme çabası veya fazlaca açığa satılmış hisseler için açığa satışın etkisi olarak açıklanmaktadır. Davranışsal finansta ise bu olgu cuma günü yüksek, pazartesi ise azalan moral, iş başlangıcının getirdiği hüzün olarak açıklanmaktadır.

Willpower (bounded-): *İrade, sınırlı irade.* Kendini kontrol etme, disiplinli davranma ve rasyonellikten ayrılmama konusunda kişinin kendine taahhütte bulunması. Sınırlı iradesi olan insanlar hedeflerine göre davranışlarını ayarlayamazlar. Ancak para yönetirken disiplin esastır. Bilişsel ve duygusal yanılgılar, otomatik refleks ve alışkanlıklar bazen bizi disiplinden uzaklaştırır. Kişiler çoğu zaman hatalarından öğrenemezler. Bu ilginin dağılması (distraction), duygusal nedenler, illüzyonlar, yanlış rasyonelleştirme, kendini aldatma gibi nedenlere dayanır.

Win rate: *Kazanç oranı.* Toplam fırsat veya deneme içindeki başarılı sonuçların (anlaşmalar, oyunlar veya takaslar) yüzdesidir ve kazançlar/toplam fırsatlar X 100 olarak hesaplanır. Verimliliği ölçer, gelir tahminlerine yardımcı olur ve performans boşluklarını belirler. Satış, spor ve ticarette yaygın olan bu yöntem, belirli bir dönem boyunca etkinliği değerlendirir.

Window dressing: *Finansal tablo makyajı.* Bir şirketin verilerinin, ona bakarak karar verecek taraflara olumlu görünmesi için yapılan ayarlamalar. Bunlar bazen muhasebe kanunlarına aykırı da olabilir.

Winner effect: *Kazanan etkisi.* Daha önce kazanılan yarışma ve rekabetin gelecekteki kazanma olasılığını arttırdığı olguya denir. Bu durum testosteron ve dopaminin nörokimyasal bir süreç sonucunda artmasıyla ortaya çıkar. Bu etki hem hayvanlarda hem de insanlarda gözlenir ve kendini güçlendiren özgüven, odaklanma ve saldırganlık oluşturan bir çarkın döngüsü gibi işlev görür.

Winner's curse: *Kazananın laneti.* Müzayedelerde katılımcıların fiyat verirken ekonomik olmayan fiyatlara inmesi veya çıkması hâlinde müzayedeyi kazanması ama parasal kayba uğramasıdır. Tarihte ilk olgu Roma İmparatorluğu döneminde M.S. 193'te tuhaf bir şekilde imparatorluk askerlerinin imparatorluk makamını açık arttırmaya koymaları ile yaşandı. Açık arttırmayı kazanan Julianus, askerlere adam başı 25.000 Sestertius ödemeyi kabul etmiş, ancak bir rivayete göre ödemeyi tamamen karşılayamadığı için saltanatının altmışıncı gününde askerler tarafından öldürülmüştür.

İMPARATORLUK AÇIK ARTTIRMADA:
Kazananın Laneti

M.S. 193 yılının baharında Roma, gökyüzünün bile utançla karardığı, tarihin daha önce hiç kaydetmediği bir sabaha uyandı. Saray muhafızları, İmparator Pertinax'ın henüz soğumamış bedeni üzerinde kanlı bir pazarlığa tutuşmuşlardı. Dünyanın en görkemli gücü, üzerinde güneşin batmadığı koca bir imparatorluk, sanki tozlu bir meydanda eski bir kap kacak satılıyormuşçasına açık artırmaya çıkarıldı. Praetorian kampının surları üzerine çıkan askerler, aşağıda toplanan adaylara bağırdılar: "Dünyanın efendisi olmak isteyen, bedelini söylesin!" O an Roma'nın yedi tepesinde yankılanan şey, bir devletin vakarı değil, bir mülkün haraç mezat satılışının soğuk çığırtkanlığıydı.

Sarayın kapıları ardında, tarihin bu en karanlık müzayedesinin iki talibi belirdi: Sulpicianus ve Julianus. İki aday da imparatorluk tacının cazibesine öyle kapılmışlardı ki, askerle-

rin kampları arasında mekik dokuyan ulakların getirdiği her yeni teklif, hırslarını biraz daha körüklüyordu. Her ulak, karşı tarafın artırdığı fiyatı fısıldadıkça, rekabetin ateşi rasyonel sınırları çoktan küle çevirmiş, bir kör dövüşüne dönüşmüştü. Sulpicianus, her bir asker için yirmi bin sestertius vaat ederek zafere çok yaklaştığını sandığı anda; Julianus, hırsının ve aşırı özgüveninin esiri olarak o kritik hamlesini yaptı. Gözünü kırpmadan her bir muhafıza yirmi beş bin sestertius vaat ederek müzayedeyi "kazandı" ve Roma'nın yeni efendisi oldu.

Ancak Julianus'un başına taktığı o altın taç, aslında finans tarihinin en eski ve en feci "Winner's Curse" (Kazananın Laneti) örneğiydi. Müzayede salonlarının o meşhur laneti; katılımcıların hırsla gerçek değerin çok üstüne çıkması ve kazandıkları anda aslında büyük bir kayba uğramaları durumunu anlatır. Yapılan hesaplamalara göre vaat edilen bu tutar, bugünün parasıyla bir milyar doların epey üzerindeydi ve her bir askerin beş yıllık maaşına denk geliyordu. Julianus, kazanmanın verdiği o anlık zafer sarhoşluğu geçip de boşalan hazineyle yüzleştiğinde, zaferinin aslında sonu olduğunu anladı.

Saltanatının henüz 66. gününde, rakibi Septimus Severus ordusuyla Roma kapılarına dayandığında, Julianus vaat ettiği ödemeleri yapamaz durumdaydı. Bugün finansçıların "default risk" (temerrüt riski) dediği o soğuk gerçekle, yani borcunu ödeyememe riskiyle burun buruna geldi. Ödeyemediği borçların bedeli ise tahtından çok daha ağır oldu; Julianus, kazandığı o "lanetli" müzayedenin hesabını hayatıyla verdi.

Bu tarihi trajedi, bizlere hırsın mantığı yuttuğu o ince çizgiyi hatırlatır. Bazen bir şeyi elde etmek için verilen mücadelenin şiddeti, elde edilen şeyin değerini öyle bir gölgeler ki, kazandığınız an aslında kaybettiğiniz andır.

Wisdom: *Akıl, irfan.* Bir kişinin hayatı boyunca edindiği, bilgi, tecrübe, edindiği sosyal ve ruhsal bakış açısı ve pratikte bunları kullanabilme yetisine denir.

Wishful thinking: *Hayal, hüsnükuruntu.* Geleceğe yönelik olarak bir kişinin bir çeşit kör iyimserlik içinde her şeyin çok iyi olacağını düşünmesi, asla kötü olasılıkları dikkate almamasıdır. Geleceğin belirsizliğinden çok, gelecekte pozitif senaryoların gerçekleşeceğini düşünmesidir.

Worse-than-average effect: *Ortalamanın altında olma etkisi.* Başarılı olma ihtimalinin çok az olduğu durumlarda birinin kendi yetenek ve başarılarının diğerlerinden daha az olduğuna inanmasıdır.

Yy

Yerkes Dodson law: *Yerkes Dodson yasası.* 1908 yılında psikoloji alanında çalışan Robert Yerkes ve John Dodson, Yerkes Dodson Yasası'nın temellerini atmışlarıdır. Yetersiz uyarılma ve aşırı uyarılma durumlarını (negatif stres) stresin karanlık yüzü olarak tanımlayabilecekken, pozitif stres ise stresin aydınlık yüzü olarak tanımlanabilir. Artan stres performansı bir noktaya kadar arttırabilecekken, stres yararlı stres seviyesinden zararlı seviyesine geçiş noktasında performans düşecektir.

Zz

Zebra effect: *Nadir olanı dışlama etkisi.* Farkında olmadan düşük olasılıklı durumları dikkate almamak demektir. Bu kavram son yıllarda daha çok "siyah kuğu" alegorisiyle açıklandı. Siyah kuğuları görene kadar varolduklarını düşünmezsiniz. *Bkz.* Tail risk, black swan, neglect of probability.

Zero risk bias: *Sıfır risk yanlılığı.* Kişilerin tahmini daha yüksek getiriler teklif edilse dahi riskin tamamen sıfırlandığı opsiyonu seçme davranışıdır.

Zero-sum bias: *Sıfır toplam yanılgısı.* Bir durumun sezgisel olarak sıfır toplam olarak yargılanmasını (yani, bir tarafın kazancının diğer tarafın kayıplarıyla eşleştirilmesi) aslında sıfır toplamı olmayan bir hâli tanımlar.

Zero-sum game: *Sıfır toplamlı oyun.* Oyun teorisinde bir kişinin kazancının diğer bir kişinin kaybına eşit olduğu durumu ifade eder. Dolayısıyla kayıp ve kazanç netleştirildiğinde sıfır eder. İki kişi veya milyonlarca kişi arasındaki oyunlar olabilir. Örneğin, poker veya diğer kumar oyunları, finans piyasalarında opsiyon ve gelecek kontratları sıfır toplamlı oyunlardır.

0–9

1/n heuristic: *1/n Kestirme yolu.* Bireylerin kaynaklarını birden fazla seçenek arasında eşit paylaştırdığı ve çoğu zaman optimal olmayan seçimlere yola açan, kestirme yoldan karar verme yaklaşımıdır. Özellikle portföy yönetiminde önerilmez.

KAYNAKLAR

(1986) Webster's Third New International Dictionary, ABD. Merriam – Webster Inc.

(2014). Oxford Dictionary of Finance and Banking, 5. Baskı, Aylesbury, İngiltere, Market House Books.

Ajzen, I. (1991). The theory of planned behavior. Organizational Behavior and Human Decision Processes, 50(2), 179-211.

Allais, M. (1990). Allais Paradox. In: Eatwell, J., Milgate, M., Newman, P. (eds) Utility *and Pr*obability. The New Palgrave. Palgrave Macmillan, London. https://doi.org/10.1007/978-1-349-20568-4_2

Benartzi, S., & Thaler, R. H. (1995). Myopic Loss Aversion and the Equity Premium Puzzle. The Quarterly Journal of Economics, 110(1), 73-

Dobelli R. (2014). The Art of Thinking Clearly. Londra, İngiltere, Hodder & Soughton Ltd., An Hachette UK Company.

Edward, Franklin R. 1999. "Hedge Funds and the Collapse of *Long-Term Capital Management." Journal of Economic Perspec*tives 13 (2): 189–210. DOI: 10.1257/jep.13.2.189.

Ellsberg, D. (1961). Risk, Ambiguity, and the Savage Axioms. The Quarterly Journal of Economics, 75(4), 643-669.

Fechner, G. T. (1860). Elemente der Psychophysik [Elements of Psychophysics]. Breitkopf & Härtel.

Gilovich, T., Griffin, *D., & Kahneman, D. (Eds.).* (2002). Heuristics and biases: The psychology of intuitive judgment. Cambridge University Press. https://doi.org/10.1017/CBO9780511808098

Goodhart, Charles (1975). "Problems of Monetary Management: The UK Experience". Papers in Monetary Economics. Papers in monetary economics 1975; 1; 1. - [Sydney]. - 1975, p. 1-20. Vol. 1. Sydney: Reserve Bank of Australia.

Huang, I. N., & Wille, C. (1979). The Von Restorff Isolation Effect in Free Recall. The Journal of General Psychology, 101(1), 27–34. https://doi.*org/10.1080/00221*309.1979.9920058

Hurst, H. E. (1957). A suggested statistical model of some time series which occur in nature. Nature, 180(4584), 494-496.

Jeffreys, W. H., & Berger, *J. O. (1992). "Ockham's Razor and Bayesian Analy*sis." American Scientist.

Kahneman, D., & Tversky, *A. (1979). Prospect* Theory: An Analysis of Decision under Risk. Econometrica, 47(2), 263-291.

Kruger J, Dunning D. Unskilled and unaware of it: how difficulties in recognizing one's own incompetence lead to inflated self-assessments. J Pers Soc Psychol. 1999 Dec;77(6):1121-34. doi: 10.1037//0022-3514.77.6.1121. PMID: 10626367.

Lee, A. (2013, November 2). "Welcome To The Unicorn Club: Learning From Billion-Dollar Startups." https://techcrunch.com/2013/11/02/welcome-to-the-unicorn-club/

Levin, I. P. & Gaeth, G. J. (1988) How consumers are affected by the framing of *attribute information* before and after consuming the product. Journal of Consumer Research, 15 (3), December 1988, Pages 374–378, https://doi.org/10.1086/209174

Lopes, L. (1987). *Between hope and fear: The psychology of risk. Advances in* Experimental Social Psychology. 20, 255-295.

Maslow, A. H. (1970). Motivation and personality (2nd ed.). New York: Harper & Row.

Maslow, A. H. (1973). A theory of human motivation. In R. Lowry (Ed.), Dominance, self-esteem, self-actualization: Germinal papers of A.H. Maslow (pp. 153–173). Monterey, CA: Brooks/Cole Publishing. (Original work published 1943).

Maslow, Abraham Harold (1966). The psychology of science. New York,: Harper & Row.

Oran, J.S. and Akyatan, A. (2012), "A pilot study for measuring correlations between hormone levels and risk taking in men and women at different times of day", Journal of Behavioural Accounting and Finance, Vol. 3 Nos 3/4, pp. 202-220.

Oran, J.S. and Akyatan, A. (2012), "A pilot study for measuring correlations between hormone levels and risk taking in men and women at different times of day", Journal of Behavioural Accounting and Finance, Vol. 3 Nos 3/4, pp. 202-220.

Oran, J. S. and Akyatan, A. (2012), "A pilot study for measuring correlations between hormone levels and risk taking in men and women at different times of day", Journal of Behavioural Accounting and Finance, Vol. 3 Nos 3/4, pp. 202-220.

Pareto, V. (2014). Manual of Political Economy: A Critical and Variorum Edition (A. Montesano, A. Zanni, L. Bruni, J. S. Chipman, & M. McLure, Eds.). Oxford University Press.

Peltzman, S. (1975). The effects of automobile safety regulation. Journal of Political Economy, 83, 677-725. doi:10.1086/260352

Peterson, Martin, "The St. Petersburg Paradox", The Stanford Encyclopedia of Philosophy (Fall 2023 Edition), Edward N. Zalta & Uri Nodelman (eds.), URL = <https://plato.stanford.edu/archives/fall2023/entries/paradox-stpetersburg/>.

Rosenthal, R. J., & Jacobson, L. (1968). Pygmalion in the classroom: Teacher expectation and pupils' intellectual development. New York: Holt, Rinehart & Winston.

Roy, A. D. (1952). Safety-first and the holding of assets. Econometrica, 20(3), 431-449.

Saunders, E. M. (1993). Stock Prices and Wall Street Weather. American Economic Review, 83(5), 1337–1345.

Shiller, R. J. (2000). Irrational Exuberance. *Princeton, N.J.: Princeton Univers*ity Press.

Simon, H. A. (1957). "A Behavioral Model of Rational Choice." The Quarterly Journal of Economics, 69(1), 99-118

Simon, H. A. (1982). Models of Bounded Rationality: Economic Analysis and Public Policy (Vol. 1-3). MIT Press.

Sortino, F.A. & Rom, B. (1990) "The Sortino Ratio: A Sharper Ratio," Journal of Risk *Management.*

Sözer Oran, J. "Behavioral Implications Related to Climatic Effects: A research in Istanbul Stock Exchange", Marmara University ISKAR Publications, 98(4), 1998.

Taleb, Nassim Nicholas. The Black Swan: The Impact of the Highly Improbable. New York: Random House, 2007.

Thaler, R. H., & Johnson, E. J. (1990). "Gambling with the House Money and Trying to Break Even: The Effects of Prior Outcomes on Risky Choice." Management Science, 36(6), 643-660.

Thaler, R. H., & Sunstein, C. R. (2008). Nudge: Improving decisions about health, wealth, and happiness. Yale University Press.

Thorndike, E. L. (1939). "On the fallacy of imputing the correlations found for groups to the individuals or smaller groups composing them." American Journal of Psychology, 52, 122–124.

Tversky, A. & Kahneman, D. (1981) The framing of decisions and the psychology of choice. Science, New Series, Vol. 211, No. 4481. (Jan. 30, 1981), pp. 453-458.

İnternetten Ulaşılan Kaynaklar

American Psychology Association Glossary of Psychology Terms: www.apa.org/research/action(glossary.aspx.

Dobelli R. http://www.kiplinger.com/article/investing/T031-C000-S001-investor-psychology-glossary.html#bzbKvsdmg3ditvSh.99elli. Erişim tarihi: Aralık 2017.

Greenfinch P. Behavioral Finance Glossary. http://pgreenfinch.pagesperso-orange.fr/bfglo. Erişim tarihi: Nisan 2016.

John Manoogian III "Cognitive bias codex: 180+ biases"

Just between Dr. Language and I, Arnold Zwicky at August 7, 2005, https://languagelog.ldc.upenn.edu/myl/languagelog/archives/002386.html Erişim Tarihi: 7 Nisan 2026

Rupali Misra Nigam, Sumita Srivastava, Devinder Kumar Banwet, (2018) "Behavioral mediators of financial decision making – a state-of-art literature review", Review of Behavioral Finance, Vol. 10 Issue: 1, pp.2-41, https://doi.org/10.1108/RBF-07-2016-0047

Sesli sözlük: www.seslisozluk.net.

Sewell M. Behavioural Finance: www.behaviouralfinance.net

Tureng: tureng.com/en/turkish-english.

Türk Dil Kurumu Türkçe Sözlük: www.tdk.gov.tr

http://nassimtaleb.org/2025/03/large-language-models-induction/ Erişim Tarihi: 8 Nisan 2026http://www.sparknotes.com/psychology/psych101/glossary/terms.html. Erişim tarihi Mayıs 2016.

www.investopedia.com

Bookarion